Hans Sachs

Dichtungen

Hans Sachs

Dichtungen

ISBN/EAN: 9783743652583

Hergestellt in Europa, USA, Kanada, Australien, Japan

Cover: Foto ©Thomas Meinert / pixelio.de

Weitere Bücher finden Sie auf **www.hansebooks.com**

MODERN LANGUAGES FACULTY LIBRARY
TAYLOR INSTITUTION
UNIVERSITY OF OXFORD

This book should be returned on or before the date last marked below,

If this book is found please return it to the above address - postage will be refunded.

Deutsche Dichter
des
sechzehnten Jahrhunderts.

Mit Einleitungen und Worterklärungen.

Herausgegeben
von
Karl Goedeke und Julius Tittmann.

Sechster Band.

Dichtungen von Hans Sachs.

Dritter Theil.

Leipzig:
F. A. Brockhaus.
1871.

Dichtungen

von

Hans Sachs.

Dritter Theil.

Dramatische Gedichte.

Herausgegeben

von

Julius Tittmann.

Leipzig:
F. A. Brockhaus.

1871.

Einleitung.

Gegen das Ende eines langen, mannichfach und tief bewegten Lebens, das ihm neben dem Genuß am Schaffen auch sonst viel Gutes und Schönes gebracht, doch auch geprüft und geläutert durch hartes Schicksal und bittere Erfahrungen, überdies in seinem Hause vereinsamt, begann Hans Sachs sich nach „Ruhe des Gemüths" zu sehnen, die allein ihm als „vollkommene Freiheit" erschien; er hoffte nun endlich „sein selbst zu werden und sich selbst leben" zu können. Vorher aber wollte er seine poetische Thätigkeit auch äußerlich abschließen. Diesen Entschluß kündigte er am 16. August 1561 in der Vorrede zum dritten und letzten, noch von ihm selbst besorgten Buche seiner Gedichte an, das ausschließlich dasjenige bringen sollte, was er als „einen besondern, lieben, heimlichen Schatz" noch für sich behalten hatte. Schon die vorausgehenden beiden Bände enthalten neben den Spruchgedichten erzählender Gattung eine Anzahl von Schauspielen; hier werden, mit Ausnahme des „Wunderlichen Traums" („Spruchgedichte", Nr. 35), nur dramatische Gedichte geboten.

Auch auf diesem Felde erscheint die Kraft des Meisters als die mächtigste und reichste des Jahrhunderts. Seine Dichtung, die in allen Formen und Arten sich bewegte, folgte hier dem schon in der Neigung zur Gesprächsform erkennbaren Zuge der Zeit, aus der epischen und lyrischen Gattung zum Drama zu gelangen, das von nun an im

Mittelpunkte der Geschichte der deutschen Dichtung steht. So scheint es fast unnöthig, nach den Wegen zu fragen, die unsern Dichter, der ja jede Lebensregung und Bewegung mit scharfem Blicke verfolgte, zu dieser Gattung geführt haben. Wir erinnern daran, daß seine Jugendwanderungen in den Rheinlanden mit den Anfängen des neuern Schauspiels in der Schweiz zusammentrafen, daß wenigstens das geistliche Drama hier von alters her noch unvergessen war und daß auch nach seiner Rückkehr ihm nicht entgangen sein wird, was von dort durch den Druck zu weiterer Verbreitung gelangte. Das Fastnachtspiel war in seiner fränkischen Heimat, vor allem in seiner Vaterstadt schon lange heimisch. Der bei weitem größte Theil der auf uns gelangten Spiele dieser Art geht von Nürnberg aus, wie zunächst die mit den Namen der Verfasser bezeichneten Stücke erweisen. Hans Rosenblüt, der freilich an den Höfen der Fürsten und Herren als Wappendichter umherzuziehen pflegte, hat wenigstens längere Zeit hier gelebt; Hans Folz aus Worms, den Hans Sachs als Meistersänger kannte und neben andern Dichtern des Alterthums wie der Neuzeit ausdrücklich erwähnt, wohnte im vorletzten Jahrzehnt des 15. Jahrhunderts in Nürnberg; viele unter den namenlosen Dichtungen weisen durch locale Beziehungen ebenfalls dahin. In der That beginnt auch Hans Sachs' dramatische Thätigkeit mit dem Fastnachtspiel, dem Ausgangspunkt des komischen Dramas jener Zeit überhaupt, dessen einfache Form noch in den frühesten unter den übrigen Schauspielen zu erkennen ist, um dann sowol den Stoffen wie der Form nach sich zu erweitern.

Um zunächst eine äußere Ansicht des ganzen umfangreichen Gebiets zu gewinnen, möge hier kurz zusammengefaßt werden, was der Dichter als seine eigene Meinung von dem Unterschiede der Gattungen in dem erwähnten Vorbericht mittheilt. Während in den ersten Büchern die Schauspiele ihrem allgemeinen Inhalt nach den geistlichen Gedichten, den weltlichen Historien und Schwänken oder den didaktischen

Stücken im engern Sinne zugerechnet werden, tritt hier die Absicht hervor, dieselben nach einem Gattungsbegriffe zu ordnen. Hans Sachs unterscheidet Komödien, Tragödien und „Spiele", d. h. solche Stücke, die er als eine der ersten Arten zu bezeichnen Anstand nimmt. Das Einzelne stellte er in folgender Ordnung nebeneinander: zuerst geistliche Dichtungen nach dem „Alten und Neuen Testament, Figuren, Geschichten der Könige und Propheten, nach den Evangelien und anderer geistlichen Materi"; dann weltliche, aus „alten Historien der Poeten und Geschicht= schreiber" genommen, und endlich „Fastnachtspiele mit Schwänken". Diese letzten trennt dagegen der Verleger unter dem Namen Scherz= und Schimpfspiele von den andern Arten, den geistlichen „Spielen" und weltlichen „Schau= spielen", sodaß hier das letzte Wort für Komödie und Tra= gödie zugleich gebraucht erscheint. Es verräth sich also hier nicht entfernt eine Einsicht in das innere Wesen des Dramas, wie schon in der Nebeneinanderstellung geistlicher und welt= licher Stoffe zu erkennen ist, welche keinen Unterschied weder in der Form noch in der Behandlung bedingen. Der Dichter folgte hier theils der Ansicht seiner Zeit, welche die beiden Sphären als durchaus getrennt zu betrachten gewohnt war, theils aber ließ er sich durch einen formellen Unterschied in seiner Auffassung der didaktischen Zwecke leiten. Während die Tendenz der geistlichen Spiele eine erbauliche ist: „Gott= seligkeit, Furcht und Liebe Gottes einzubilden und zu pflan= zen", wenden die weltlichen sich mehr an die Vernunft und an das Gemüth, indem sie an Thatsachen und Ereignissen des Menschenlebens die Folgen des Verkehrten und Schlechten wie des Verständigen und Guten zur unmittelbaren An= schauung zu bringen suchen. Die Fastnachtspiele werden als besondere Gattung ausgeschieden, weil hier die lehrhafte Absicht erst in zweite Linie gestellt wird, nicht allein deshalb weil dieselben einer besondern Veranlassung ihre Entstehung ver= danken. Sie sollen zur Zeit privilegirten Frohsinns die

Stimmung erhöhen und die „schwermüthigen Herzen ermuntern". Auch der Verleger ließ sich angelegen sein, diesen Theil des Buchs durch die Bemerkung zu empfehlen, daß durch solche Scherzspiele „die Jugend und gemeine Leute mit darunter gebrachtem sinnreichen Verstand, als mit einer nützlichen Kurzweil und Lieblichkeit zu Liebe des Guten und Haß des Bösen gewiesen und gezogen werden".

Unter dem Vorrath dessen, was als Gewinn des immer lebendiger und fruchtbarer wirkenden Eifers, die poetischen Schätze alter Zeiten und fremder Nationen unserm Vaterlande zu eigen zu machen, damals zugänglich war, schienen dem Dichter besonders die alten Novellen und Schwänke, sowie die Volksbücher die Bedeutung zu besitzen, die ihn allein zur Wahl der dramatischen statt der erzählenden Behandlung veranlassen konnte. Hier ist es wieder Boccaccio, zu dessen „Decameron" und Büchern von den „Durchläuchtigen Frauen und unglückhaftigen Personen" er seit frühen Jugendjahren stets mit Vorliebe zurückkehrte. Manches entnahm er Zeitbüchern und Chroniken, wie Sebastian Frank's „Weltbuch" und „Chronik über ganz Deutschland" oder Albert Krantz' „Chronik von Dänemark, Schweden und Norwegen", die hier nur deshalb namentlich aufgeführt werden, weil er diese Werke selbst besaß. Die Uebertragungen römischer und griechischer Schriftsteller kannte er wol ohne Ausnahme; Dichter, Schriftsteller und Philosophen boten ihm Stoffe und Anregungen, die sich dramatisch verwerthen ließen. Sein kleiner Bücherschatz, den er am 28. Januar 1562 inventierte, zeigt uns, daß er den größten Theil des damals Erschienenen, gleichsam zum täglichen Gebrauch, selbst erworben hatte; derselbe enthielt Homer's „Irrfahrt Ulyssis", Herodot, Plutarchus, von den „Durchläuchtigen Mannen" und „Von den guten Sitten", Xenophon's „Drei Bücher von König Cyrus", Dares Phrygius „Von der Zerstörung Trojae", Herodian's „Kaisergeschichte", Ovidius „Von der Veränderung der Gestalten" und „Von der Lieb Arznei", fünf Bücher des Plinius „Von der Natur Menschen, Thier und Fisch", Seneca „Von den guten Sitten"; ferner Justinus, Suetonius Tranquillus, Valerius Maximus und endlich die „Römische Historie aus Tito Livio gezogen" (zuerst Mainz, Schöffer, 1505). Rechnen wir noch hinzu, was der Dichter der mündlichen Ueberlieferung verdankt, was er selbst die „tägliche Erfahrung" nennt, und die eigene Erfindung, namentlich in den moralischen Gedichten und Sittengemälden ernster und heiterer Tendenz, so ist damit der Umfang der Stoffe ihren Quellen nach wenigstens im großen und ganzen angedeutet.

Diese Fülle kam zunächst dem Fastnachtspiele zugute, das dadurch an innerm Gehalt gewinnen mußte; der Inhalt aber durchdrang belebend die Form, wirkte auf die poetische Behandlung und den Ton des Vortrags und erhob die ganze Gattung aus dem Niedrigen und Gewöhnlichen zu poetischer Bedeutung. Die alten Spiele, soweit wir beurtheilen können, bewegten sich in sehr engen Kreisen, drehten sich meist um das, was am nächsten lag, kleine Vorfälle und Situationen aus dem gemeinen Leben, suchten den Witz in demjenigen, was dem Geschmack des niedern Volks zusagte, in häuslichen Zwisten unter Eheleuten, Knechten und Mägden, Zank und Prügeleien beim Kauf und Verkauf, Streit vor den Gerichten. Mit Vorliebe wird hier die Scene unter die Bauern verlegt, die den Städtern in ihrer Verwöhnung nun einmal als die Träger aller armseligen Roheit gelten mußten; mit frechem Behagen endlich wird das Verhältniß der Geschlechter nach allen Seiten hin ausgebeutet. Und dabei ist die Einkleidung, um nicht zu sagen die Erfindung, ohne alle Bedeutung, zuweilen durch die Form des Räthsels oder der Priamel kaum über das bloße Gespräch erhoben. Das Meiste ist für die Gelegenheit rasch niedergeschrieben, das Ganze eine Masse von ermüdender Langweiligkeit, aus der nur einzelne Stücke sich hervorheben, die auf fremden Erfindungen beruhen, von namhaften Verfassern, wie

Gengenbach und andern Schweizern nach ihm, verfaßt worden sind, oder durch ihre Beziehungen zu außerordentlichen Zeitverhältnissen wenigstens einen culturgeschichtlichen Werth in Anspruch nehmen.

Jene Leere und Hohlheit schwindet bei Hans Sachs durchaus. Wenn auch hin und wieder in seinen Dichtungen dieser Art die Didaxis insofern als die Hauptsache erscheint, daß die Einkleidung dadurch in den Hintergrund tritt, so wird diese doch durch den Reiz komischer Situationen, durch äußere Mittel der Darstellung, wie die Einführung allegorischer Figuren und Aufzüge, dem Alltäglichen entrückt; ja ohne diese Momente würde der Dichter seinem Werke nicht den Namen eines „Spiels" zugestehen, das eben dadurch wie durch seine Bestimmung für die Aufführung von dem „Gespräch" sich unterscheidet. Auch darin klingt Hans Sachs' Weise noch häufig an das Alte an, daß häusliche Scenen vorgeführt werden und das alte Lied gesungen wird vom bösen Weib und von der Kunst, den häuslichen Drachen zu zähmen — eine Aufgabe, an der freilich selbst der Teufel verzweifelt —, von der Noth schwacher Männer und dem Streit um das Hausregiment, der in ergötzlicher Weise als Zweikampf um ein unentbehrliches Kleidungsstück geschildert wird. Einmal ist auch die altbeliebte Form des Processes beibehalten. Drei Brüder klagen gegeneinander wegen einer Clausel im Testament ihres Vaters, wonach der „Aergste" das Gesammtgut erben soll. Nachdem er sie angehört, räth der Richter, sich in Güte zu vertragen, gleich unter sich zu theilen und sich zu einem vernünftigern Leben zu bekehren, was auch ohne Zweifel die Absicht des Verstorbenen gewesen sei. Aber hier ist alles erfüllt von der reichen Lebensweisheit des Dichters, durchdrungen von dem fröhlichen Sinn, mit dem er das Lächerliche zu erfassen pflegt, wo es entweder in den allgemeinen Zuständen und Verhältnissen des Lebens überhaupt oder in besondern Ständen an den Tag tritt, belebt durch die Gabe glücklicher Erfindung in den Situationen und die Kunst lebenswahrer Färbung, durch die Sicherheit der Zeichnung wenn auch einfacher Charaktere nach ihren Lebensgewohnheiten und Leidenschaften, die selbst in der angemessenen Haltung des Dialogs sich überall bekundet. Hierin aber liegt auch der erste Schritt zum Bessern aus dem Alten heraus und zur Kunstform des Dramas hinüber.

Allen alten Spielen gemeinsam war Folgendes: Dem Zuge voran, der sich nach einem Hause auf den Weg begab, schritt ein Führer, der das Stück angeordnet und zu leiten hatte, als Präcursor, Vorläufer, Herold, Einschreier, Ausschreier bezeichnet; ihm liegt es ob, das Stück anzukündigen, einzuleiten und zu beschließen; zuweilen wird als solcher der Narr genannt, auch wol der Dichter selbst; hin und wieder nur eröffnet einer der Spielenden ohne weiteres das Gespräch. Unter diesen treten nur wenige bestimmte Charakterrollen hervor, Geistliche, wie der „Official", der Mönch, Klerikus, der Waldbruder, ferner der Vater, der Sohn, der Jude, der Christ, der Richter, die Schöffen, der Henker u. s. w.; die Narren tragen Namen, welche das besondere Genre, das sie als Specialität betreiben, sofort klar machen sollen, wie Esel, Lapp, Dilldapp, und damit scheint für die Charakterschilderung genug gethan. Hans Sachs dagegen versetzt seine Zuschauer mitten in die Handlung, das Spiel beginnt ohne Herold, den der Dichter gerade hier fallen läßt, während derselbe ihm in der Tragödie und Komödie unentbehrlich scheint, und eine der Hauptpersonen schließt als zuletzt auftretende mit der Moral.

Aber eins war es vor allem, was unserm Dichter am Herzen lag. In seiner Vaterstadt, was hier eben nur erwähnt zu werden braucht, wurde zu jener Zeit die Fastnacht mit dem Aufwand, den ihr Reichthum erlaubte, und mit der ausgelassensten Lust einer lebensfrohen Bevölkerung gefeiert. Aufzüge, an denen Patricier und Bürger theilnahmen, Rennspiele und Krönleinstechen nebst ihren volksmäßigen Caricirungen wechselten miteinander ab, Vermummte in fremdartigen

Gestalten bewegten sich in den Straßen und füllten die Schenken. Derartige Dinge waren freilich von dem Standpunkte eines ehrsamen Bürgers nicht zu verdammen, darin hatte sich jeder mit seinen Mitteln abzufinden. Aber bei jenem Treiben trat auch die Roheit und Wildheit des gemeinen Volks, das sich die Zügel schießen ließ, in erschreckender Weise zu Tage. In einem fliegenden Blatt: „Gespräch mit der Fasnacht", wandte sich Hans Sachs 1540 in heiterer Form, aber mit ernster Mahnung an seine Mitbürger. Doch, das sagte er sich wol selber, es mußte die Stimme eines unwillkommenen Sittenpredigers im allgemeinen Lärm verhallen. Aber wenn diese Frechheit auch in den Aufführungen sich an das Licht des Tages wagte, mit denen junge Männer, Meister und Gesellen, von einem Hause zum andern, oft sogar auf die umliegenden Dörfer zogen, so glaubte er ein Wort mitsprechen zu dürfen. Für uns ist die Gemeinheit fast unfaßbar, die hier sich breit machen durfte, unglaublich die Schamlosigkeit in dem Aussprechen von Dingen, die sich jeder Andeutung entziehen. Hier sah der Mann, der unstreitig mit an der Spitze des geistigen Lebens seiner Vaterstadt stand, seinen eigentlichen Beruf angezeigt. Es galt für ihn, in dem alten Vorrath aufzuräumen und Besseres aus eigenen Mitteln zu geben. Nicht ohne Grund hat er wiederholt hervorgehoben, daß seine Fastnachtspiele „alles unzüchtige Wesen" ausschließen. Doch darf freilich unser Urtheil nicht nach den heutigen Begriffen von guter Sitte bemessen werden. Man war damals mehr daran gewöhnt, die Dinge mit den rechten Namen zu nennen, und so mag uns manches hart an der Grenze des Zulässigen zu stehen scheinen. Eins aber dürfen wir lobend hervorheben, bei Hans Sachs findet sich nie und nirgends ein Behagen an dem Gemeinen, noch weniger aber Zweideutigkeit, die von innerlicher Begehrlichkeit zeugt. Die Zahl der Stücke, deren Mittelpunkt Unkeuschheit, Untreue und Frauenlist bilden, ist verhältnißmäßig gering; sie beruhen auf alten Novellen und

Schwänken, zu denen die „Cento novelle" den größten Theil beigesteuert haben; auch gehören sie nicht zu denen, die der Verfasser selbst für den Druck auswählte, sondern sind erst nach seinem Tode erschienen. Er schildert diese Dinge unbefangen, wie sie sind, um an ihnen die Verwerflichkeit und die Gefahr sittlicher Verwickelungen in helles Licht treten zu lassen. Ueberhaupt sind ja auch diese kleinen Dichtungen naturwahre Sittengemälde, in welchen in kräftigen Zügen die Zeit sich abspiegelt: das hochfahrende und doch armselige und wüste Treiben des Adels, die rohe Unwissenheit, plumpe Schlauheit und Habsucht der Bauern, das Elend der Fahrenden Leute im Kampf um die Existenz den seßhaften Ständen gegenüber, wie es vor allen den Geschichten Eulenspiegel's zu Grunde liegt, die geheimen Sünden des Pfaffenthums und ihr ohnmächtiges Streben, die alte Macht in der Gemeinde fort zu üben, alles aber aufgefaßt und dargestellt mit der vollsten Erkenntniß dessen, was bei der Zerfahrenheit der einzelnen Stände und ihrem ewigen Widerstreit dem Ganzen nothtat, nämlich daß jeder in seinem Kreise das Rechte selbst thue und aller übrigen Berechtigung anerkenne. So reiche Momente für die weitere Entwickelung zum kunstgemäßen Drama lagen in diesen einfachen und anspruchslosen Spielen.

Die unmittelbare Wirkung einzelner vom Ende des 15. Jahrhunderts an entstandener deutscher Uebersetzungen der beiden römischen Komödiendichter auf das volksmäßige Schauspiel ist vielfach überschätzt worden; den gelehrten Verfassern geistlicher und weltlicher Schuldramen waren sie ohnedies zugänglich. Versuche wie der eines schweizerischen Schulmeisters Johann Kolroß und wenige Jahre später eines Sachsen Paul Rebhun, wesentliche Eigenthümlichkeiten in der äußern Construction des classischen Dramas für ihre Dichtungen zu verwerthen, stehen vereinzelt und deshalb ohne nachhaltige Wirkung da. Hans Sachs blieb mit dem Wesen der alten Komödie nicht ganz unbekannt; von den Schauspielen gelehrter Humanisten, die doch nach dem Vorbilde jener gearbeitet waren, ist manches zu seiner Kenntniß gelangt. Die „Scenica Progymnastica" Reuchlin's, im Hause Johann von Dalburg's zu Heidelberg durch Studenten 1497 aufgeführt, ein Lustspiel nach einer französischen Farce, dem „Maître l'athelin", wahrscheinlich von Pierre Blanchet, das Reuchlin wol in Poitiers aufführen sah, das übrigens auch Verwandtschaft mit dem Fastnachtspiele „Der kluge Knecht", (bei Keller Nr. 107) verräth, hat unser Dichter 1531 unter dem Namen der Hauptperson „Henno" übersetzt; eine andere Uebertragung von seiner Hand ist insofern von Bedeutung für die Geschichte des Dramas, als dadurch ein am Ende einer Reihe von verwandten Dichtungen stehendes Werk des Niederländers Georg Lankveld, Macropedius, der „Hecastus", für Deutschland gewonnen wurde.*) Auch Plautus und Terenz waren Hans Sachs wenigstens zum Theil zugänglich, die „Menächmen" des erstern übertrug er 1548 nach von Eibe's Prosaverdeutschung, den „Eunuchen", freilich erst 1564, als letzte dramatische Arbeit überhaupt, nach der ebenfalls prosaischen Uebersetzung Nithart's von Ulm. Aber hier war es nicht die Form, was ihn anzog, sondern nur der Inhalt, dessen didaktischer Werth von seinen Vorgängern ausdrücklich hervorgehoben wird, nach dem Grundsatz, daß die Komödie wie das Leben selbst die Sitten und Verhältnisse des gemeinen Volks kennen und vor dem Bösen und Verkehrten sich zu hüten lehre. Was Nithart zur Theorie der Komödie zu Tage brachte, war wenig geeignet, unsers Dichters Begriffe darüber aufzuklären. Die Definition, daß die Komödie, von Komos und Ode abstammend, ein Gedicht sei, „auf mancherlei Art das Gemüth und die Anfechtung mittler Personen inhaltend, daraus man lernt, was gut ist zu gebrauchen und

---

*) Eine Comedi von dem reichen sterbenden Menschen, der Hecastius genannt, 1549. Vgl. was darüber in der Einleitung zu den „Schauspielen", I, xxviii fg., nach Goedeke's „Monographie: Homulus und Hekastus (Hannover 1865) gesagt ist.

Einleitung.

das Böse zu meiden, daß sie, nach Cicero's Ausspruch, menschlichen Wesens ein Spiegel sei und eine Bildung der Wahrheit", war verständlich genug; aber wenn Hans Sachs nun weiter las, daß jede Komödie in vier Theile zerfallen müsse: „die Vorrede oder Metaplasmus; die Prothesis, den Anfang und «Zettel» der nachfolgenden Materien, die begierig mache, das Nachfolgende zu hören; die Epenthesis, d. h. eine Mehrung der Materien und Betrübniß aller Personen; und endlich die Paragoge oder Verkehrung der Betrübniß zu fröhlichem Ausgang, darin die ganze Komödie geläutert wird, — so war er ohne Zweifel so klug wie vorher. Aus diesem Gemisch grammatischer und rhetorischer Kunstwörter vermögen wir kaum zu errathen, daß von den Entwickelungsmomenten der Handlung und von der sittlichen Erhebung der Gemüther die Rede ist. Ebenso dürftig ist, was über den äußern Bau des Dramas gesagt wird: Der Komödie geht gewöhnlich ein „Prologus" voraus, und die Handlung wird in fünf „Unterschiede" oder „Geschichte" (Actus) getheilt; innerhalb dieser werden die Scenen als „Theile der Unterschiede" bezeichnet. Von Eibe läßt die Acte ganz fallen, obgleich schon durch die Vertauschung der römischen Namen mit deutschen sich die Bestimmung der „Menächmen" für die Aufführung verräth.

Wir sahen schon, daß die Stoffe und ihr didaktischer Werth nach der Ansicht unsers Dichters die Gattungsunterschiede im Schauspiel bedingen; daher das Schwanken, wo es sich um Feststellung der Begriffe „Tragödie" und „Komödie" handelt. Die Ansicht, die dem ersten Blicke sich darbietet, Hans Sachs folge im allgemeinen einer bestimmten Regel, indem er diejenigen Stücke der ersten Klasse zurechne, in denen Kampf, Krieg, Tod auf der Bühne erscheinen, läßt sich doch nicht durchgängig begründen. Das geistliche Spiel „Josua mit seinem Streiten" wird z. B. nicht allein in der Ueberschrift, sondern auch durch den Mund des Herolds als Komödie angekündigt, obgleich darin eine Schlacht geschlagen wird. Im „Jael" tödtet die Heldin den Hauptmann Sissera auf der Bühne, und das Heer Israels schlägt die Kanaaniter. Im „Gideon" dreht sich alles um die Schlacht, worin die Könige der Midianiter unterliegen, sogar von dem Helden auf der Bühne getödtet werden; und doch werden sie nicht als Tragödien bezeichnet.

Worin aber liegt dieses Schwanken, diese Unsicherheit, die auch nach langer dichterischer Thätigkeit nicht überwunden zu sein scheint? Eine Aeußerung des Dichters kann hier vielleicht einen Fingerzeig geben. Ein halbes Jahrhundert nach dem ersten dramatischen Versuch in dem bekannten Rückblick auf sein Leben und seine Dichtung, der „Summa all meiner Gedicht", bezeichnet er die Tragödien ganz im allgemeinen als traurig, die Komödien als fröhlich; ein Jahr später tritt jenes Schwanken geradezu ausgesprochen in den Versen hervor („Die Werk Gottes sind alle gut", Nr. 51, V. 31, 32): „auch macht ich ein teutsche Komedi, doch nicht ungleich einer Tragedi." Natürlich ist dabei an eine absichtliche Nebeneinanderstellung des Komischen und Tragischen nicht zu denken; der Grund dieser Bemerkung liegt vielmehr in den wechselnden Momenten der Handlung, die erst in ihrem Ausgange die gewählte Benennung rechtfertigt; einen in der Mitte liegenden Begriff wie etwa den des modernen Schauspiels kannte der Dichter nicht. Die Geschichte des „Fürsten von Orlienz mit seiner Amalei", nach dem Gedichte des Rudolf von Ems, durfte der Herold wegen der Leiden der Liebenden bis zu ihrer endlichen Vereinigung eine artliche Komödie nennen, „die sich fast vergleicht einer Tragedi, sehr traurig hin bis zu dem End, da es sich erst zu Freuden wendt". Aus demselben Grunde, und mehr noch weil entsetzliche Dinge dem Auge vorgeführt werden, konnte die Komödie von der „Freundschaft der treuen Gesellen und Brüder Olwier und Artus", nach einer französischen Quelle, ebenso bezeichnet werden; auch hier mußten dem Dichter die Geschichte der Haupthelden und einzelne Momente, wie die

Heilung des Artus durch das Blut der Kinder seines Freundes, tragisch erscheinen; aber das Ende ist, wenigstens im christlichen Sinne, ein glückliches, indem Olwier und seine Gattin sich zu gottgefälligem Leben bekehren und, der Welt entfremdet, fortan im Frieden der Seele leben. Noch deutlicher tritt diese Auffassung an einem Stoffe von wahrhaft dramatischem Werth hervor, den Hans Sachs dem Buch von den durchläuchtigen Frauen entnahm. „Das kühn Weib Aretophila" ist die Gattin eines auf Befehl des Nikokrates hingerichteten Bürgers, der sie zur Ehe gezwungen hat; um ihre Schmach zu rächen, zugleich aber auch um ihr Vaterland zu befreien, beschließt sie den Tod des gehaßten Mannes; ein Vergiftungsversuch mislingt; nun weiß sie den Bruder ihres Gemahls für ihre Pläne zu gewinnen, indem sie ihn mit ihrer Tochter verbindet. Diese bewegt den Gatten zum Mord des Tyrannen; aber auch er herrscht grausam und ungerecht, und deshalb soll auch er fallen; im Kampf mit einem herbeigerufenen libyschen Fürsten wird er erschlagen. So ist der Heldin ein ruhmreiches Werk gelungen, königliche Ehren werden ihr entgegengetragen; aber in freiwilliger Entsagung wendet sie sich vom irdischen Glanze ab, um ihr Heil in Gott zu suchen. In demselben Sinne sind die Geschichten der Judith und der Jael, des Josua und des Gideon aufgefaßt; durch ihre Thaten ist das schwere Leid eines ganzen Volks geendet, und die Zuschauer theilen die Freude der Geretteten.

Nicht so sicher in der Wahl der Benennung ist Hans Sachs in Bezug auf die Bedingungen, welche eine dramatische Handlung zu tragischer Bedeutung erheben. Hier scheint ihm der Ausgang nicht allein entscheidend gewesen zu sein. Bei Stoffen wie Jephtha's Tochter, Simson und Delila, oder gar bei der „erschrecklichen Geschichte" von des Leviten Kebsweib, die den furchtbaren Kampf gegen Gibea zur Folge hatte, konnte er nicht zweifelhaft sein; die Dichtung vom Hürnen Seifrit bezeichnet der Herold zum Schluß als eine „Histori mit Tod und Mord"; aber was blieb übrig, wo so in die Augen fallende Merkmale fehlten, wo dagegen auch die Voraussetzungen nicht zutrafen, die für die Komödie ihm unerläßlich schienen? In allen diesen Fällen entschied er sich unbedenklich für die Benennung „Tragödie". Hier sind denn die Grenzen sehr weit gezogen und schließen alles in sich ein, was durch die Erhabenheit des Stoffs oder der Personen wie durch den Ernst der didaktischen Bedeutung sich hervorhebt. Das „Opfer Isaacs" ist tragisch, obgleich die blutige That nicht vollendet wird. Tragödie wird auch die Darstellung des Caron mit den Seelen im Schiff genannt; die Zuschauer werden in das Reich der Todten geführt, Todte sind die auftretenden Männer, und die Hinweisung auf die Nichtigkeit und Werthlosigkeit alles irdischen Wissens und Besitzes ist eine durchaus ernste. So dürfen wir wol unsere Meinung dahin aussprechen, daß Hans Sachs die Unterschiede lediglich nach dem Eindruck, den die Zuschauer mit zu Hause tragen, sei es Trauer und Mitleid, Furcht und Entsetzen, oder Erhebung der geistigen Stimmung, Erleichterung des Herzens und Fröhlichkeit, zu bemessen pflegte. Und, fragen wir, wie wäre eine andere Auffassung, die unsere Zeit etwa eine „höhere" nennen möchte, denkbar gewesen? Es wäre überflüssig zu bemerken, daß jener Zeit nichts ferner lag als philosophische Speculation, und daß die Idee des Tragischen selbst in ihren einfachsten Momenten nicht begriffen werden kann, wo alles lediglich auf die Vorsehung und den Willen Gottes bezogen wird.

Dem Nürnberger Meister überhaupt jede Einsicht in das Wesen des Dramas absprechen zu wollen, könnte ungerecht erscheinen. Eine merkwürdige Aeußerung in der schon erwähnten Vorrede beweist, daß er wenigstens über den allgemeinen Gang der Handlung eine feste Ansicht gewonnen hatte: wir wollen nicht entscheiden, ob aus eigener durch lange Uebung erlangter Einsicht, durch Reminiscenzen aus der Schule, oder durch spätere Lektüre angeregt. Es sollen nämlich die Schauspiele „die Histori und Geschicht, wovon ein jedes fürgenommen, mit Anfang, Mittel und Ende auf das deutlichste an den Tag geben". In diesen Worten liegt doch wenigstens eine Ahnung von den Entwickelungs= momenten der Handlung, der Exposition, Verwickelung und Lösung. Ferner soll der erzählenden Gattung gegenüber alles gleichsam in die lebendige Gegenwart gerückt werden, „sam man die Histori augenscheinlich im Werk säh geschehen", woraus dann weiter folgt, daß die handelnden Personen „manchfaltig allerlei Art" sein können, und „jede auf das eigentlichste dargethan werden soll mit ihren Geberden, Worten und Werken".

Die Eintheilung in Acte schien dem Dichter zu Anfang seiner dramatischen Thätigkeit kein wesentliches Erforderniß des Schauspiels zu sein. Das Fastnachtspiel verlangte wegen seiner Kürze, Einfachheit und Continuität der Handlung keine Ruhepunkte, weder für die Spielenden noch für die Zuschauer; nur in einem einzigen Stück, welches den herkömmlichen Umfang überschreitet, dem „Neithart mit dem Feiel", ist eine Ausnahme gemacht. Gleich dem Fastnachtspiele wird auch das eigentlich didaktische Stück behandelt, wo der Schwerpunkt des Ganzen weniger in die Handlung als in den Dialog verlegt ist. Als der Dichter, nach der Voll= endung der ersten beiden Fastnachtspiele im Jahre 1517 und 1518, durch ernste Studien und Bestrebungen inmitten der großen Zeitereignisse der außerhalb der Meisterschule liegenden Dichtung jahrelang entfremdet, nach und nach zu derselben zurückkehrte, behielt er jene einfachste Form auch für solche Stoffe bei, die, in sich reicher an innern Entwickelungs= momenten, ihn auch zu einer äußern Bezeichnung derselben hätten veranlassen müssen, wenn er eine solche schon damals für nothwendig gehalten hätte. Die Tragödie „Lucretia" vom 1. Januar 1527 läuft in ihrem Gange nach alter Weise fort, während die wenige Wochen später gedichtete „Komödie von Pallas und Venus" in drei Acte getheilt ist. Diese Zerlegung der Handlung fehlt wieder in der „Virginia" und in der „Komödie, daß Christus der wahr Messias sei" aus den letzten Wochen des Jahres. Diese Unsicherheit scheint erst durch das Bekanntwerden des Dichters mit einem regelmäßigen Drama beendigt worden zu sein, dessen Bearbeitung die poetische Thätigkeit des Jahres 1531 eröffnet, dem „Plutus" des Aristophanes.*) Darauf folgte um Ostern der „Henno" nach Reuchlin. Die Abtheilung in Acte wird von nun an die Regel; ja, es werden dieselben am Schluß durch eine dreifache Wiederkehr des Reims — eine Sitte, die auch Jakob Ayrer nachgeahmt hat — noch besonders hervorgehoben. Die Acte aber in äußerlich erkennbare Unterabtheilungen, also in Scenen, zerfallen zu lassen, dazu lag dem Dichter kein Grund vor, da er nicht unterließ, wie für die Leser des dritten Buchs der Gedichte ausdrücklich gesagt wird, die „Ein= und Ausgänge" im Text anzuzeigen. Der Chor, den er deshalb auch in seinem „Henno" fortließ, paßte nicht für seine Zwecke, schon wegen der Schwierigkeit der Herstellung alles Erforderlichen bei der Aufführung. Dagegen ergab sich die Einlage eines Gesangs wie von selbst, wenn die Situation darauf führte; im „Neithart mit dem Feiel" wird im Grün des Waldes und unter den Blumen des Frühlings das schöne, später von Orlando Lassus componirte Volkslied: „Der Maien, der Maien, der bringt uns Blümlein viel", beim Reihentanze gesungen.

Durch solche Aeußerlichkeiten ist natürlich den Mängeln der dramatischen Composition in Bezug auf die übrigen Erfordernisse nicht entfernt abgeholfen. Will man diese Annäherung an die Formen des Kunstdramas bei Hans Sachs, wie es wol geschehen ist, als einen Fortschritt bezeichnen, so ist das Verdienst daran wenigstens nicht ihm allein zuzuschreiben. Bei dem allmählichen Bekanntwerden classischer

---

*) Diese Komödie wurde damals in Zürich griechisch aufgeführt; möglich scheint es deshalb, daß eine deutsche Prosaübersetzung zum Gebrauch ungelehrter Zuschauer in Hans Sachs' Hände gelangt war.

Stücke lagen hier bessere Muster vor; er selbst ist eben über die Form in dieser Beziehung nicht hinausgekommen. Seine Behandlung der Stoffe trägt auch für das Drama den epischen Charakter der Zeit, in dem ja eben seine Größe besteht, und den auch nach ihm das Schauspiel des Jahrhunderts nicht zu verlassen vermochte. Er wählte die Stoffe nach dem allgemeinen Interesse, das sie darboten, ohne durch innere Gründe bestimmt sich zu der einen oder der andern Art der Darstellung zu entschließen; oft scheint nur der Umfang der Handlung der Beweggrund zur Wahl der dramatischen Form zu sein. Aber immer bleibt die Handlung in den Vordergrund gestellt, während die Bedeutung der Charaktere in ihren psychologischen Bezügen zu derselben, in ihren Conflicten miteinander ihm fern liegt. Es sind ja auch die Stoffe nicht selbst erfunden, sondern angeeignet, und die Umwandlung einer „Historie" oder eines Schwanks in ein Schauspiel glaubt der Dichter vollständig erreicht zu haben, wenn er dieselben in dialogische Form umgegossen hat, ein Verfahren, das in den Eingangsworten des „Fortunatus" mit dem Ausdruck: „ein histori tragedienweis agiren", oder mit der Bezeichnung eines Schauspiels als „tragedisch Gedicht" hinreichend angedeutet wird. Aus diesen Bemerkungen scheint sich Folgendes zu ergeben: Nur die Zeitfolge bedingt die Anordnung der Begebenheiten, und allein in der Handlung, wie entweder eins aus dem andern sich mit Nothwendigkeit ergibt oder zufällig sich aneinander schließt, liegt für Hans Sachs die dramatische Einheit; eine Reihe von Situationen und Dialogen steht da, ohne daß der Dichter daran denkt, daß die Ausfüllung der Lücken fehlt, und daß schroffe Uebergänge unvermittelt bleiben, die oft befremdlich empfunden werden müssen. Hier werden wir an die Anfänge des Dramas erinnert. Das alte kirchliche Schauspiel war eine Darstellung des Erlösungswerks in seinen geschichtlichen Momenten, wozu im weitern Sinne auch das Leben der Maria, die Jugend Christi, die Geschichte der Apostel und

Heiligen gerechnet wurden. Für die kirchlichen Feste bestimmt, war ihr Zweck die lebendige Vergegenwärtigung der Thatsachen für die Gemeinde. Das Einzelne gehört einem großen Ganzen an, das als bekannt vorausgesetzt wird. Diese Bedeutung war namentlich der protestantischen Kirche verloren gegangen, ohne daß es den Dichtern gelang, von der dadurch bedingten Behandlungsweise loszukommen. Hans Sachs behandelt die geistlichen Stoffe wie die weltlichen in didaktischer Absicht; die Nutzanwendung am Schluß nimmt geradezu die Gestalt einer Predigt an, die ihren Inhalt sogar in einzelne Theile zu disponieren pflegt. Bekanntschaft mit den Stoffen durfte er auch hier nicht voraussetzen; noch weniger aber konnte er sich verhehlen, daß jene weltlichen Erzählungen, die volksmäßigen Schwänke, selbst alles, was aus deutscher Geschichte und Sage entlehnt war, hier dem Volke zum ersten mal geboten wurden. Aber das bedachte er nicht, wie er denn überhaupt gewohnt war, dem freien Zuge seines Geistes folgend, frisch an die Arbeit zu gehen.

Wie die epische so ist auch die dramatische Darstellung nicht an Ort und Zeit gebunden. Die Geschichte des „Fortunat", wo es sich zunächst um eine vollständige Aufhebung des Raums handelt, ist gleichsam eine Satire auf die beiden Einheiten des Kunstdramas. Alles knüpft sich hier an die Wunschdinge; als der erste Besitzer stirbt, treten die Söhne in seine Stelle als Helden des Stücks, und erst dann, als mit dem Tode der Brüder Hut und Beutel ihre Kraft verloren haben, ist alles zu Ende. Nun hätte es nahe gelegen, sobald der Dichter sich für die Gliederung seines Stoffs in gewisse Abschnitte entschieden hatte, in diesen wenigstens die Hauptmomente desselben hervortreten zu lassen, durch sie auch äußerlich erkennbar zu trennen, was örtlich und zeitlich geschieden war; aber hierauf verzichtet er überall, und fast scheint es, als sei nur die ungefähr gleiche Zeitdauer das Princip, nach dem er die von drei bis auf zehn gehenden Acte bemessen hat. Ein Beispiel dafür gibt die „Grifelda"; am Schluß des zweiten Actes, als eben erst der Markgraf das Hochzeitmahl angeordnet hat, kommt auch schon die Nachricht von der Geburt einer Tochter, obgleich mit dieser der Dichter den dritten Act hätte eröffnen können; in diesem folgt dann die Geburt eines Sohnes, unmittelbar nachdem ein Trabant den Befehl erhalten hat, die Tochter in die Fremde zu bringen, u. s. w. Am auffälligsten ist diese Sorglosigkeit des Dichters in dem „Hürnen Seifrit", denn hier hatte er sogar drei in den Quellen verschiedene Momente zu einem Ganzen vereinigt, wonach die Dreitheilung sich von selbst hätte ergeben müssen; aber während der Drachenkampf fünf Handlungen füllt, sind der Kampf im Rosengarten und Siegfried's Tod in einen Act zusammengezogen. Ueberhaupt ist es eine Eigenthümlichkeit des Dramas des 16. Jahrhunderts, daß es auf Illusion verzichtet; freilich waren auch die Zuschauer jener Zeit anspruchsloser als die der unserigen, ihnen genügte es, die Handlung wie in einer Reihe von Bildern an sich vorüberziehen zu sehen, die Personen mit eigenen Augen zu schauen und das lebendige Wort aus ihrem Munde zu vernehmen. Nicht unerwähnt wollen wir lassen, daß schon in den Schlußworten mit dem Namen des Dichters, die nicht blos dem außerhalb des Stücks stehenden Herold, sondern auch wol einem der Spielenden in den Mund gelegt werden, dieser Verzicht auf vollständige dramatische Täuschung ausgesprochen ist. Fühlt der Verfasser, daß dem Verständniß irgendwo nachzuhelfen ist, so läßt er die Personen über ihre Motive und Absichten selbst berichten, oder den Herold, einen Boten oder Diener erklärend eingreifen, ein Mittel, das auch dann angewandt wird, wenn ein Ereigniß, als nothwendiges Moment der Handlung, z. B. die Entführung der Agrippina im „Fortunatus", auf der Bühne nicht darzustellen ist. Auch durch oft wiederkehrende Verstöße gegen Leben und Sitte, Lehre und Anschauungen alter Zeiten wird die Illusion nicht beeinträchtigt. Hans Sachs, wie die Dichter seiner Zeit überhaupt, gibt allen überlieferten Stoffen Beziehung auf die Gegenwart und behandelt dieselben mit Rücksicht auf und für die Zeitgenossen. Hat doch auch die bildende Kunst dieselbe Tendenz, und es ist nicht blos Mangel an Kenntniß des Alten, wenn ein Maler altbiblische oder classische Gestalten mit den Gewändern seiner Zeit bekleidet. Das geistliche Drama hat oft schon die neutestamentlichen Geschichten und Lehren zum Hintergrunde, ja selbst die äußere Einrichtung der Kirche und ihren Cultus. Um so weniger konnten die Zuschauer Anstoß daran nehmen, wenn in den „Ungleichen Kindern Eve" Kain sich auf der Gasse mit den Buben umherschlägt, was eher als ein humoristischer Zug empfunden wurde, oder wenn unser Herrgott seiner Prüfung der Kinder den kleinen Lutherischen Katechismus zu Grunde legt.

Wie die Fastnachtspiele, so sind auch die übrigen Schauspiele von Hans Sachs — ungleich einer großen Anzahl von Stücken, die nach ihnen und neben ihnen entstanden, wo die dramatische Behandlung nur als starre Form für polemische und didaktische Zwecke erscheint — nicht blos für das Lesen, sondern für die Aufführung bestimmt; und diese hat bei den meisten, nach der Versicherung des Dichters, wirklich stattgefunden, und zwar nicht allein in seiner Vaterstadt, sondern auch in „etlichen andern Reichsstädten" und an fürstlichen Hofhaltungen, wofür uns freilich jetzt nur noch ein Beleg aus dem 17. Jahrhundert vorliegt, indem eine „Tragödie von Hans Sachs in Versen, der Lorenz" (eine dramatische Bearbeitung der Historie Bd. 2, Nr. 1), unter den Vorstellungen aus den Jahren 1646 und 1676 am Hofe zu Dresden erwähnt wird. In vielen hatte der Dichter selbst mitgespielt. Bei der Herausgabe des dritten Buchs hat er sogar durch Angabe der Ab- und Zugänge und der Requisiten wie durch sonstige Bühnenanweisungen*) so viel

---

*) Diese gehen oft ins einzelne, z. B. in einem großen Passionsspiele, Buch III, 1, 162: „Also steiget einer hinauf, schlägt

gethan, daß die einzelnen Stücke direct als Vorlage für die Vorstellung dienen konnten.

Wer die Schauspieler in Nürnberg waren, dafür liegt keine bestimmte Nachricht vor; daß solche Vorstellungen von Meistersingern veranstaltet wurden, wird wenigstens für Nürnberg, wenn auch für andere Städte, nicht ausdrücklich bezeugt. Daß etwa eine geistliche Komödie oder Tragödie in der Katharinenkirche, dem gewöhnlichen Versammlungsort der Schule bei öffentlichem Singen, zur Aufführung gelangte, ist an sich glaublich. Für die weltlichen Spiele möchten wir dagegen die Schauspieler eher in den Zünften suchen und in freien Vereinen junger Bürger, die durch häufigere Uebung endlich eine gewisse Fertigkeit sich aneigneten. Noch im vorigen Jahrhundert finden sich einzelne Bürger neben ihrem Handwerk als „Schauspieler" in die städtischen Register eingetragen. Aus den Stücken selbst aber geht unzweifelhaft hervor, daß die Spielenden bei häuslichen Festen, z. B. bei Hochzeiten, in den Wohnungen angesehener Bürger und Patricier zu erscheinen pflegten, entweder auf Bestellung, „geladen", „berufen", oder freiwillig, „aus Gunst", „zu Ehren"; zuweilen versammelten sich die Zuschauer auf besondere Einladung, und in diesem Falle wurde die Bühne wol in einem öffentlichen Local, im Saal oder Hofe eines Gasthauses aufgeschlagen. Bemerken wollen wir endlich noch, daß es Sitte war, wie aus einer Stelle der „Griselda" (Act II) hervorgeht, auf eine „traurige Tragödie" eine „lustige Komödi" folgen zu lassen, da hier das Bestreben vorliegt, die Einlage komischer Zwischenspiele in ernste Stücke zu beseitigen, ohne den Zweck derselben aufzugeben.

Nach diesen Bemerkungen dürfen wir unsere Leser wol für hinreichend vorbereitet halten, um denselben an einer Reihe

---

den zweien Schächern Arm und Bein ab mit einem ledernen Kolben, auch in rothe Farb eingetunket; als sie zu dem Herrn sehen, spricht ein Knecht" u. s. w.

ausgewählter Stücke, Fastnachtspiele und eigentlicher Schauspiele, die Bedeutung des Dichters auch auf diesem Gebiete mehr im einzelnen vor Augen zu stellen. Ebenso wie wir den zweiten Theil von Hans Sachs' Dichtungen mit seinem ersten Spruchgedicht eröffnet haben, stellen wir auch hier den ersten dramatischen Versuch an die Spitze unserer Auswahl. Der innere Zusammenhang beider ist schon dort angedeutet worden. „Das Hofgesint Veneris" ist wie jene erste Erzählung der Ausdruck der herrschenden Stimmung des Dichters. Wie bei allen tiefer bewegten Gemüthern hatte auch in ihm die Liebe die ersten innern Conflicte hervorgerufen; was er als Folge einer früh gereiften sittlichen Weltanschauung hier nach eigener bitterer Erfahrung gewonnen hatte, darüber wollte er aus der beschaulichen Ruhe eines glücklichen häuslichen Lebens heraus sein Wort auch an andere erschallen lassen. Bei ihm erhoben sich die Innigkeit der Empfindung, die Befriedigung im eigenen Liebesglück gegen die Entweihung dieses Gefühls durch ein rohes und unreines Spiel mit demselben. Ein ganzes langes Leben hindurch kommt er auf die so früh schon ausgesprochene Warnung zurück, die sogar am Ende desselben in dem schönen Gedicht: „Klaggespräch über die bitter unglückhafte Lieb" (Bd. 2, Nr. 54), einem Scheidelied, das in der Innigkeit des Tons an die Weise des Minnegesangs anklingt, noch einmal hervorbricht. Was ihn beglückte, was er, wie alles Irdische, im Lichte christlichen Lebens aufzufassen gewohnt war, das sah er vielfach misachtet und erniedrigt. Die Keuschheit erschien ihm wie eine vertriebene Königin, die mit ihren Fürstinnen, den weiblichen Tugenden, traurigen Herzens in einer Wüste verbannt sitzt. So dürfen wir es nicht als hausbackene Moral eines angehenden Bürgers und Meisters bezeichnen, wenn er der Liebe Ziel und Ende nur in der Ehe erblickt. Jene Novellenstoffe früherer Jahrhunderte waren lehrreich genug; was ist hier das Ende von allen anders als Verderben oder doch wenigstens Gefahr „für Leib und Leben, Sinne und Vernunft"?

In einem zweiten, ein Jahr später gedichteten Fastnachtspiele, „Eigenschaft der Lieb", das an Abenteuerlichkeit der Erfindung jenen alten Geschichten nichts nachgibt, wird der Satz durchgeführt, daß die Liebe nichts ist „als bitter Leiden, vermischet gar mit kleinen Freuden". Ein Ritter bittet ein Fräulein um Liebe; aber sie wendet sich ab, denn was sie in alten Büchern gelesen, war ihr im frischen Gedächtniß, da treten ihr entgegen Paris und Helena, Achill, der, wie die nachhomerische Sage erzählt, als er mit Polixena sich vermählen wollte, im Tempel des Apoll zu Thymbra durch die Hand des Paris fiel, Jason und Medea, Pyramus und Thisbe; warnend sah sie vor ihren Blicken Tristan und Isolt, Lorenzo und Lisabetha, Guiscardo und Gismunde, Euryalus und Lucretia. Alle waren der unbarmherzigen Gewalt, der nichts zu widerstehen vermag, verfallen.

Dieser Gedanke liegt auch dem Fastnachtspiele zu Grunde. Hier soll im allgemeinen zur Anschauung gebracht werden, wie kein Stand, keine besondere Befähigung oder Gemüthsanlage, selbst nicht das Vorwiegen einer andern Leidenschaft die Macht der Herrscherin der Götter und Menschen ausschließt; den Ritter schützt nicht das Spiel der Waffen, den Bürger bewahrt nicht die Sucht nach Erwerb, den Landsknecht findet die Göttin mitten in seinem wilden Treiben, den Spieler bei Würfel und Karten, den Trinker beim vollen Krug; selbst jungfräuliche Reinheit der Sitte ohne Welterfahrung fällt als Beute der stets treffenden Geschosse. So hat das Spiel keine eigentliche Handlung, selbst die auftretenden Personen stehen in keinem Zusammenhange untereinander. Hier liegt also ein Beispiel vor der obenerwähnten einfachsten Form, die sich kaum über einen Fastnachtszug erhebt, dessen Erklärung den Personen selbst in den Mund gelegt wird, oder über ein Gespräch, das durch eine Reihe wechselnder Bilder illustrirt wird.

Aber dieser Fastnachtszug, der für die Zuschauer durch den Glanz des Costüms einen erhöhten Reiz gewinnen mußte, hat auch für uns ein gewisses poetisches Interesse; wir haben hier nicht eine wohlfeile classische Allegorie vor uns, sondern ein Bild, könnten wir sagen, aus alter Zeit, das uns an die versunkene Herrlichkeit deutschen Götterglaubens gemahnt. Frau Venus ist hier nicht die leichtfertige Tochter des Jupiter, sondern die alte Holda, die ihren Namen geerbt hat; sie hält ihren Umzug unter den sterblichen Menschen, um neue Diener zu gewinnen, ihr Reich und ihr Hofgesinde zu mehren, voran der getreue Eckhart mit weißem Stabe, der nach dem Volksglauben auch an der Spitze des wüthenden Heers einherschreitet; in ihrem Gefolge und noch an ihren Dienst gebunden der Tanhäuser. Hans Sachs kannte die Sage, die ursprünglich in Franken zu Hause ist, wol aus mündlicher Ueberlieferung; das alte „Heldenbuch" erwähnt des sagenberühmten Helden und Warners am Eingang des Venusbergs in der Vorrede; das Lied vom Tanhäuser war ihm in einem Nürnberger Druck zugänglich; am nächsten aber lag ihm Hermann's von Sachsenheim allegorisches Gedicht, die „Mörin", die er selbst unter seinen Büchern besaß; hier fand er alles, was er brauchte, zusammen, denn der Dichter schildert hier, was er selbst im Venusberg gesehen und erfahren haben will.

Gleich hier, der Verwandtschaft der behandelten Stoffe wegen, muß über ein eigentliches Schauspiel, die Tragödie „Der hörnen Seifrit", berichtet werden, obgleich die chronologische Ordnung uns erst später darauf führen würde. Die deutsche Sage, d. h. das poetisch gestaltete Alterthum, in der höfischen Dichtung durch fremdländische Stoffe fast überwachsen und erstickt, hatte wenigstens in der mündlichen Ueberlieferung wie in der volksmäßigen Dichtung ihr Leben gefristet. Daß neben der höfischen Behandlung eine solche fortbestand, scheint unzweifelhaft, wenn auch nicht nachzuweisen, denn seit dem Ende des 13. Jahrhunderts tritt in unserer Literatur eine Reihe von Gedichten auf, deren Entstehung kaum anders zu erklären ist; gegen das Ende des

15. Jahrhunderts brachte zunächst das „Heldenbuch" den „Ortnit", „Hugdietrich", „Wolfdietrich", den „Großen Rosengarten" und „König Laurin"; in Einzeldrucken folgten „Sigenot", „Laurin", das „Eckenlied" und „Hildebrandslied". Außer diesen, vorzugsweise dem gothischen und lombardischen Kreise angehörigen Gedichten gelangte auch die einzige Dichtung, die uns die Sagen von Siegfried's Jugend aufbewahrt hat, der „Hürnen Seifrit", durch wiederholte Abdrücke zu weiterer Verbreitung. Auch unser Dichter hat unter den Schätzen der Fremde das Eigene nicht übersehen. Aber er erblickte in den fortwährenden Kämpfen der Helden deutscher Sage kaum etwas anderes als eine Fortsetzung der altrömischen Gladiatorenspiele, die das Christenthum beseitigte:

> die weil es kostet blutes vil
> wider christlich ordnung und lieb;
> dennoch ein stück vom kampf noch blieb.
> viel helden kempften im freien felt
> und ritten zam in finstre welt,
> als Eck und der alt Hildebrant,
> Laurin, Hürnen Seifrit genant.
> König Fasolt und Dietrich von Bern
> teten einander kampf gewern.

Mit diesen rohen Ausbrüchen der Kraft ohne weitere poetische Motive wußte Hans Sachs nichts anzufangen, ebenso wenig wie andere Dichter bürgerlich gelehrter Richtung, welche durch gelegentliche Anführungen ihre Bekanntschaft mit der Heldensage verrathen. Für die Erzählung ließen dieselben sich schon deshalb nicht verwerthen, weil es sich dabei eigentlich nur um eine Umgestaltung der alten Verse in Spruchform gehandelt hätte; für die dramatische Behandlung lag aber in den Stoffen selbst nicht die geringste Aufforderung. Anders war dies, als der Dichter den Mittelpunkt der größten und bedeutendsten unter den deutschen Sagendichtungen in dem Tode Siegfried's kennen lernte; zu einer dramatischen Bearbeitung entschloß er sich freilich erst zu einer Zeit, wo er schon das Schönste von den ihm zu

Gebote ſtehenden Schätzen ſich poetiſch angeeignet hatte. So
entſtand die Tragödie vierzig Jahre ſpäter als das „Hof=
geſint Veneris", intereſſant jedenfalls für unſere Zeit ſchon
als erſter Verſuch eines namhaften Dichters, die alte Sage
neu zu beleben, und nur deshalb in unſere Auswahl aufge=
nommen. Ueberdies hat Hans Sachs für ſein Gedicht alles
benutzt, was über den Helden zu ſeiner Kunde gelangt war.
Die Quellen ſeiner Auffaſſung ſind zum Theil nachweisbar,
theils aber liegen dieſelben zur Zeit noch im Dunkel. Dies
gibt der Dichtung auch für die Sagenforſchung eine gewiſſe
Bedeutung. Die ganze Handlung zerfällt in drei Haupt=
theile: Siegfried's Drachenkampf, durch den er Kriemhilden
gewinnt, den Zweikampf mit Dietrich von Bern und endlich
den Verrath der Brüder und den Tod des Helden. Für
jede dieſer Gruppen, das ergibt ſich bei näherm Anblick, hat
eine beſondere Quelle vorgelegen; für den erſten Theil iſt
augenſcheinlich das „Siegfriedslied", das auch den Namen der
Tragödie an die Hand gab, benutzt worden. In zwei Drucken
aus des Dichters Vaterſtadt, etwa 1530 und 1540, war
ihm daſſelbe leicht erreichbar. Der zweite Theil hebt ein
einzelnes Moment aus Siegfried's Leben hervor, das für die
Entwickelung des Ganzen ohne alle Bedeutung iſt, nur ein
einzelnes Abenteuer, das ſogar den Helden eher erniedrigt
als in ſeinem Glanze erſcheinen läßt. Quelle iſt hier der
„Große Roſengarten" des „Heldenbuchs". Dagegen läßt das
Eigenthümliche der Auffaſſung im dritten Theil auf einen von
allen bekannten Geſtaltungen der Sage abweichenden Ur=
ſprung ſchließen. Aber auch im zweiten Theil iſt einzelnes
anders gefaßt als im alten Liede, vielleicht unwillkürlich,
denn es war nicht des Dichters Weiſe, mit dem Buch in
der Hand an das Schreiben zu gehen. Dem Liede nach
ſtand Kriemhild eben am Fenſter, als der Drache geflogen
kam; Hans Sachs läßt ſie entführt werden, während ſie
bei einem Turnier zur Seite ihres Vaters ſitzt. Von die=
ſem Turnier erzählt auch das Volksbuch), freilich erſt nach der

Entführung. Zufällig mögen auch andere kleine Abweichungen sein, wie die Erwähnung des Todes der Siglinga, der Mutter Kriemhild's. Außerdem ließ er fort, was für seine Zwecke unnöthig war, z. B. die Gewinnung des Nibelungenhortes und seine Versenkung in den Rhein, und setzte hinzu, was ihm den Zusammenhang der Handlung besser zu vermitteln schien, wie die Sendung des Zwerges Eugelein an den Rhein, um die Rückkehr Kriemhild's anzukündigen. Mit dieser Rückkehr nach Worms war aber auch seine Quelle erschöpft. Das Lied deutet nur mit wenigen Zügen das Schicksal Siegfried's während der von dem Zwerge geweissagten achtjährigen Lebensfrist an — daß die Hochzeit gehalten wurde, daß Siegfried zu Ansehen und Macht gelangte und endlich durch die Hand des Mörders fiel — und verweist die Leser auf ein besonderes, für uns verloren gegangenes Gedicht von „Siegfried's Hochzeit", das also auf demselben Sagencomplex wie der erste Theil des „Nibelungenliedes" beruht haben wird. Hans Sachs kannte dasselbe ebenso wenig wie unser nationales Epos, von dem er nicht die entfernteste Kunde verräth. Die Lücke suchte er also auszufüllen, wie es ihm möglich war; da war ihn denn der „Rosengarten" des „Heldenbuchs" willkommen. Das Gedicht beruht auf dem Bestreben, die beiden größten Gestalten der Sage einander gegenüberzustellen, um ihre Kräfte zu messen. Obgleich dieser Zug auch in der nordischen Sage wiederkehrt, scheint der deutsche Ursprung desselben kaum zweifelhaft: denn der Norden stellt Sigurd über Thidrek; dieser siegt nur durch List und Eidbruch, während Siegfried in der deutschen Sage sogar den Vortheil der Unverwundbarkeit für sich hat. Nach der Auffassung des „Heldenbuchs" ist Kriemhild's Uebermuth, die mit Siegfried erst verlobt ist, die Veranlassung des Kampfes. Zwölf Helden, an ihrer Spitze König Gibich selbst, hüteten ihren Rosengarten: zum Kampfe mit ihnen ladet sie den Berner und sein Gefolge ein; er kommt, und eine Reihe von Zweikämpfen beginnt, zuletzt zwischen Dietrich und Siegfried; besiegt sucht dieser bei Kriemhild Schutz, und der alte König muß Land und Leute von dem Sieger zu Lehn nehmen. Hans Sachs wählte was er gebrauchen konnte; die Einladung an Dietrich geht von Siegfried selbst aus, der freilich durch des Berners Lob aus der Gattin Mund dazu bewogen wird; die Einzelkämpfe der Helden waren unnöthig. Alles übrige dagegen, die eigenthümliche Art, wie der alte Waffenmeister seines Herrn Zorn zu entflammen weiß, die Sendung des Herzogs von Brabant, der Zug, daß Kriemhild ein „Tüchlein" über den Gatten wirft, ist zweifellos dem „Heldenbuche" entnommen. Der Dichter gelangt nun sofort zu der am Schluß des Siegfriedliedes kurz erwähnten Katastrophe; aber hier, wo wir erwarten sollten, daß er dem Zuge des Liedes folgen würde, weicht auf einmal die ganze Darstellung durchaus ab, nicht allein von der Auffassung in dem Liede, sondern auch von den sonst bekannten Fassungen der Sage überhaupt. Der tödliche Streich, und zwar mit einem Dolche, der später Hagen als Mörder verräth, trifft den Helden zwar im Walde und an einem Brunnen, aber im Schlafe; diese Abweichung wird überdies durch mehrfache Erwähnung besonders hervorgehoben, im Prolog, in der Weissagung des Zwergs, in Gernot's Worten bei der Verschwörung der Brüder; sie ist also keine zufällige oder willkürliche, denn für dramatische Zwecke war die Erzählung des Liedes, daß Siegfried im Brunnen Mund und Antlitz gekühlt habe, ebenso tauglich. So muß dem Dichter eine besondere Quelle vorgelegen haben; unentschieden aber wird noch bleiben, ob diese eine mündliche oder eine schriftliche war; nachweislich war die Sage am Rhein damals noch im Munde des Volks lebendig. Wir nehmen keinen Anstand, der Auffassung des Dichters, gegenüber spätern Darstellungen, wie derjenigen des „Heldenbuchs", daß Siegfried von Dietrich getödtet worden sei, ein höheres Alter zuzugestehen. Schon ein Prosazusatz zu dem Buchstück eines Eddaliedes „von Brunhild" kannte verschiedene Auffassungen: „Deutsche Männer sagen, daß sie ihn erschlugen draußen im Walde", und bemerkt dazu, daß alle wenigstens darin übereinstimmten, daß Siegfried „in Treue betrogen und liegend und wehrlos ermordet wurde".

Die tiefere Bedeutung der Sage ist in der Dichtung von Hans Sachs völlig verwischt. Alles Glanzes entkleidet, ein Opfer hinterlistigen Verraths, vermag Siegfried kaum ein poetisches Interesse für sich zu gewinnen; selbst die Züge alten Heldenthums, die noch im Liede bewahrt worden sind, z. B. daß der niederländische Königssohn im Lande zu Worms Recht und Gericht mit starker Hand schützt, sind beseitigt; daß er zu Macht und Ansehen am Hofe gelangt ist, erfahren wir nebenbei erst durch die Unterredung der Brüder; sonst begreifen wir kaum, wie diese den unglücklichen Mann beneiden können. Die Absicht des Dichters wird nur zu deutlich, wenn wir die Schlußworte des Herolds hören. Siegfried ist ein ungerathener Sohn, der seinen Aeltern des Ausgangs wegen Sorge macht, ein Bild zuchtloser Jugend, die sich in alle Fährlichkeit wagt und verdienterweise darin umkommt. In der schönen aber vorwitzigen und hochmüthigen Kriemhild hat er eine würdige Gattin gefunden. Und daneben wird Dietrich von Bern ohne allen aus dem Stücke selbst ersichtlichen Grund als das Urbild eines frommen und gerechten Fürsten hingestellt. Aber auch in der Volksdichtung war schon die ursprüngliche Heldenkraft zu gemeiner Roheit herabgesunken, und zu ihren Gestalten scheinen die abscheulichen Holzschnitte des gedruckten „Heldenbuch" nicht übel zu passen. Die Schlußmoral endlich ist ein Beleg dafür, daß das Bestreben, allem und jedem eine didaktische Tendenz unterzulegen, selbst bei einem hoch begabten Dichter zur Trivialität führen kann. So ist der poetische Werth des Stücks sehr gering. Wenn man die Meinung ausgesprochen hat, daß das Zurückgreifen eines Dichters wie Hans Sachs auf alte einheimische Sage für die Entwickelung des deutschen Dramas zu echter Volksthümlichkeit hätte von Bedeutung werden können, so müssen wir auch darin anderer Ansicht sein. Für Hans Sachs hatte der Stoff keine höhere Bedeutung als jeder andere; ein Gegensatz deutscher Art und deutscher Sitte gegen die Fremde wird überhaupt in seiner Dichtung nicht betont oder gar in den Vordergrund gestellt. Seine Größe besteht eben darin, daß er die poetische Ueberlieferung aller Zeiten und Völker in ihrer rein menschlichen Bedeutung für sein Vaterland zu gewinnen und für seine Zeit zurechtzulegen wußte. Das Volksthümliche liegt ja auch nicht ausschließlich, kaum vorzugsweise in der Wahl einheimischer Stoffe, sondern in der Weise der Auffassung und Behandlung. Auch spätere Erscheinungen dieser Art, wie bei Jakob Ayrer, waren hier ohne Einfluß, und wären sie sogar häufiger und glücklicher gewesen, sie hätten doch das Einbrechen fremdländischen Geistes und fremdländischer Kunstformen nicht aufhalten können.

Außer dem „Hofgesint Veneris" haben wir noch fünf der trefflichsten Fastnachtspiele für unsere Sammlung ausgewählt; sie sollen als Beispiel für dasjenige dienen, was oben zur Charakteristik der ganzen Gattung gesagt worden ist. Eins derselben, die „Rockenstube", ein lebendiges Bild aus dem Bauernleben, gehört dem Dichter eigenthümlich an; die Quellen der übrigen sind in den Anmerkungen zu den einzelnen Stücken nachgewiesen. Der „Bauer im Fegfeuer" ist gleichsam nur ein Ausschnitt aus Boccaccio's Novelle. Ein Hauptmotiv des Abtes, die Liebe zu der Frau des Bauers Ferondo, ist weggelassen, wodurch der Schwank an komischem Gehalt nichts verloren hat. Auch das spätere Schicksal der Personen gehörte natürlich nicht in ein Schauspiel. Ebenso ist für das vierte Fastnachtspiel: „Der Abt im Wiltbad", das „Decameron" nur seinen Hauptzügen nach benutzt worden.

Die Tragödie „Der Caron mit den abgeschidnen Geisten" steht im Uebergang von dem Fastnachtspiel zum eigentlichen Schauspiel; es ist noch ohne Actabtheilung, die auch bei dem Mangel aller Handlung und der Continuität des Inhalts überflüssig war. Nur in dem Auftreten des Herolds am Anfang und Schluß scheint der Dichter die Berechtigung gesehen zu haben, seine Uebertragung eines griechischen Dialogs ein Drama zu nennen. Hätte der Dichter die einleitenden Worte selbst übernommen, und etwa, wie er sonst zu thun pflegt, was hier den Zuschauern vorgeführt wird, als Vision dargestellt, so würde die kleine Dichtung aus dem Charakter des Originals auch der Form nach nicht herausgetreten sein. Der „Caron" ist das zehnte Todtengespräch Lucian's. Unter den frühern Uebersetzungen Lucian'scher Gespräche, die Hans Sachs hätte benutzen können, befindet sich das „Todtenschiff" nicht; dasselbe wurde in deutscher Uebersetzung von Jakob Vielfeld zuerst 1536 gedruckt. Dagegen ist gerade dieser Dialog in lateinischer Bearbeitung von Vitus Buerler in „L. Luciani Samosateni Dialogi" (Lipsiae 1516) enthalten, und zwar unter dem vom Herold im Stück genannten Namen „Scaphidium". Daß diese Uebersetzung Hans Sachs als Grundlage gedient habe, wird unzweifelhaft durch die Abweichungen vom Original, z. B. in den Namen der Personen, durch Misverständnisse und Auslassungen, die er mit Buerler gemein hat. So muß doch des Dichters Kenntniß der lateinischen Sprache zu Verständniß ausgereicht haben, oder es hat ihm die Hilfe eines gelehrten Freundes dasselbe vermittelt. Auch ein anderes Gespräch des griechischen Rhetors muß er auf ire Weise kennen gelernt haben, den „Toxaris oder über die Freundschaft", denn auf ihm beruht eine 1555 gedichtete Tragödie „Clinias und Agathocles". Der Gedanke, daß von den Gütern des Erdenlebens nichts in das Jenseits hinübergenommen werde, entsprach so sehr der Grundanschauung des Christenthums von dem Werthe alles Irdischen, daß derselbe auch in heidnischer Einkleidung willkommen sein mußte. Die Rücksicht auf die Gegenwart hat übrigens eine Entfernung von dem Original bedingt. Bei Lucian besteigt auch ein Rhetor das gebrechliche Schiff; für Hans Sachs'

Zeit fand sich nichts Aehnliches; an die Stelle tritt deshalb Epicurus, auch sonst bei unserm Dichter, z. B. in dem „Streit der Pallas und Venus", das classische Urbild des deutschen „Schlemmers", der in der Reihe der Figuren nicht fehlen durfte.

Unter den übrigen Schauspielen ernsten und heitern Inhalts wird nur die Komödie von den „Ungleichen Kindern Eve", die bekannteste aller Dichtungen von Hans Sachs, ein näheres Eingehen auf seine Quelle bedürfen. Von dem zu Grunde liegenden Stoffe fühlte der Dichter sich so sehr angezogen, daß er seit dem Jahre 1546, wo er denselben in einem Meisterliede (Bd. 1, Nr. 100) bearbeitete, dreimal darauf zurückkam, zuerst in dem „Spiel, wie Gott der Herr Adam und Eva ihre Kinder segnet" (23. September 1553), dann in der Komödie (16. November desselben Jahres), und endlich fünf Jahre später in einem Spruchgedicht, sodaß also in jeder der ihm geläufigen Formen eine poetische Darstellung vorliegt. Eine Vergleichung unter diesen ergibt, daß, abgesehen von dem Liede, welches alles kurz zusammenfaßt, das letzte erzählende Gedicht der ursprünglichen Einfachheit der Geschichte am treusten geblieben ist. Nach dem Verlust des Paradieses lebte das er Aelternpaar mit seinen Kindern, die theils wohlgestalte theils misgeschaffen waren, in hartseliger Arbeit auf Er^tet. Da beschloß Gott der Herr eines Tags, einmal nach en. Rechten zu sehen, und entbot Eva, der Hausfrau, d^r einen Engel, daß er kommen werde, mit ihnen zu reden. Des ward Eva froh, und sie kehrte das Haus und zierte alles mit Gras und Blumen und steckte Maien in alle Gäden; vor allem aber wusch und schmückte sie ihre schönen Kinder, die häßlichen aber suchte sie dem Blick des Gottes zu entziehen. Als der Herr kam, da empfingen die artigen Kinder ihn in höflicher Sitte, wie die Mutter sie gelehrt hatte, mit Neigen, Händereichen und Kniebeugen, und der gütige Herr segnete die Kinder und legte ihnen die Hände auf und weihte sie zu Königen und Fürsten, Grafen, Rittern und Edelleuten, reichen Bürgern, Kaufleuten und hochgelehrten Doctoren. Als aber Eva die Milde Gottes sah, da hoffte sie, er werde sich auch der übrigen Kinder erbarmen, und holte sie herbei aus dem Heu und Stroh und dem Ofen= loch, worin sie versteckt lagen. Da stand nun die schmuzige, zerlumpte, bäuerische und tölpische Rotte, und der Herr mußte ihrer lachen und erbarmte sich auch ihrer und segnete und verordnete sie zu schwerer Arbeit, als Bauern und Handwerker, Fischer und Schiffleute, Boten und Knechte. Die Mutter war betrübt wegen des ungleichen Segens, aber als Gott sie belehrte, daß die Weltordnung ohne diese Un= gleichheit nicht bestehen könne, da mußte sie sich zufrieden geben.

In dem Kern dieser „lieblichen Fabel", wie Hans Sachs sie nennt, sind Anklänge an ein hohes Alterthum unschwer zu erkennen. In der That hat es nur der Hand des Meisters deutscher Sagenforschung bedurft, um durch Auf= lösung in Prosa aus dem Schwank des Hans Sachs ein sinniges deutsches Märchen zu gestalten („Kinder= und Haus= märchen", Nr. 181). Jakob Grimm ist geneigt, darin die Umwandlung eines germanischen Mythus zu erkennen, ähnlich dem, der für das nordische Alterthum im Rigismal der Edda, von den Wanderungen Heimdal's und den durch ihn angeordneten Unterschieden der Stände — der Knechte, Freien und Edeln — erhalten ist. Sagen von Götterwanderungen sind auch sonst noch in den Legenden von Christus und Petrus unvergessen. Hier erscheint der Mythus auf Gott den Vater selbst übertragen, der ja auch im Alten Testament den ersten Menschen im Paradiese, später noch dem Noah und Abraham persönlich erscheint. Die Abweichungen von dem Ursprüng= lichen finden in dem Einfluß christlicher Ideen genügende Erklärung: zunächst in dem Glauben an die Abstammung des Menschengeschlechts von Einem Paare und in der mo= ralischen Verschiedenheit der Kinder, die durch Abel und

Kain personificiert wird. Die im nordischen Mythus hervorgehobene gastfreie Bewirthung des Gottes, die christlichen Begriffen widerstrebte, klingt wenigstens noch in der festlichen Ausschmückung des Hauses nach). Für die Komödie nennt der Prolog als Gewährsmann Philipp Melanchthon, während in dem Schwank nur im allgemeinen ein „von den Gelehrten zugerichtetes Gedicht" als Quelle angegeben wird. Melanchthon erzählt allerdings in einem Briefe an einen Grafen Johann von Wied vom 23. März 1539, der noch in demselben Jahre im Druck erschien (Frankfurt, bei Egenolf), die Geschichte, die er einem nicht näher bezeichneten lateinischen Gedichte entnommen hatte, beiläufig wegen ihres lehrreichen Inhalts in Bezug auf die göttliche Ordnung der Stände; Erasmus Alberus bearbeitete dieselbe in einem lateinischen Dialog, der 1541 von Leonhart Jacobi verdeutscht wurde. Der Bericht Melanchthon's bringt eine Erweiterung der Erzählung, welche die Reinheit der alten Sage verwischt hat. Diese besteht darin, daß der Segen Gottes und der Fluch als Folge der moralischen Eigenschaften der ungleichen Kinder dargestellt wird; ferner findet sich bei Melanchthon zuerst das Examen, das der Herr mit Abel und Kain anstellt, die in den übrigen Bearbeitungen von Hans Sachs nicht genannt werden. Deshalb glauben wir, daß der Dichter auch eine andere einfachere Fassung kannte, vielleicht die des Johann Agricola in den „Sprichworden" (hochdeutsch zuerst in Nürnberg 1529 gedruckt), wo der ursprünglichere und natürlichere Unterschied der Kinder als schöne und „schwarze" und „ungeschaffene" noch festgehalten ist.

Die Komödie ist eine Erweiterung und Ueberarbeitung des Spiels von 1553 auf Grund jener Zusätze, wie schon aus dem Umstande hervorgeht, daß längere Stellen wörtlich aus diesem in jene übergegangen sind; zunächst ist dieselbe für eine größere Anzahl von Personen eingerichtet, dann sind die Kinder bis auf sechs auf jeder Seite vermehrt; der Tod Abel's ist in die Darstellung hereingezogen. Die Schluß=

moral hält sich allgemeiner; sie ist, wohlbedächtig in vier Hauptsätze gegliedert, eine Erinnerung an das Erlösungswerk vom Sündenfall an bis zur endlichen Versöhnung mit Gott. Im Schwank dagegen kehrt der Dichter zu der ursprünglichen Bedeutung der Sage zurück, indem er diese für seine Zeit hervorhebt, „wo Ober= und Unterthan gröblich fehlen daran, da keiner bleibt in seinem Beruf, dazu ihn Gott der Herr erschuf".

Des Dichters Verhältniß zu Melanchthon ist aber ein anderes, als es nach der Berufung auf ihn erscheinen muß. Ein „Beitrag zur Geschichte des deutschen Theaters" im „Morgenblatt" von 1808 (Nr. 278) bringt die Mittheilung, daß zu Freiberg in Sachsen vor dem Herzog Georg und seiner Hofhaltung zu Pfingsten 1516 geistliche Spiele aufgeführt wurden, welche, die christliche Heilsökonomie vom Sündenfall bis zum Jüngsten Gericht umfassend, auf drei Tage vertheilt waren. „Den ersten Tag ist die Geschichte gespielt worden von dem Fall der Engel, von Erschaffung und Fall der Menschen, von Ausjagung derselben aus dem Paradiese, und den ungleichen Kindern Adam's und Eve, wie sie Gott der Herr angeredet und examiniert." Nicht allein der Titel, sondern auch die Namen der Kinder, welche willkürlich bald den Söhnen Adam's, bald nur deren Nachkommen angehörend zusammengestellt werden, sind dieselben wie in der Komödie von Hans Sachs. So muß dieser das alte Spiel gekannt haben, entweder aus eigener Anschauung oder dadurch, daß eine schriftliche Abfassung in seine Hände gelangte. Diese Annahme wird zur Gewißheit, wenn wir eine „Tragedia von Adam und Eva", welche der Komödie im Druck unmittelbar vorhergeht, vergleichen. Sie gibt den Inhalt des Freiberger Spiels genau wieder, die Zahl der Personen und ihre Namen, Engel, Teufel und Schlange, alles stimmt überein, sodaß hier wie dort die beiden Stücke als ursprünglich zusammengehörend erscheinen. Auf derselben ältern Fassung könnte denn auch Melanchthon's unmittelbare

Quelle, das lateinische Gedicht, beruht haben. Hans Sachs hätte dann nur des Glanzes eines berühmten Namens wegen sich auf den großen Reformator berufen.

So möge denn auch diese Seite der poetischen Production des Nürnberger Meisters unsern Lesern empfohlen sein. Unsere Ansicht über den Werth derselben läßt sich in wenigen Sätzen zusammenfassen. Zu den schwächsten seiner Leistungen gehören die geistlichen Dramen. Die ganze Gattung hätte überhaupt nur gedeihen können im ungestörten Zusammenhange mit ihrem Ursprung, der Kirche, und durch sie gepflegt. Die herkömmlichen Stoffe zu beleben, hat auch ein Dichter wie Hans Sachs nicht vermocht. Das weltliche Schauspiel in seinen beiden Richtungen blieb gebunden unter der vorwiegend epischen Behandlung, aus der heraus die Stoffe nicht zum Leben und zur Bewegung gelangt sind. Für die Fastnachtspiele und die auf gleichem Boden mit ihnen stehenden Komödien aber wird die Gegenwart, so hoffen wir, das Urtheil Goedeke's nicht zu weit gehend finden, daß diese kleinen Dichtungen dem Besten zugezählt werden dürfen, was nicht allein das Jahrhundert, sondern auch die folgende Zeit auf diesem Gebiete hervorgebracht hat.

Göttingen, 1. October 1871.

Julius Tittmann.

Inhalt.

Einleitung V

Dramatische Gedichte.

1. Das hofgesint Veneris. (1517.) Fasnachtspil, und hat dreizehn person 3
2. Der Caron mit den abgeschidnen geisten. (1531.) Ein tragedi, mit eilf personen zu agieren 12
3. Die rockenstube. (1536.) Fasnachtspil mit fünf personen 26
4. Der teufel mit dem alten weib. (1545.) Ein fasnachtspil mit vier personen 36
5. Die geduldig und gehorsam markgrefin Griselda. (1546.) Ein comedi mit dreizehn personen, hat fünf actus . 48
6. Das wiltbad. (1550.) Ein fasnachtspil mit fünf personen: ein edelman und zwen knecht, ein abt und ein knecht 79
7. Der baur in dem segfeuer. (1552.) Fasnachtspil mit sechs personen 94
8. Der Fortunatus mit dem wunscheckel. (1553.) Tragedia mit zweiundzwanzig personen und hat fünf actus 112
9. Der Eulenspiegel mit den blinden. (1553.) Fasnachtspil mit sechs personen 156
10. Die ungleichen kinder Eve. (1553.) Comedia, wie sie Got der Herr anret. Hat neunzehn personen und fünf actus 173
11. Der hörnen Seifrit, ein son könig Sigmunts im Niberlant. (1557.) Tragedi mit sibzehn personen und hat siben actus 209
12. Die jung witfrau Francisca. (1560.) Ein comedi mit siben personen, und hat drei actus 253

Dramatische Gedichte.

1.
Das hofgesint Veneris.
(1517.)

Fasnachtspil, und hat dreizehn person.

Der erenholt trit ein, neigt sich und spricht:
Got grüß euch, all ir biderleut,
als ir denn hie gesamlet seit!
her komt mit mir ein kleines her,
die wöllen euch allen zu er
ein kurzes fasnachtspil hier machen.   5
wer denn lust hat, mag sein wol lachen;
doch wirt in diesem fasnachtspil
geret zu weng oder zu vil,
so bitten wir euch all voran,
ir wölt es in gut hie verstan   10
und uns zu dem besten außlegen.
nun wil ich euch stellen entgegen
ein in eim langen grauen bart,
derselbig heist der treu Eckhart,
der komt her aus dem Venusberk,   15
wirt euch sagen groß wunderwerk.

    Der getreu Eckhart spricht:
Got grüß euch alle hie gemein,
in gut kom ich zu euch herein,
wann ich hab auch gar wol vernommen,
wie mer gest hernach werden kommen,   20

---

1. Gedichte, Buch III, Th. 3, Bl. 1; SG 1. — 19 wann, denn.

vor den ich euch hie warnen mus.
es wirt sein die köngin Venus,
die wirt meren ir hofgesint
mit manchem scharpfen pfeil geschwint,
und wen sie trifft, der komt in nat.   25
hüt euch vor ir, das ist mein rat.

Der Tanheuser spricht:

Herr Tanheuser bin ich genant,
mein nam der ist gar weit erkant,
aus Frankenlant war ich geborn;
aber frau Venus auserkorn   30
hat mich in irem dienst bezwungen,
ir pfeil hat mir mein herz durchdrungen.
darnach da hat sie mich gefangen
und an ir starkes seil gehangen.

Frau Venus spricht:

Ich bin Venus, der lieb ein hort,   35
durch mich wart mannich reich zerstort;
ich han auf erden groß gewalt
über reich, arme, jung und alt,
wen ich wunt mit dem schießen mein,
derselbig muß mein diener sein,   40
als denn iezunt auffspanne ich;
darumb wer fliehen wil, der flich.

Der ritter spricht:

Hör zu, du köngin auserkorn,
ich bin ein ritter wolgeborn,
nach rennen, stechen stet mein sin,
vor deim schießen ich sicher bin.   45

Der getreu Eckhart spricht:

O fleuch balt, fleuch, du strenger ritter,
Venus macht sonst dein leben bitter.

Frau Venus spricht:

Ritter, dich hilft dein fliehen nicht,
mein pfeil ist schon auf dich gericht.   50

---

1. 25 nat, Noth. — 39 wunt, wunde, verwunde. — 42 flich, flieh, flieh.

1. Das hofgesint Veneris.

Der ritter spricht:

O we, Venus, was zeichst du mich,
das du mich scheußt so hertiglich?
mein rennen, stechen hat ein ent,
ich gib mich in dein regiment.

Der doctor spricht:

Hör zu, Venus, der lieb ein gart,
ich bin ein doctor wol gelart,
mein wollust ist, die bücher lesen,
vor dir trau ich wol zu genesen.

Der getreu Eckhart spricht:

O fleuch, wolgelerter doctor,
das Venus nit kom auf dein gspor.

Frau Venus spricht:

Doctor, du magst mir nit entweichen,
mein pfeil get auf dich schnelligleichen.

Der doctor spricht:

Ach we, Venus, der hertsten wunden,
dergleich mein herz nie hat entpfunden!
nun laß ich ligen alle kunst
und gib mich genzlich in dein gunst.

Der burger spricht:

Venus, du königin wunnigleich,
wiß, das ich bin ein burger reich,
mein sin der stet auf gelt und gut,
dein schießen mir kein schaden tut.

Der getreu Eckhart spricht:

Ach fleuch, fleuch, du reicher burger,
das dich Venus nit bring in schwer.

Frau Venus spricht:

Burger, durch fliehen bist betrogen,
mein pfeil ist schon auf dich gezogen.

---

1. 51 zeichen, zeihen, beschuldigen. — 60 gspor, Spur, Fährte. —
62 schnelligleichen, adv., mhd. snellecliche. — 72 schwer, Beschwerde, Not.

Der burger spricht:

Ach we, Venus, des meinen herzen,
wie ist es jetzt verwunt mit schmerzen! 75
auf gut und gelt acht ich nun nicht,
zu deinem dienst bin ich verpflicht.

Der bauer spricht:

Hör, Venus, ich gib dir kein lob,
wiß, das ich bin ein bauer grob, 80
heuen und dreschen ist mein werk,
ich wil nit in den Venusberk.

Der getreu Eckhart spricht:

O fleuch nur balt, du armer bauer,
Venus macht sonst dein leben sauer.

Venus spricht:

Bauer, was hilft dein fliehen dich, 85
seit mein pfeil ist so schnelliglich?

Der bauer spricht:

We mir, Venus, zu dieser stunt,
wie hast du mich so hart verwunt!
mein drischel die wil ich aufgeben,
in deiner hant so stet mein leben. 90

Der lantsknecht spricht:

Hör, frau Venus, du schönes bilt,
wiß, das ich bin ein lantsknecht wilt,
zu stürmen, kriegen han ich lust,
dein schießen ist gen mir umbsust.

Der getreu Eckhart spricht:

Fleuch, fleuch, du stolz frischer lantsknecht, 95
das du durch Venus nit werst gschmecht.

Venus spricht:

Lantsknecht, dich hilft dein fliehen klein,
mein pfeil bringt durch dein harnisch ein.

---

1. 89 drischel, Dreschflegel. — 96 geschmecht, geschmäht, in Schmach gebracht. — 97 klein, wenig.

1. Das hofgesint Veneris.

Der lantsknecht spricht:

Ach we, mort über alles mort,
wie ist mein sin so gar zustort, 100
das ich kein lust mer hab zu kriegen!
Venus, zu dir wil ich mich schmiegen.

Der spiler spricht:

Hör zu, Venus, der lieb ein ros,
wiß, das ich bin ein spiler gros,
würfel und karten ich stets trag, 105
nach deinem schießen ich nit frag.

Der getreu Eckhart spricht:

Fleuch, fleuch balt von dannen, du spiler,
Venus ist deins herzen durchziler.

Frau Venus spricht:

Spiler, der flucht magst nit genießen,
dein herz das wir ich dir durchschießen. 110

Der spiler spricht:

Ach we mir, du edle Venus,
wie we tut mir dein harter schuß!
mein' spilen nun ein ende hat,
ich gib mich ganz in dein genat.

Der trinker spricht:

Hör zu, du edle Venusin, 115
wiß, das ich ein weintrinker bin,
zu eßen, trinken hab ich lieb,
auf dein schießen ich gar nit gieb.

Der getreu Eckhart spricht:

Fleuch, fleuch, weintrinker, fleuch mit eil,
das dich nit rür frau Venus pfeil! 120

Venus spricht:

Trinker, dein fliehen ist unnitz,
dich erreicht meines pfeiles spitz.

---

1. 100 zustort, zerstört. — 110 wir, apokop. für wirt, werde.

Der trinker spricht:

Ach we mir, Venus, immer me,
dein harter schuß tut mir so we!
nun laß ich sten den külen wein,   125
dein diener wil ich fürbaß sein.

Die jungfrau spricht:

Venus, ich bin ein jungfrau frum,
ich acht mich nit der welte bum.
ich wil behalten meinen kranz,
darumb far hin mit deinem tanz.   130

Der getreu Eckhart spricht:

Fleuch, fleuch, du zart reine jungfrau,
das dich frau Venus pfeil nit hau.

Venus spricht:

Jungfrau, dein flucht die ist zu spat,
mein pfeil ereilet dich gar drat.

Die jungfrau spricht:

Ach glück, wie haft du mich verloßen,   135
das mich frau Venus hat geschoßen!
nun hat ein ent mein heil und glück,
seit ich kam an frau Venus strick.

Das freulein spricht:

Hör zu, Venus, der lieb ein kron,
wiß, das ich bin ein freulein schon,   140
behalten so wil ich mein er,
auf dein schießen acht ich nicht ser.

Der getreu Eckhart spricht:

Fleuch, fleuch, du junges freuelein,
das dich Venus nit bring in pein.

Frau Venus spricht:

Freulein, dein flucht ist vil zu spat,   145
mein scharpfer stral schon auf dich gat.

---

1. 128 bum, unerfahren. — 134 drat, schnell. — 140 schon, schön. — 146 stral, Pfeil.

1. Das hofgesint Veneris.

Das freulein spricht:

Ach we mir, Venus, we und ach
auf ert mir nie so we geschach!
mein zucht und er hast du gefalt,
ich gib mich gar in dein gewalt.   150

Der getreu Eckhart spricht:

Ach Venus, edle königein,
ich bitt dich durch die güte dein
und fall zu fuß dir auf mein knie,
das du niemant mer wöllest hie
schießen mit deim scharpfen geschoß.   155

Frau Venus spricht:

Eckhart, dein bitt ist schwer und groß,
iedoch wil ich dich darin eren,
niemant mer auf dißmal verseren.

Der Tanheuser spricht:

Ach Venus, wie sein wir so krank,
ach wie ist uns die weil so lank,   160
ach wie han wir so tiefe wunden,
ach wie sein wir so hart gebunden!
laß uns ledig, das bitt wir dich.

Frau Venus spricht:

Herr Tanheuser, vernimme mich,
von mir wirt niemant mer erlöst;   165
seit ir mir iezunt seit genöst,
und euch mein pfeil berüret hot,
so ist all euer hoffnung tot,
ir wert unter meim regiment
beleiben biß an euer ent.   170

Sie sprechen all:

Ach we uns, ach und immer we!
wert wir denn ledig nimmerme?

---

1. 149 gefalt, gefällt, zu Falle gebracht (vellen, gevalt). — 166 genöst, genosset, zugesellt. —

Der getreu Eckhart spricht:

Ich han euch vor gewarnet al,
ir solt fliehen frau Venus stral,
ir wolt mein worten nit begnaden, 175
seit ihr ellent, habt euch den schaden.

Frau Venus spricht:

Secht an, ir herrn und frauen all,
wie euch mein hofgesint gefall.
ritter, doctor, burger und bauer
kan ich machen ir leben sauer; 180
lantsknecht, spiler, trinker noch mer,
reinen jungfrauen, frauen er,
der iedes kan ich durch mein pfeil
balt bringen an mein langes seil;
ich kan in nemen sin und witz. 185
ir vorig freud mach ich unnitz,
die dann ir iedes ganz verlat,
und folgt mir nach an diser stat,
als ir denn secht auf dises mal.
darumb hüt euch vor disem stral, 190
der mannich mensch bringet zu sorgen
tag unde nacht, abent und morgen,
als ich iezt disen hab getan,
die also trauriglich hie stan.
doch e das sie verzagen ganz, 195
pfeif auf, spilman, mach ie ein tanz.

Man tanzt.

Darnach spricht Venus wider zu in:

Wolauf, wolauf, mein hofgesin,
wolauf, wolauf mit mir dahin!
ich wil euch füren, da ich han
vorhin gefürt mannichen man, 200
auch manch jungfrau und schöne frauen.
da wert ir große wunder schauen

---

1. 175 begnaden, sich fügen, nachgeben. — 182 ere, adj., fromm, züchtig. — 187 verlat, verläßt. — 191 mensch, neutr., beide Geschlechter bedeutend. — 197 gesin, apok., Gesinde.

von einem turnieren und stechen,
mannich ritterlich sper zubrechen,
an meinem hof fechten und ringen, 205
tanzen, hofieren unde singen,
auch mannich süßes seitenspil,
sonst ander kurzweil one zil,
die hie von mir sint ungenant,
dergleich man sint in keinem lant. 210
darumb wolauf mit eil und jach,
wer mit uns wil, der kom hernach!
wir wullen in frau Venus berg,
so spricht Hans Sachs von Nürenberg.

  Die Person in das Spil.
   Der erenholt.
   Der getreu Eckhart.
   Der Tanheuser.
   Frau Venus.
   Der ritter.
   Der doctor.
   Der burger.
   Der bauer.
   Der lantsknecht.
   Der spiler.
   Der trinker.
   Die jungfrau.
   Das freulein.

Anno M. D. XVII. Am samßtag vor der herrn faßnacht.

---

1. 206 hofieren, Musik machen. — 211 jach, gach, adv., jähe, eilig, rasch.

2.
Der Caron mit den abgeschidnen geisten.
(1531.)

Ein tragedi, mit eilf personen zu agiren.

―――――

    Der herolt trit ein und spricht:
Gelück und heil wünsch ich euch allen.
in freuntschaft, gunst, euch zu gefallen
kom wir, eine tragedi zu halten;
die hat gemachet bei den alten
Lucianus, der groß poet,   5
kriechisch er die beschreiben tet,
und wirt genant Skaphidion
und sagt von einem, heißt Caron,
der sei ein schifman in der hel,
und wann hinunter kom ein sel,   10
so für er sie in einem schif
über etliche waßer tif
hin in die hel für das gericht.
nu wert ir hier zu angesicht
denselben schifman sehen do   15
mitsamt dem got Mercurio,
darbei acht abgeschiden sel;
die sol er füren in die hel,
das sie da kommen für gericht.
die fur mit underscheit geschicht,   20

―――――

2. Gedichte, Buch II, Th. 2, Bl. 1; SG 2. — Lucian's „Todtengespräche", X;
vgl. die Einleitung.

2. Der Caron mit den abgeschidnen geisten.

wann die sel müßen von in tan
und als verlaßen, was sie han,
auf das sie nit das schif beschwern,
wiewol sie verlaßen ungern,
das sie gewont haben auf erden. 25
nun hört, so wert ir sehen werden.

*Hie fert Caron in eim schif mit dem got Mercurio,
spricht zu den selen:*

Hört zu und merket meine wort:
ir wartet hie an disem ort,
das ich euch überfüren sol;
nun sehct ir alle klerlich wol, 30
das waßer ist ser groß und tif,
so hab wir ein ser kleines schif,
ser alt, zerspalten, schwach und bös,
wann es erlitten hat vil stös
von wellen groß, heftig und schwer. 35
nun seit ir alle kommen her,
und bringt ein ieder mit im vil;
so er ins schif mit steigen wil,
so sag ich im bei meinen treuen,
das es im wirt von herzen reuen, 40
voraus welcher nit schwimmen kan,
wo das schiflein solt undergan;
darumb, wo ir folgt meinem rat,
komt ihr sicher an das gestat,
nemlich ein ieglicher tret ein 45
nacket und bloß, ganz ler und rein,
und alle ding laß hinder im,
was einem toten nit gezim.
derhalben dir, got Mercuri,
befilh ich iezt getreulich hie, 50
das du stest zum eingang allein
und laßest niemant treten ein,
er sei dann ler von allen dingen,
und denn mit gwalt sie darzu zwingen,
und nim gar alle ding von in. 55

---

2. 26 sein und werden, mit Inf., als Umschreibung der verschiedenen en des Verbums. — 32 so, doch. —

2. Der Caron mit den abgeschidnen geisten.

  Mercurius spricht:
Caron, das wirt ein guter sin,
ich wil im auch gleich also tan.
wer bistu, hie der erste man?
Die selen steen alle nach einander, zu vörderst steet Menippus,
  der wirft sein stab und taschen hin und spricht:
Menippus ist mein nam genant.
schau, Mercuri, mit meiner hant   60
hab ich ins waßer gworfen nein
den stab und auch die taschen mein.
so hab ich auch bei meinen tagen
kein philosophisch kleit getragen,
reichtum und hoffart ich nicht acht,   65
allein auf tugent hab ich tracht.
  Mercurius spricht:
O Menippe, herzliebster mein,
du bestendiger, steig herein
und setz im schif dich oben an,
vornen in spitz zu dem schifman,   70
auf das du auch den andern allen
zuschauen mögst nach deim gefallen.
wer bist denn du, der mit den scharen
auch wil zur helle überfaren?
  Carmelius, der buler, spricht:
So wiß, ich bin Carmelius,   75
ein biener der göttin Venus,
wann ich auf ert bei meinen tagen
hab schönen frauen lieb getragen,
darzu ich mich wol schmücken kunt;
einsmals kost mich zweihundert pfunt   80
ein einiger freuntlicher kus,
der mich ewiglich freuen mus.
  Mercurius spricht:
Ach we, du tregst zu schwer mit dir!
laß ligen bein geschmuck und zir,

---
2. 56 sin, Absicht, Rath. — 59 Menippus, Stoiker. — 75 Carmelius,
bei Lucian Charmoleos, aus Megara.

2. Der Caron mit den abgeschidnen geisten.

dein federbusch und ketten klar,
dein roten munt und gelbes har,
dein kus und all deine bulbrif
und trit frei nacket in das schif.
Carmelius wirft es alles hin und steiget ein.

Mercurius spricht:
Wer ist denn diser köstlich nur,
bekleit mit scharlak und purpur,
und hat auf seinem haupt ein kron,
ein scepter als ein könig fron,
das ich mich gleich verwundern muß?

König Lampichus spricht:
Wiß, ich bin könig Lampichus.

Mercurius spricht:
Wie komstu so mit großer zir
und bringst so gwaltig ding mit dir?

König Lampichus spricht:
Ich glaub, das es nit wol gezem,
das her ein könig nacket kem.

Mercurius spricht:
Ja, einem köng gezimt gar wol,
das er nacket her kommen sol,
seit er auf erden ist gestorben.
zeuch ab die ding, sie sint verdorben.

Lampichus legt den scepter hin und spricht:
Hie leit mein scepter und gewalt.
was schats, das ich die kron behalt
und auch mein königliches kleit?

Mercurius spricht:
Es mag nit sein, bei meinem eit.
leg hin al dein kraft, sterk und macht,
dein hochmut, übermut und pracht,

---

2. 85 klar, hell, glänzend. — 92 fron, herrlich, erhaben. — 94 Lampichus, Tyrann von Gela in Sicilien. — 97 gezem, conj. praet. von geṃen, geziemen. — 102 verdorben, unbrauchbar, werthlos.

dein überdrang und schinderei,
dein grausamkeit und tirannei, 110
dein vrevel und ungrechtigkeit
die du hast triben lange zeit;
wann dise ding sint vil zu schwer,
sie brechten dich in groß gefer.

Lampichus zeucht sich gar ab und spricht:
Nun wil ich es als legen hin. 115
schau, iezunt ich gar nackent bin.

Mercurius spricht:
So trit nun in das schif herein.

Mercurius kert sich zu Damasia und spricht:
Wer mag nur diser feister sein,
der hier stet also groß und breit?
wer bistu? gib mir des bescheit. 120

Damasias spricht:
So wiß, ich bin Damasias,
der ein berümter kempfer was.
mit kampf erwarb ich großes lob,
mein rum schwebt allen andern ob.

Mercurius spricht:
Darumb ist al dein leib zerschwolen 125
vom haubet biß auf die fußsolen;
in hoffart bist aufblasen ganz;
leg bald von dir des siges kranz
und dein stolzprechtige geber,
die ding sint in das schif zu schwer. 130

Damasias
legt sein kranz hin, streift sein arm, brust und schenkel und spricht:
Da leit es, mags nit anders sein.

Mercurius spricht:
Nun trit auch in das schif herein.

---

2. 109 Überdrang, Bedrückung. — 121 Damasias, Athlet, aus Bildern auf Münzen bekannt.

2. Der Caron mit den abgeschidnen geisten.

Damasias steigt ein, Mercurius spricht:
Wer ist diser mit dem geltsack,
den er tregt hinden auf seim nack?

Craton spricht:
Ich bin Craton, du wißen solt,   135
mit mir bring ich groß schetz von golt.

Mercurius spricht:
Wirf hin dein reichtum, überfluß,
sie sein dir schwere hindernus;
wirf hin dein arglistigen mut,
der geiziglichen stellt nach gut;   140
verlaß dein gschlecht und freiheit groß
und trit herein nacket und bloß.

Craton wirft sein geltsack von im und spricht:
Ach, sol und muß ich legen ab
mein schetz, reichtum und große hab?
mit großer sorg gewan ich die,   145
mit großem leit verlaß ich sie.
mein gmüt ist schwerer an der stet,
denn weil ich meinen schatz noch het.

Mercurius spricht:
Nun steig herein, iezt bist nit schwer.

Er kert sich zu Miconem und spricht:
Nemt war, wie schimmert der daher   150
mit seinen waffen und dem schilt!
sag, wer du bist und was du wilt.

Mico, der kriegsman, spricht:
Ich bin Mico, ein küner krieger
und ein glückseliger obsieger,
und hab verbracht vil großer tat,   155
derhalben ich von mancher stat

---

2. 135 Craton, aus Sicyon. — 147 an der stet, auf der Stelle, in diesem Augenblick. — 153 Mico, so hat auch die lateinische Ueberseßung von Vitus Buerler (1516); sonst bei Lucian Straton.

so ritterlich begabet bin;
mit dem für mich auch überhin.

Mercurius spricht:

Leg bald von dir waffen und schilt,
wann es hier keines kriegens gilt; 160
leg hin dein raub, rachgirig mort,
es wer zu schwer an disem ort.

Mico zeucht sich ab und spricht:

Wie ungern laß ich harnsch und wer,
und auch mein ritterliche er,
mein künen mut, den ich was han! 165
muß bloß in dises schiflein gan.

Mico steiget ein, Mercurius spricht:

Schau, lieber, schau, wer ist doch der,
der also zärtlich trit daher
mit hohen augen, langem bart,
in langem rock, gleißnischer art? 170

Menippus schreit im schif:

O Mercuri, hab kein verdruß,
diser ist ein philosophus,
ein leichtfertiger, eitler man;
heiß in sein langen rock abtan.
du wirst sehen vil schnöder tat, 175
die er drunder verborgen hat.

Philosophus zeucht den rock ab.

Mercurius schaut den rock und spricht:

Ach wie große unwißenheit
und gar stolze unsinnigkeit
hat diser under seinem rock,
neit, haß und zank ein ganzes schock! 180
wie vil hat er an allem ort
verwirrter und vergebner wort,

---

2. 165 vgl. oben Anmerkung 26. — 167 lieber, interj. (quaeso), bitte!
— 168 zärtlich, geziert; Buerler hat sub honestatis habitu, bei Lucian steht
σεμνός. — 169 mit hohen augen, mit heraufgezogenen Augenbrauen; Buerler:
supercilio elatus — 182 vergeben, überflüssig.

2. Der Caron mit den abgeschidnen geisten.

umbschweifent sin und phantasei,
lügen und große triegerei!
das alles leg gar schnell von dir 185
und schetz dich beßer nit denn wir.
die ding dich hoch beschweren tunt,
das schiflein tauchten sie zu grunt.

Philosophus zeucht sich ab und spricht:

So leg ich hin den schweren last,
weil du mich das geheißen hast. 190

Menippus schreit:

Ach, heiß in auch abton den bart,
weil er auch ist ganz schwerer art,
groß, dick und lang um seinen munt
und wiget wol fünf ganzer pfunt.

Mercurius spricht:

Du sagest recht, als ich verste, 195
tu hin dein bart, Philosophe.

Philosophus spricht:

Hab ich doch niemant, der mir schirt.

Mercurius deutet auf Menippum und spricht:

Nim war, Menippus scherer wirt.
Menippe, lieber, nim die hacken
und schab den bart im von den backen. 200

Menippus trit aus dem schif, spricht:

Ach, lieber, lang ein segen her,
auf das noch lecherlicher wer.

Mercurius spricht:

Ei, laß gnug an der hacken sein.

Menippus schirt dem philosopho und spricht:

Sich, wie helt er so still und fein!
sol ich im bwinpran auch abraffeln? 205

---

2. 197 scheren, c. dat., wie zwagen, strelen, bürsten. — 205 winpra,

2. Der Caron mit den abgeschidnen geisten.

Mercurius spricht:

Ja, ja, doch schon im seiner waffeln.
sag, warum weinst, philosophe?
sag, fürchtestu des todes we?
vielleicht dein bart dich reuen tut
oder dein künstenreicher mut. 210

Menippus spricht:

Er hat bei im mer heuchelei,
die im wont in dem leben bei;
in reut sein kunst und disputirn,
sein ler damit er wol kunt schmirn.
die jüngling oben auf der ert 215
gaben im gelt, hielten in wert.
das und dergleich verleßt er heint,
darumb er also traurig weint.

Philosophus spricht:

Menippe, sag, aus was ursach
wirfst du nit auch in disen bach 220
dein bestendige sicherheit,
dein lachen, freud und frölichkeit?
wiltu allein der andern spoten?

Menippus spricht:

Die ding sint mir doch unverboten,
wann sie sint leicht, gering und nuß, 225
bringen dem schiffenden viel gutz.
darumb sei still und trit herein.
weil wir nun alle hinnen sein,
so ziehet nun den anker auf,
löst ab und laßt dem schif sein lauf, 230
hebt ab die leiter, machet raum
und richtet auf den segelbaum.
du, Caron, richt das ruder recht
und far hin übers wasser schlecht.

---

2. 206 waffel, Maul. — 226 guß, guts. — 228 hinnen, hie innen, im Kahn.

2. Der Caron mit den abgeschidnen geisten.

Sie faren im schif dahin, Epicurus komt mit eim krug und schreit:

Halt, halt, Caron, und warte mein, 235
und laßt mich vor auch steigen ein,
wann ich muß auch faren hinüber,
wiewol ich blib herjesseit lieber.

Das schif stet, Caron schreit:
Wer bistu, das ich halten mus?

Epicurus spricht:
Ich bin der vol Epicurus. 240

Caron spricht:
Wie komst so langsam, du weinschlauch,
mit deinem ausgemesten bauch?

Epicurus spricht:
Ich kom daher von meinen gsellen,
mit den hab ich mich letzen wellen
mit eßen, trinkn und banketiern, 245
mit spilen, tanzen und hofiern,
indem kam der tot unde rlf:
lauf, lauf, es wart auf dich das schif!
doch hab ich in ein letz gelaßen,
einen strudel aus der weinstraßen, 250
etwa eines arms dick und lang.
ach, laßt mich sitzen auf die bank,
ob mir der schwindel möcht vergen.
mich dunket, meiner köpf sint zwen.
ach, Caron, kom, halt mir den kopf, 255
es wil mir übergen der kropf.
ach, füre mich vor ins wiltbad,
auf das mir der bös dunst nit schad.

Mercurius spricht:
Setz hin den krug und zeuch dich ab,
auf dich ich nit zu warten hab; 260

---

2. 238 herjesseit, diesseits. Vgl. Gedichte, II, 4, 97ᵈ; II, 4, 88ᵈ. — 244 letzen, ergötzen, durch Essen und Trinken u. s. w., besonders zum Abschied; die letze, Abschiedsmahl. — 257 wiltbad, warmes (Mineral-) Bad.

2. Der Caron mit den abgeschidnen geisten.

leg hin deinen schweren saumagen,
sonst mag das schiflein dich nicht tragen.

  Epicurus trinkt und spricht:

Mein krug wil ich verlaßen gern,
iedoch wil ich in vor außlern.

  Mercurius spricht:

Ei, hör auf, du bist vorhin vol,   265
wer, meinst du, der dich füren sol?

  Epicurus zeucht den rock ab und spricht:

Nun ich leg hin als was du wilt,
der wein mir iezt im hals aufquilt.
hab stetigs sorg, ich muß noch schüten.

  Mercurius spricht:

Die götter wöllen mich behüten,   270
wie hat der mensch gelebt umbsust
in allerlei leibeswolluft
auf erdereich mit sin und mut!
mich wundert, wie er hat gerut.
nun steig herein, bistu iezt ler.   275

  Epicurus steiget ins schif und spricht:

Ach, langt mir meinen krug vorher,
das ich zuletzt ein hofrecht blas,
als weil ich noch auf erden was,
darmit zu leschen meinen durst.
o das ich het semmel und wurst   280
oder einen feisten speckkuchen!
laßt mich ein brenten wein versuchen,
das mir nit schad der waßernebel.

  Menippus spricht:

Caron, schenk im ein pech und schwebel
und gib im ein hellisch getrank.   285
wie ist umb die sau ein gestank!

---

2. 277 ein hofrecht blasen, zu Ehren einer Person, namentlich beim Abschied, Musik machen; hof, Gesellschaft, besonders mit Musik.

2. Der Caron mit den abgeschidnen geisten.

werft in hinaus und laßt in schwimmen.
wie tut er nur nach saufen glimmen!
du bodenlose treberku!

Mercurius droet im und spricht:

Epicure, schweig und hab ru, 290
ober wir werfen dich hinaus.

Epicurus spricht:

Nun schweig ich, ich will stiller sein.
far zu, iezt schweig ich wie ein stum,
ei, ei, wie get der kopf mir rumb!

Menippus spricht:

Caron, far leis, der wint ist groß, 295
auf das sich nit das schif zerstoß.
hört, hört, hört, hört, hört, was das sei!
mich dunkt, ich hör ein groß geschrei
von den lebenden auf der erden;
ober wil ich betrogen werden? 300

Mercurius spricht:

O Menippe, du sagest recht;
auf erden ist ein groß geprecht.
es freuet sich ein große rot
über des köngs Lampiche tot;
sein sön man iezunt treibet aus 305
von irem königlichen haus
und wirfts mit steinen aus der stat.
Carmelius vil klagens hat;
all sein bulschaft beweinen in,
seit er ist von der erden hin; 310
und die mutter Damasie
get mit der leich und klagt ir we.
Mico wirt auch spötlich verlacht,
der witwen, weisen hat gemacht.
philosophe, dein wirt gespot. 315
Craton ist auch ein froer tot;

---

2. 302 geprecht, Lärm.

2. Der Caron mit den abgeschidnen geisten.

sein freunt zanken sich um sein hab,
ein zeichen macht man auf sein grab.
Epicure, dein gut gesellen,
hör, wie sie ein gesang erschellen; 320
den hat man ein weinfaß geschenkt.
allein, Menippe, dein gedenkt
kein mensch oben auf ganzer ert;
des bistu ring und unbeschwert
und kommest ring zu uns hernider. 325

Menippus spricht:

Hör, hörstu iezunt schreien wider
auf erdereich die hunt und raben,
die iezt mein toten leib begraben?

Mercurius spricht:

Du bist tapfer an disem ent,
nun hab wir unser reis vollent. 330
nun steiget aus, get für gericht.
bei euch beleib ich lenger nicht;
mit Caron muß ich wider nüber
und noch mer sel holen herüber,
die seit auf erden sint verschiden. 335
nun get nur hin und seit zufriden,
so wöll wir auch auf unser fart.
wie seit ir betrübet so hart,
für das hellisch gericht zu kommen?
unstrafbar bleiben wol die frommen, 340
den bösen wirt ir lon gegeben,
zu erforschen eins ieden leben.
nun, Caron, laß uns unser schif
wiederumb richten in die tif,
laß lenden bald, far zum gestat, 345
mich dunkt, es sei der abent spat.

Die sel geen alle durch die tür aus, Caron und Mercurius
faren hinnach.

---

2. 320 erschellen, erschallen lassen. — 325 ring, leicht. — 335 seit adv., seither. — 345 lenden, wenden, zum andern ufer.

2. Der Caron mit den abgeschidnen geisten.

Der herolt komt und beschleußt:
Also habt ir hie kurz vernommen,
wie die acht sel sint überkommen
und abgeschiden von der ert,
und wie die siben sint beschwert. 350
bei den siben ein mensch gedenk,
das er das sein gemüt nit henk
an das zergenglich hie auf ert,
das nit sein sele wert beschwert;
wann er muß nacket bloß darvon, 355
gwalt, er und gut hinder im lon,
gleichwie die siben kommen daher.
darumb das aller beste wer,
wir teten, wie Menippus tet,
der weng wollüst auf erden het, 360
sonder auf tugent war geflißen
und het ein sicher gut gewißen
nach seinem tot in jenem leben.
der sei auch hie zum beispil geben;
und nemt im besten das vergut. 365
albe, Got halt euch all in hut.
daraus uns alles guts erwachs,
wünscht uns mit guter nacht Hans Sachs.

Die person in die tragedi.

Herolt.
Caron, der schifman.
Mercurius, der got.
Menippus, ein armer philosophus.
Cornelius, der buler.
Lampichus, ein könig.
Damasias, der kempfer.
Craton, der reich und geizig.
Mico, der kriegsman.
Philosophus.
Epicurus, der wollüster.

Anno salutis M. D. XXXI. am 28. tage januarij.

3.

Die rockenstube.

(1536.)

Fasnachtspil mit fünf personen.

Die baurenmagt
geet ein mit dem rocken, setzt sich und spricht:

Ein guten abent, ir biberleut,
mein gspil hat mir gesaget heut,
heint wert hinnen die rockenstuben,
da werden knecht und die rosbuben
mit uns mancherlei spil anfahen,　　　　　　　　　5
des stocks spilen und öl ausschlahen;
der schultes wirt sein sackpfeif bringen,
da wöll wir tanzen und drein singen
und haben einen guten mut,
biß das der han heint kreen tut.　　　　　　　　　10

Der baurenknecht komt und spricht:

Ein gutn abent, Gret, bist schon do?
dein bin ich in meim herzen fro,
das ich dich hin gefunden hab;
ich wil dir schüttn die agen ab.

---

3. Gedichte, Buch III, Th. 3, Bl. 5: SG 3. — 3 hinnen, hie innen, hier im Hause. — 7 schultes, Schultheiß. — 13 hin = hinnen. — 14 schütten, schütteln. — age, in Norddeutschland Schebe, Abfall beim Flachsbereiten.

3. Die rockenstube.

du bist mir die liebst, auf mein eit,
für alle andre baurenmeit,
die in dem ganzen dorfe sein.

Die magt stößet in bannen und spricht:

Ach nein, du lieber Kunzel, nein,
ich bins nicht, wil dirs aber nennen;
tust nicht Heinz Strigels tochter kennen?
das ist die recht, solst du erwüten;
derselbn tu die agen abschüten,
weil du ir alle nacht tust fenstern,
wers gleich grim kalt, das es tet glenstern;
hast ir auch auf Sanct Martins nacht
ein beutel zu eim kirchtag bracht.
nun ge nur hin, ich bin sein nimmer,
das maul hast mir gemachet immer,
ich sei die liebst, du wölst mich nemen.

Der knecht spricht:

Mein liebe Gret, ei tu dich schemen,
das du nun an dem kirtagtanz
dem Hensel machest einen kranz,
und warfst in stets mit augen an,
ließt mich als einen narren stan;
vom herzn entfiel mir ein kübl blutz,
denn saß ich da gleich auf mein trutz
und nam mich umb die Christin an.

Die magt spricht:

Mein Kunzl, mir ligt zwar nichtsen dran,
het ich nur mein dutzet Nestl wider;
drumb ge nur hin und leg dich niber,
du solst mir heint kein agn abschüten.

Der knecht spricht:

So ließ ich dich auch wol erwüten,

---

3. 21 erwüten, wüthend, böse werden. — 23 fenstern, ebenso Gedichte, I, 475ᶜ: da fenstert ich schier alle nacht. — 27 ich bin sein nimmer, bin nicht mehr dabei, will nicht mehr damit zu thun haben. — 31 kirtag, kirmes, kirchtag, kirchmesse. — 35 blutz, Bluts.

bist auch nit hübsch, darzu nit reich,
du sichst fast einem affen gleich.
schau, dort komt auch dein beuerin.

Die magt spricht:

Mein Kunzl, so bin ich da, far hin.

Die beurin kommet mit dem rocken, setzt sich und spricht:

Botz leichnam angst, bist schon beim rocken?
Wie tut der Kunzl umb dich mocken!
hüt dich vor im, wann er wol kan
den megtn das kümaul henken an.
mein Gret, spinn fluchs und laß dir schlaunen,
füll dein spindel, denn wöll wir launen
und gute milch und semel eßen,
der ruben hölern nit vergeßen;
wöllen auch einen reien han,
botz mist, botz dreck, dort komt mein man.

Der bauer komt und spricht:

Eich, alte, bist beim rocken hinnen,
magst du daheimen auch nicht spinnen?
der fürwitz sticht dich auch noch ser.

Die beurin spricht:

Botz leichnam, schau, was ist denn mer?
sag, wie oft du zum wein dar schleufst,
das gelt verfrißest und verseufst,
komst heim und speist die größten brocken.
vil beßer ist, ich ge zum rocken,
darmit ich dir gar nichts vertu.

Der bauer spricht:

Schweig, alte, halt dein waschen zu,
spinn für dich und sei guter ding.

---

3. 48 mocken, mucken, leise Bewegungen machen, sich verstohlen zu schaffen machen. — 50 das kümaul anhenken, einen Schimpf anthun. — 51 schlaunen, rasch von statten gehen: spute dich. — 52 launen, feiern, plaudern. 54 hölern, aushöhlen. Vgl. Hans Sachs' Gedichte, I, 472 b: ist gleich unser rockenstuben, da eß wir hutzel und hölbern ruben. — 61 schliefen, schlüpfen, heimlich gehen. — 66 wasche, Maul.

3. Die rockenstube.

Die beurin spricht:

Mein liebe Gret, heb an und sing
das neu liedla, ich künts auch gern,
vom holderbrütschel und morgenstern. 70

Der zigeiner geet ein, die magt zeigt auf in und spricht:

Schaut, liebe frau, wer komt dort rein?
sol wol der teufel selber sein.

Der zigeiner spricht:

Mein liebe mutter und lieber vatter,
offen stunt haustür und der gatter,
des hat mein weg mich rein getragen, 75
welt iemant im laßen warsagen,
der etwas het im haus verlorn,
oder ein bulen auserkorn,
es weren megt oder jung knaben,
ob man einr etwas ein het graben, 80
oder sol einem sagen war,
wie das im sol ergen diß jar,
der wirt also von mir beschiden,
das er der sach halb komt zu friden.

Die beurin spricht:

Mein man, ich wil ein pfennig wagen, 85
den zigeiner mir war lan sagen.
kan er mir sagen mein planeten?

Der bauer spricht:

So tus, was wiltu mich lang freten.

Der zigeiner schaut ir die hant und spricht:

O mutter, wie ein bös compler!
fürwar bist du ein alte hex, 90
ein milchdiebin und ein unhult;
du hetst vor zweinzig jarn verschult,
das man dich lebendig het graben.

---

70 holderbrütschel, Liebchen; ebenso Gedichte, Buch II, Th. 4, 23ᵇ:
se mein holderbrütschel sein? — 75 des, deshalb. — 80 eingraben, näm-
inen Zauber, um zu schaden. — 88 freten, fretten, häufiger bei Hans
S., z. B. Gedichte, I, 431a, plagen, quälen. — 93 graben, begraben.

3. Die rockenstube.

Die beurin spricht:

Du leugst, und solt dus herzleit haben.
sag mir, wie wirts mir gon diß jar?

Der zigeiner schaut ir die hant und spricht:

Mein mutter, so sag ich dir war,
dein man der wirt dich heint noch schlagen,
auch wirst im heimlich gelt abtragen,
auch hast ein hafen mit gelt eingraben,
auch tust du vil gemeinschaft haben 100
mit dem pfarrer und dem caplan.

**Die beurin
zuckt im die hant und spricht:**

Hör auf, ich tu dich wol verstan;
mein alter, laß dir auch war sagen.

Der bauer zuckt die faust und spricht:

Ich wolt dir bfaust an grint balt schlagen.
erst hab ich dein frümkeit erfarn, 105
warmit du umbgiengst bei den jarn.
zigeiner, kom, sag mir auch war,
was ich getan hab meine jar.
ich hof, ich wöl noch schultheiß wern,
da ich noch kommen möcht zu ern. 110

**Der zigeiner
schaut im die hant und spricht:**

Du geren trinkst und wirst stubvol,
du gern kugelst und kanst nit wol,
du geren karteft und gewinst selten,
du geren borgst und wilt nit gelten,
du gern entlehest, zalest nicht, 115
du gerne haberst vor gericht,
du geren bulst vor allen dingen,
dir wirt man balt ein bankart bringen.

---

3. 104 grint, verächtlich: Kopf. — 105 erst, nun erst. — 106 bei den jarn, so lange du lebst. — 111 stubvoll, voll wie ein Faß. — 114 gelten, zurückzahlen.

3. Die rockenstube.

Die beurin seret auf und spricht:

Ei, das hab dir die brüs in narren!
wolst du mit andern belgen pfarren, 120
bin ich dir denn nit weibs genug?

Der bauer spricht:

Wie tust, mein alte, bist nit klug?
du brichst hefen, so brich ich krüg,
es wer denn, der zigeiner lüg.

Die beurin spricht:

Er hat war, das dichs unglück schent, 125
so hab dirn rocken übert lent.

Sie schlegt in mit dem rocken, und er sie mit seusten zur tür hinaus.

Die beurin schreit:

Ich beut dirs recht, du alter büffel,
du unentlicher schalk und schlüffel! 130

Laufen beide hinaus.

Der baurnknecht spricht:

Boß mist, der zigeiner hat zwar
bauren und beurin gsaget war.
sag mir auch war, das ichs verste,
wie es mir auf der bulschaft ge.

Der zigeiner schaut im die hant und spricht:

Du hast ein bulschaft ober siben, 135
habn dich am narrenseil umbtriben,
haltn dich all siben für ein narren.

Der knecht spricht:

Ist das war, so wil ich nit harren.
sag, welche mich am liebsten hab.

Der zigeiner spricht:

Das ist im stal dein meren grab, 140
Der du gibst alle tag zu eßen.

---

3. 119 brüs, Pest. — 120 balg, schlechtes Frauenzimmer. — pfarren, farren (Farre, Stier), Unzucht treiben. — 130 schlüffel, liederlicher Mensch. — 131 zwar (zewâre), fürwahr. — 140 grab, grau.

3. Die rockenstube.

Der baurenknecht spricht:

Kanst du mit worten nit ausmeßen,
warmit ich über tag ge um?

Der zigeiner spricht:

Du bist unbscheiden, tol und dum,
du geren tanzt und kanst kein scherz, 145
du geren haberst, hast kein herz,
du die ganz nacht im dorf umbschwürmest,
du den beurin milchgruben stürmest,
du steigst int gertn wider und für,
du den meiden scheißt für die tür, 150
du geren stilest röselwürst,
trinkst geren schotten, wenn dich dürst,
du hast am kirtag einer frauen
beid hende mordes abgehauen,
das ir stümpf an der gürtel hingen. 155

Die magt spricht:

Kunz, heiß die amschel dir mer singen.

Der baurenknecht spricht:

Ich mein, der teufel ret aus dir.
du hast ie wargesaget mir,
ich wolt dich ungern weiter fragen.

Die magt spricht:

Kom und tu mir auch bald warsagen. 160

Der zigeiner schaut ir die hant und spricht:

O, du gar faul und schlüchtisch bist,
das feist du von den suppen frist,
hast den meuchler zu allen zeiten,
zwölf stunt du ligst an einer seiten,
tust dennoch ob dem rocken netzen; 165
auch tust du hin und wider schwetzen;

---

3. 151 röselwurst, Blutwurst. — 152 schotten, süße Molken. — 154 mordes, gen., mordlich. — 156 amschel, Amsel, Drossel. — 161 schlüchtisch, nachlässig. — 163 den meuchler haben, heimlich stehlen und naschen. — 165 netzen, naßen, schlummern.

3. Die rockenstube.

den seuen kanst am basten kochen,
hast wol zwei tausent flöch erstochen
und hast auch fert ein bankart tragen,
und was sol ich dir lang warsagen? 170
der bauch der wechst dir wider her.

Die magt schreit:

Wie, wolst mir reden an mein er?
du leugst, du schwarzr diebischer tropf;
ich schmeiß dirn rocken übern kopf,
je, je, je, je, heb dich an galgen, 175
odr ich wil dich im dreck umbwalgen.

Sie schlegt den zigeiner naus.

Der baurenknecht spricht:

Der zigeiner hat unser meit
so war gesaget, auf mein eit,
als wer er tag und nacht bei ir.

Die magt spricht:

Was hat er denn gesaget dir, 180
du unflatshals, du molkendremel?

Der knecht spricht:

Du grober petz, und du brothemel,
kanst du denn keinen schimpf verstan?

Die magt spricht:

Ei, das ge dich der schütler an,
du fauler, grobr, birgischer knopf! 185
schweig, oder ich schlag dir an kopf
den rocken, weil ich in kan halten.

---

3. 167 am basten (zu baß), am besten. — 169 fert, im vorigen Jahre. — 175 se, abgekürzt, imper. zu sehen (sê), sich, da, nimm das! — 176 walgen, wälzen. — 181 bremel, Knüppel, grober Gesell. — 182 petz, Bär. — hemel, Hammel. — 184 schütler, kaltes Fieber. — 185 birgisch, aus dem Gebirge, roh, grob. — 187 weil, so lange.

3. Die rockenstube.

Der knecht spricht:

Ei nun, muß dein der teufel walten!
schlag her, bist du keck, aller kötzen,
so hau ich in dich mit der plötzen   190
geleich wie in einen krautstengel.

Die magt spricht:

Ei du verzagter galgenschwengel,
wo man am tanz die meßer zeucht,
bist du allmal der erst, der fleucht,
du darfst kaum einen hasen schrecken.   195
halt, ich wil dir dein maul verstecken,
hein, hein, hein, hein, wer dich, du schalk,
ich wil dir bleuen deinen balk!

Der baurnknecht fleucht und schreit:

Ir biderleut, helft mir aus not,
e mich der unflat schlegt zu tot.   200

Sie schlegt ihn zu der tür hinaus; nach dem komt der
zigeiner und beschleußt:

Ir erbarn herrn und züchting frauen,
mein warsagen hat mich gerauen,
weil ich darumb wirt naus geschlagen.
ich merk wol, wer iezt war wil sagen,
auch nit allein heraus bein bauren,   205
sonder in stetten und in mauren,
dem wirt iederman darumb feint;
das hab ich wol erfaren heint.
wer aber iezunt schmeichlen kan,
der ist ganz wert bei iederman,   210
des müst wir zigeinr uns verkern,
für das warsagen schmeichlen lern,
wöll wir uns neren in der welt,
reich werden, überkommen gelt

---

3. 189 **aller** (gen. plur. verstärkend), in Fluchformeln; **kotz**, Hure. —
190 **plötze**, verächtlich: Degen. — 196 **verstecken**, verstopfen. — 197 **hein**,
Interj. beim Schlagen. — 201 **züchting**, züchtigen. — 202 **gerauen**, part.
praet. von rauen, gereuen, leidthun. — 205 **heraus**, draußen.

3. Die rockenstube.

und uns erweren ungemachs,
wünscht uns mit guter nacht Hans Sachs.

    Die person in das spil.

      Der bauer.
      Die beurin.
      Kunzl, der baurenknecht.
      Gret, die baurenmagt.
      Der zigeiner.

Anno M. D. XXXVI. am 28. tag Decemb.

4.

Der teufel mit dem alten weib.

(1545.)

Ein fasnachtspil mit vier personen.

Der man tritt ein und spricht:

Gott grüß euch, all ir biderleut,
verargt mirs nicht und das ich heut
zu euch rein kom, das ist mein bit.
es ist warlich on ursach nit,
wann ich het heint ein schweren traum, 5
den ich euch könt erzelen kaum,
ob einer allhie wer entgegen,
der mir in klerlich aus tet legen,
und mir im besten würt beschiden,
das ich kem widerumb zu friden. 10
die weil mag ich nit frölich werden
weder mit worten noch geberden.

Das weib komt und spricht:

Ach, lieber man, was machstu hinnen?
ich sucht dich lang, kunt dich nit finnen.
wie sichst du also gar betrübt? 15
ich bitt, sag, was dich darzu übt?

---

4. Gedichte, Buch II, Th. 4, Bl. 7; SG 5. Ueber die Quelle vgl. Goedeke's Anmerkung zu den „Liedern", Nr. 91. — 7 entgegen, zugegen. — 11 die weil, bis dahin, solange. — 16 üben, treiben.

4. Der teufel mit dem alten weib.

hat iemant dir ein schaden tan,
oder ficht dich sonst etwas an?
sag mirs, ich hilf als stark ich mag,
weil ich alln unmut mit dir trag,
wie ich denn hab getan bißher.

Der man spricht:

Ich hab gehabt ein traum so schwer,
der hat mich also gar entsetzt.

Das weib spricht:

Herzlieber man, darvon du retst,
das peinigt mich schier alle nacht,
das ich oft heimlich hab gedacht,
wovon mir solch schwer treum herkommen,
der ich so vil hab eingenommen,
und allermeist, mein man, von dir.

Der man spricht:

So hat erst heint getraumet mir,
mein liebes weib, wie du on laugen
mir haſt auskratzet meine augen.
als ich erwacht, ich gleich umb das
auf dich warf heimlich einen haß;
hab drumb hie gfragt die biderleut,
was der erschrecklich traum bedeut;
derhalb ich so unmutig bin.

Das weib spricht:

Herzlieber man, laß sinken hin,
bekrenk dich nichts, sei mutes frei,
ein traum ist nichts dann fantasei,
das sich begibet ongefer.
mir hat auch oft getraumet schwer,
du habst mir diß und jens getan;
hat mich doch nichts gefochten an,
hab dir almal als guten traut,
und auf ein traum gar nie gebaut;

---

4. 31 on laugen (ohne Lügen), in Wahrheit.

darumb so tu des traums vergeßen.
kom heim und laß uns suppen eßen,
es hat gleich iezunt drei geschlagen.

Der man spricht:

Mein liebes weib, durch dein ansagen 50
hast mir geringert mein unmut;
ich vertrau dir auch alles gut,
nichts arges hast du mir bewiesen;
des solt du auch bei mir genießen,
und wie wir haben dreißig jar 55
in freuden gelebt offenbar,
das eins dem andern an keim ort
nie geben hat ein böses wort,
also wöll wirs, ob Got wil, treiben,
dieweil wir leben, einig bleiben, 60
als denn die frommen eleut söllen.

Das weib spricht:

Ja, mein herzlieber man, wir wöllen,
ob Got wil, lebn in einigkeit.
kom zu der suppen, es ist zeit.

Sie geen beide ab.

Der teufel komt und spricht:

Ich bin der geist, der die zwitracht 65
zwischen frommen eleuten macht;
hab auch disem evolk dermasen
wol dreißig jar her eingeblasen
durch treum und gsicht, doch in der stillen
und sie gereizt zu widerwillen 70
mit meim listing gespenst und lügen,
hab sie doch nie bewegen mügen
zu uneinigkeit und gezenk;
derhalb ich mich vor scham bekrenk.
o het ich iemant zu den sachen, 75
der diß evolk künt uneins machen,
dem wolt ich geben guten lon!

---

4. 71 gespenst, Trugbild.

4. Der teufel mit dem alten weib.

Das alt weib komt, loset* sein worten zu und spricht:
> Ich bins, so dise kunst wol kon;
> ich mach durch meine list und renk
> zwischen dem evolk ein gezenk,
> sie sint so einig, als sie wöllen,
> das sie einander schlagen söllen
> noch heuts tags bei scheinender sonnen.

Der teufel spricht:
> Wenn du das entst, so hast gewonnen.

Das alt weib spricht:
> Was?

Der teufel spricht:
> Das, das ich denn dein freunt wil sein.

Das alt weib spricht:
> Ei nun, bin ich doch vorhin dein;
> Was wilt mir aber schenken mer?

Der teufel spricht:
> Mit einer schenk ich dich verer,
> mit einem schön neuen par schuch;
> darumb fach an und es vorsuch
> und brauch all dein arglist und tück.
> ich far dahin und wünsch dir glück.

Der teufel fert aus.

Das weib komt, die alte her spricht:
> Wann her, herzliebe nachbeurin?
> mit euch ich gleich betrübet bin,
> ei, ei, wer sol trauen eim man?

Das weib spricht:
> Ei liebe nachbeurin, sagt an,
> warumb betrübt ir euch um mich?

---

4. * losen, horchen. — 88 schenk, die, das Geschenk. — 90 fach, von fahen, fang an. — 93 wann her, woher.

4. Der teufel mit dem alten weib.

Die alt unhult spricht:
Ach wißt irs nit, so schweig auch ich;
ir solts ie selber wißen billich.

Das weib spricht:
Mein nachbeurin, seit so gutwillich, 100
was wißt ir denn? zeigt mir es an.

Die alt hex spricht:
Ach wißt ir nit, das euer man
sich an sein gfattern hat gehenkt,
ir neulich siben taler gschenkt
zu steur an irer grünen schauben? 105

Das weib spricht:
Ja wol, das kan ich nit gelauben,
ich weiß, ich hab ein frommen man.

Die alt zauberin spricht:
Den schalk er gar wol bergen kann;
ich weiß den grunt, es ist also,
wann ich hab in selbert aldo 110
bei ir in solcher gstalt ergriffen.
da wolt ich haben aufgepfiffen,
ein schenk verhieß er mir zu lon,
das ich solt sagen nichts darvon.
tus doch im besten euch anzeigen, 115
doch bitt ich euch, ir wöllet schweigen,
das mir kein unglück daraus kom.

Das weib kratzt im kopf und spricht:
Ach, ist mein man denn also from,
das in bock schent an sel und leib!
er sol an mir nit habn ein weib, 120
sonder ein teufel, weil ich leb.
das im Got die franzosen geb!
ich wil gen heim den schelmen suchen,
finb ich in, so wil ich im fluchen

J. 105 steuer (Stütze), Beihülfe. — 112 aufpfeifen, Lärm machen. —
119 b c d schent, euphemistischer Fluch, daß ihn Gott schände.

und in ein hurenjeger schelten, 125
und solt es mir mein leben gelten.

Das weib lauft aus, schlegt die tür ungestüm ein.

Die alte
ret wider sich selbs und spricht:

Das feuer hab ich halb aufblasen;
nun wil ich weiter nicht nachlasen,
biß das der ander teil auch brinn,
alsdenn ich mein par schuch gewinn. 130

Der man trit ein und spricht:
Schaut, nachbeurin, was tut ir hinn?

Die alt breckin* spricht:
Ich tu euch gleich recht eben sinn,
ich het euch lengst gern angeret,
wenn ir mirs nit verargen tet.

Der man spricht:
Mein nachbeurin, sagt, was ir wolt. 135
in arg irs nicht entgelten solt.

Die alt hur spricht:
Ach liebr nachbaur, ich tus nicht gern,
ich kan sein doch auch nit entbern,
sonder ich muß euch treulich warnen
vor euers weibs stricken und garnen, 140
wann sie hat entlich in dem sin,
sie wöll euch heimlich richten hin.

Der man spricht:
O nachbeurin, das ist nit war,
ich hab sie nun ins dreißigst jar
und sie gespürt an keinem ort 145
untreulich mit werk oder wort;
ich hab ein from, er biderweib,
vertrau ir mein er, gut und leib;
drumb schweigt nur still mit diesen schwenken.

---

4. * breckin, Hündin. — 132 finn, finnen, finden. — 138 entberen,
c. gen., unterlassen. — 147 er, vgl. oben I, 182.

4. Der teufel mit dem alten weib.

Die alt wettermacherin spricht:

Nachbaur, das tet ich vor bedenken, 150
das ir mir nicht gelauben würt;
doch mir zu schweigen nit gebürt,
weil euer weib umb hülf und rat
mich selber angesuchet hat,
wie man sol einem man vergeben. 155
darumb fürsehet euch nur eben,
das ir nit komt in ungelück.

Der man spricht:

Ach wer het traut der bösen stück
von meim vermaledeiten weib!
ich wil ir darumb iren leib 160
reißen und marter übel bleuen,
das sie ir leben muß gereuen.
botz marter, was sol einer sagen,
hat sie den tuck bei ir getragen
und den verborgen also gar? 165
iezt merk ich, es ist gwislich war,
wann als sie iezt für mich tet gan,
sah sie mich also tückisch an,
und als ich reden wolt mit ir,
da schnurrt sie trutzig hin von mir; 170
ich merkt, sie het ein laun auf mich.
nun, ich bedank mich fleißiglich
eur treuen warnung auf den tag,
ich wils vergelten, wo ich mag.
ich wil heim zu meim fallent übel 175
und schlagen sie so marter übel,
solt ich sein kommen auf ein rad.
schlag zu, der teufel, nimt sie schad!

Der man get aus, schlegt die stubentür ungstüm zu.

Die alt hex spricht:

Ich hoff, das feuer sol angen,
die schuch werden mir noch zusten. 180

---

4. 150 vor, zuvor. — 155 vergeben, c. dat., vergiften. — 164 tuck, der, die Tücke, Hinterlist. — 171 laun, der, die böse Stimmung, Erbitterung, häufiger bei Hans Sachs; z. B. Gedichte, IV, 373ᶜ; IV, 3, 82ᶜ. — 175 fallent übel, die fallende Sucht, Epilepsie, hier als Scheltwort. — 177 sein, darum. — 180 zusten, zustehen, gebühren: ich werde die Schuhe noch verdienen.

4. Der teufel mit dem alten weib.

Der teufel komt und spricht:

Dein kunst ist gerecht überaus,
wie brommt das weib umb in dem haus!
lang ich ir zugehöret hab,
lauft ein stig auf, die ander ab
und schnurrt im haus wider und für, 185
schlegt ungstüm zu kelter und tür.
wie wirt noch heint werden ein strauß,
wenn der man auch komt heim zu haus,
den ich iezunt heimwarts sach laufen,
erblichen und vor zoren schnaufen! 190
ich muß gen schauen den scharmützel.

Er lauft ab, die alt schreiet nach:

Gib her mein lon, ich trau dir lützel,
ob du mir gleich farest darvon,
ich dich bald wider bringen kon.

Sie macht ein kreiß um sich herumb und spricht:

Ich gebeut dir, du böser geist, 195
bei deinem namen, wie du heist,
wolst kommen beim hellischen fluch
und bringen mein verdiente schuch.
zum erstn, zum andrn, zum dritten mal,
kom und mich meiner schult bezal! 200

Der teufel
komt, tregt die schuch an einem geschelten stab über die achsel und spricht:

Ei wie hast mich, du alte stut,
zerstört von meinem guten mut!
wie hat das evolk gmacht ein haufen
mit reißen, zerrn, schlagen und raufen,
das die har in der stubn umbfligen! 205
ein iedes tut ein weil obligen.
wie hat sie den man tun zerkratzen,
sam haben im gestrelt die katzen!

---

4. 185 wider und für, her und hin. — 192 lützel, gering, wenig. — 208 sam, als wenn. — strelen, c. dat., kämmen.

wie hats in zerkrellt und zerrißen
und hat im auch ein or abbißen, 210
wie hats im denn sein bart erzaust!
er hat ir mit eim prügel glaust,
das umbt augen ist schwarz und blab.
ich hoff, er laß auch noch nit ab,
so wirt sie auch noch nit ablasen; 215
es blut in beiden munt und nasen.
so balt der lerman hat angfangen,
sint benk und stül zu boden gangen,
und wurt ein solch ungstümer straus,
das sich erschüttelt das ganz haus, 220
zuloffn die nachbaurn in der nehen,
heten dergleich vor nie gesehen
von in und kamn vort stubentür.
ich stieß heimlich den rigel für,
auf das nur keiner hinein kem 225
und frid von disem evolk nem.
so gleich der scherz am besten was,
bannst du mich her, o liebe, las
mich wider faren hin behent,
wie es mit in wil nemen ent; 230
ich wil balt zu dir kommen wider.

Die alt spricht:

Leg nur die schuch mir allhie nider,
und far du hin an liechten galgen.

Der teufel spricht:

Ich darf mit dir gar nichtsen balgen,
du bist mir vil zu herb und bös; 235
darumb ich mich hie von dir lös.
bleib du in deinem kreiß allein,
die schuch wil ich dir langen nein,
an diesem langen heslen stab,
den ich vorhin geschelet hab, 240
auf das ich sicher sei vor dir.

---

4. 212 glaust, gelaust. — 213 blab, blau. — 226 friden nehmen von, Frieden stiften; vgl. Frieden geben. — 227 so gleich, eben als. — 239 heslen stab, Haselstab.

4. Der teufel mit dem alten weib.

Die alt berntreiberin spricht:
Warumb schelst du den stab vor mir?

Der teufel spricht:
Wenn der stab ungeschelet wer,
so möchst du zu mir kriechen her
zwischen dem holz und auch der rinden 245
und mich denn fahen unde binden,
wann solcher alter weiber drei
fiengen im felt den teufel frei.
ich fürcht dein betrug und arglist,
weil du tausentmal erger bist 250
denn ich, der teufel aus der hell;
darumb ich billich dich bestell,
das du seist des teufels jaghunt.
was ich in dreißig jarn nie kunt
zu wegn bringen, dise zwitracht, 255
hast in eim tag zu wegen bracht,
das from evolk zu haber zwungen
mit beinr verlogen gifting zungen.
du alte zaubrin und unhult,
du hetst das feuer langst verschult, 260
iedoch darf ich dein etwan mer.
nim hin die schuch zu einr verer;
komst du mir in die hell geladen,
so solst du desto wermer baden
mit beins geleichen schwabergreten, 265
die frommen leuten übel reten,
sie hinterrück zusammen knüpfen,
und heben sich denn aus der trüpfen,
laßens darnach im luder kleben.
nim hin dein schuch, quittier mich eben. 270

Er reicht ir die schuch am stab in kreiß und stellt sich flüchtig.

Die alt spricht:
Wie reckst die schuch so weit von mir?

---

4. 265 schwabern, schwatzen, plappern. — 266 reten, redeten. —
268 trüpfe, Dachtraufe: machen, baß sie in Sicherheit kommen. — 269 luder, Lockspeise; laßen sie dann in der gestellten Falle sitzen.

4. Der teufel mit dem alten weib.

Der teufel spricht:

Ja, ich fürcht mich so hart vor dir;
ich bin ein einiger satan,
du hast ein ganze legian
teufel, so dir all wonen bei 275
mit argen listen allerlei;
die fisch im mer, der vogl im flug
unsicher ist vor deim betrug.
gib urlaub mir und das ich far,
mir sten gen berg all meine har 280
vor deinem gifting, bösen maul.

Die alt
zuckt im die schuch vom stab und schlegt mit der gabel auf
in und schreit:

So wer dich mein und sei nit faul,
se, se, nim hin und hab dir das!
komst wider, so miß ich dir das.

Sie schlegt den teufel zu der tür aus, laufen also beide darvon.

Der man
trit ein zerkratzet, mit zerstrobeltem* har und bart, beschleußt:

Secht zu, ir erbarn biderleut, 285
mir hat umbsonst nit traumet heut,
mein frau hab mir mein augn auskratzt,
ist auch also auf mich geplatzt,
wiewols nicht ist des traumes schult.
wo ist die heutig alt unhult, 290
das ich sie tet mit füßen treten?
die hat mit iren falschen reten,
mein frommes weib mir abgericht,
mich hinder ir so hart verpicht,
sam ich ein großer buler sei, 295
mit lügen anzeigt, auch darbei
gesagt, mein frau wöll mir vergeben,
hat mich entrüstet mit darneben,
das ich und mein frau alle beid
entzünt wurden in haß und neid 300

---

4. 284 miß, messe; so gebe ich dir ein reichlicheres Maß. — * zerstrobelt, zerzaust. — 294 verpichen, anschwärzen, verlästern.

und aneinander übel schlugen,
beim har einander umbezugen,
das zeichen sicht man mir wol an,
das ich der schlacht nicht laugnen kan.
diß als hat angricht an den orten   305
die alt mit ganz verlognen worten.
derhalb schaut mich an all gemein,
und laßt mich euch ein spiegel sein
samt meiner from elichen frauen
und tut keim bösen maul vertrauen,   310
das die leut verleugt hinderrück
durch schmeichlende arglistig tück,
und tut in kein gelauben geben,
sonder erfart euch wol und eben,
ob es sei lügen oder war.   315
niemant so gar ungestüm far
auf bloße wort so grim und jech,
auf das im nicht wie uns geschech,
das zum schaden im spot erwachs.
ein gute nacht wünscht euch Hans Sachs.   320

Die personen in das spil.

    Der man.
    Sein weib.
    Der teufel.
    Die alt unhult.

Anno Salutis M. D. XLV. am 19. tage Novembris.

---

4. 311 verlügen, verleumben. — 314 sich erfaren, sich erkundigen. — 7 jech, jäh, jähzornig.

5.
Die geduldig und gehorsam markgrefin Griselda.
(1546.)

Ein comedi mit dreizehn personen, hat fünf actus.

Actus 1.

Der erenholt trit ein, neigt sich und spricht:

Heil und glück sei den erenvesten
und auserwelten edlen gesten,
die ir versamlet seit zumal
hie in disem fürstlichen sal
herr Walters, markgraf zu Saluz, 5
welcher hanthabt gemeinen nutz
fürsichtiglich in seinem lant,
doch ledig, on elichen stant.
drumb werden legen seine ret
an in ein demütig gebet 10
von wegen der ganzen lantschaft,
es sei von nöten und ehaft,
das sein gnad auch heiraten sol.
nach dem er sie geweret wol
und eines hirten tochter nimt, 15
wiewols sein gnaden nicht gezimt,

---

5. Gedichte, Buch I, Th. 2, Bl. 121 ᵇ: 8G 5. Steinhöwel's „Cento novelle", Bl. 381 ᶜ (Keller, S. 657; Boccaccio, X, 10). — 6 hanthaben, aufrechthalten, schützen (maintenir). — 10 gebet, Bitte. — 12 ehaft, gesetzmäßig.

welcher gehorsam und gedult
probiert er hoch; doch unverschult
sint er sie, treu, stet und demütig,
mit wort und werken still und gütig.
Nun schweigt ein weil und habet ru
und höret der comedi zu,
wie sich all sach verlaufen tu.

  Die zwen ret geen ein.

  Marco, der erst rat, spricht:
Herr Terello, ich hab zu reden
ein heimlich wort zwischen uns beden,
antreffend unsern gneding herren.
ist, das ich hab gehört von ferren,
das in der lantschaft sei groß klag,
das sein genad sein junge tag
also on den estant verschleist,
unnützlich und sein zeit verleist
mit dem weidwerk, hetzen und jagen?

  Terello, der ander rat, spricht:
Das hab ich auch langst hören sagen,
wie er durch sollich jegerei
im regiment nachleßig sei.
meint, wenn sein gnad vermehelt wer,
so würt für solche kurzweil er
vil baß vorsten dem regiment;
also nem es kein gutes ent.

  Marco, der erst rat, spricht:
So rat, wie man den sachen tu,
ob man bereden künt darzu,
das sein gnad kem in stant der e.

  Terello, der ander rat, spricht:
Wie ich aber die sach verste,
hat sein gnad in die e kein lust;
derhalb der ratschlag ist umbsust.

---

5. 30 verschleißen, verbringen. — 31 verleist, verleust, von ver-
liesen, verlieren.

5. Die gedulig und gehorsam markgrefin Griselda.

Marco, der erst rat, spricht:
Ich rat, das man die sach anbring
eins tags, wenn er sei guter ding,
ganz höflich in eim feinen glimpf, —
das es sei halb ernst und halb schimpf,
im anzeig all umbstent darbei, 50
wie und warumbs von nöten sei;
hilft es nicht, so ists ie nicht schad.

Terello, der ander rat, spricht:
Ich wil ansprechen sein genad
noch heut des tags, iedoch das ir,
herr Marco, wollet helfen mir. 55

Marco beut im die hant und spricht:
Seht, habt euch des zu pfant mein treu,
ich hoff, das es uns nicht gereu,
iezt komt sein gnad, rets frölich an.

Terello, der ander rat, spricht:
Nun walt sein glück, ich wils gleich tan.

*Der markgraf
trit ein mit sein trabanten und spricht:*
Was ratschlaget ir beidesant, 60
und was ist das geschrei im lant?

Terello, der ander rat, spricht:
Gnediger herr, eur gütigkeit
macht uns beherzet allezeit,
als anlign mit eur gnad zu reden.
uns ist gar kuntlich allen beden, 65
das die ganz lantschaft hat ein bit
an eur fürstlich gnab, die auch nit
ist euern gnaden abzuschlagen.

Der markgraf spricht:
Was ist die bitt? tut uns ansagen;
dünkts uns gut, so wirt sie gewert. 70

---

5. 49 schimpf, Scherz. — 61 geschrei, Gerücht: was redet man im Lande. — 64 als, alles.

Terello, der ander rat, spricht:

Ach, gnediger her, sie begert,
das euer gnad heiraten solt;
das selbig sie verdienen wolt
beide mit leibe und mit gut.

Der fürst spricht:

Des seint wir nie gewest zu mut, 75
und kam uns auch nie in den sin;
frei ledig bleib wir für und hin,
weil selten ein weib irem man
gehorsam ist und undertan;
in die e wert wir uns nicht geben. 80

Marco, der erst rat, spricht:

Ach gnediger herr, menschlichs leben
teglich das alter hinder kreucht,
dergleichen der tot nicht verzeucht.
solt euer gnad mit tot abgen,
wie würt es umb die lantschaft sten? 85
sie muß dulden ein fremden herrn,
vil freidienst, steur und widerwerrn,
etwan krieg, raub, mort unde brant.
darzu würt auch im ganzen lant
unbergen euer edler nam, 90
euer titel, ganz geschlecht und stam,
schilt und helm würt mit euch begraben;
dargegen wir ermeßen haben,
wo euer gnad ein gmahel nem,
der sein fürstlichen gnaden zem, 95
wie wir auch eine suchen aus
etwan aus eim fürstlichen haus,
von gutem adel auserkorn,
von der eur gnad würdn erbn geborn,
die denn nach eur gnad selig ent 100
inhielten auch das regiment;
des wurt euer nam gleichsam götlich,
ewig werent und gleich untötlich,

---

5. 73 verdienen, dankbar erkennen. — 82 hinder kreuchen, c. acc.,
nachschleichen. — 87 freidienst, Herrendienst. — widerwerren, Unruhen
(Wirren). — 94 gmahel, bei Hans Sachs männlich für beide Geschlechter. —
95 zem, vgl. Nr. 2, Anmerk. 97. — 103 untötlich, unsterblich.

des würt eur gnad und auch darmit
die ganze lantschaft wol befrit.   105
schaut, das hab wir im rat erfunden.

Der fürst spricht:

Ir habt uns gleich mit überwunden,
das wir uns in das elich leben
frei williglich wöllen begeben;
iedoch das wir haben allmal   110
zu heiraten ein freie wal,
wir nemen ein gmahl, wie wir wöllen,
das die lantschaft dieselben söllen
halten für ir gnedige frauen.
darauf wöll wir uns selb umschauen   115
nach einr, die unserm herzen gfal;
darumb get und bestellet bal
speis und trank, kleidung, schmuck und zier,
seitenspil, tenz, spil und turnier,
auf das man hochzeit halten mag   120
von heut über vierzehen tag.

Terello, der ander rat, spricht:

Got sei dank und euer genad,
die dise schwere bürt ablad
der ganzen lantschaft von dem rück;
darzu wünsch ich eurn gnaden glück.   125

Die ret geen ab.

Der markgraf
spricht zum ersten trabanten Antoni:

Ge auf das nechste dorf hinaus
in eines armen hirten haus,
der Janiculus ist genant,
heiß in zu uns kommen zuhant.

Antoni, der trabant, spricht:

Gnediger herr, ich kenn in wol,   130
eurn gnaden ich in bringen sol.

Beide trabanten geen aus, Janiculus komt, neigt sich.

---

5. 105 befrit, befriedet, befriedigt. — 107 mit, damit. — 117 bal, apol.
bald.

5. Die geduldig und gehorsam markgrefin Griselda.

Der fürst spricht:

Janicule, tu uns bekant,
wie doch dein tochter ist genant.

Janiculus spricht:

Griselda heists, gnediger herr.

Der markgraf spricht:

Wir sint oft ausgeritten ferr 135
ans jeid, da uns der weg antraf,
da dein tochter hütet der schaf,
hats unserm herzen wol gefallen
ob den eblen jungfrauen allen.
Janicule, nun sag bescheiden, 140
wie gfiel wir dir zu einem eiden?

Janiculus spricht:

Gnediger herr, was ist von nöt,
mit mir zu treiben das gespöt?

Der markgraf spricht:

Janicule, wir spotten nicht,
derhalb der sach uns klar bericht. 145
du bist ie unser undertan,
billich tust, was wir wöllen han.

Janiculus spricht:

Ach Got, mein tochter aller ding
ist euern gnaden vil zu ring,
denn das ir sie nemt zu der e. 150

Der markgraf spricht:

Janicule, uns recht verste,
dieweil sie uns darzu gefelt,
hab wirs zum gmahel auserwelt;
ich hoff, du werjts uns nit abschlagen.

---

5. 136 jeid, gejeid, Jagd. — 140 bescheiden, verständig, mit Ueberlegung. — 141 eiden, Eidam. — 149 ring, gering.

Janiculus
fellt auf seine knie und spricht:

Ach Got, wie künt ich das versagen! 155
o gnediger herr, hoch und teuer,
als was ich hab, ist alles euer,
darumb gescheh eur gnaden will.

Der markgraf hebt in auf, spricht:

Ge hin, schweig zu den sachen still
und sag keim menschen nichts darvan. 160

Janiculus spricht:

Gnediger herr, das wil ich tan,
da habet gar kein zweifel an.
Sie geen beid ab.

Actus 2.

Die zwen ret geen ein mit den zwo jungfrauen, die tragen Brautkleider.

Marco spricht:

Alle ding die seint zubereit,
das hofgesint ist neu bekleit,
dergleich ein köstlich frauenzimmer, 165
die stecher sich bereiten immer;
und ist heut der vierzehent tag,
doch unser keiner wißen mag,
wer doch wirt sein die fürstlich braut,
die im sein gnade hat vertraut. 170
ir kleidung ist verfertigt, als
ring, ketten, schmuck an iren hals;
noch wißen wir nit wo noch wer.
secht, dort get gleich sein gnab daher.

---

5. 165 frauenzimmer, das, collect., das Gefolge der Braut. —
173 noch, dennoch.

5. Die gedulbig und gehorsam markgrefin Griselda.

Der markgraf
trit ein mit sein trabanten, spricht:

Sagt, sint auf die fürstlich hochzeit 175
all ding zu eren wol bereit,
auch der braut kleidung, schmuck und gaben,
wie wir euch denn befolhen haben?

Marco, der erst rat, spricht:

Ja, gnediger herr, es ist gschehen,
all ding örnlich und wol versehen 180
zu knechten, keller, bett und tisch,
mit köstling trank, wiltpret und visch.
Es ist bstellt ein traurig tragedi,
darauf ein frölich comedi;
auch wirt ein brunnen mit wein fließen, 185
das sein die armen mügen gnießen,
auch ein scharpf rennen und turnier,
ein abenttanz mit großer zier;
solchs als aufs köstlichst ist bestelt
zu eren der braut auserwelt. 190

Der markgraf spricht:

Wolauf, wolauf, so wöllen wir
die braut holen mit irer zir!
das frauenzimmer nemt mit euch,
das sich die braut dest wenger scheuch.

Sie geen herumb, Griselda geet daher zurißen, tregt ein wassertrug.

Der markgraf spricht:

Griselda, sag, wo ist dein vater, 195
dein ernerer, schutz und woltater?

Griselda neigt sich und spricht:

Gnediger herr, er ist im haus.

Der markgraf spricht:

Ge, heiß in balt zu uns heraus.

Sie geet ab, bringt den vater.

---

5. 180 örnlich, orbentlich.

Der markgraf spricht:

Janicule, kom, laß dir sagen,
wir habn mit dir vor kurzen tagen   200
geworben um die tochter dein,
des wirt ie noch nit anders sein.

Janiculus hebt seine hent auf und spricht:

O, gutwillig on als abschlagen!
tu Got und euer gnad dank sagen,
das ir uns arme nicht verschmecht,   205
von armen nidern baurengschlecht.

Der markgraf spricht:

Nun wöll wir fragen in der still,
obs auch sei deiner tochter will.

Der vater schreit ir, sie komt.

Der fürst spricht:

Griselda, dein vatter und wir
haben uns vereinigt ob dir,   210
drumb zeig uns auch dein willen an,
möchst uns zu einem gmahel han,
das du uns ghorsam und gutwillich
wolst sein, wie eim weib zimet billich,
on widerwillen und eintrag,   215
so wolt wir forthin unser tag
mit dir im eling stant verzeren,
erhöhen dich in fürstling eren.

Griselda spricht:

Vatter, ist es der wille dein,
so sols mein will auch genzlich sein,   220
doch bin der ern ich gar unwirdig;
weil abr eur gnad ist mein begirbig,
und mir Got hat beschert das glück,
so wil ich euch in allem stück

---

5. 215 eintrag, Einrede. — 217 verzeren, hinbringen, verleben. —
222 begirbig sein, begehren.

5. Die gedultig und gehorsam markgrefin Griselda.

  gehorsam sein und undertan,   225
  auch genzlich kein gedanken han,
  der wißentlich wider euch sei,
  das sei euer gnad sorgen frei.

   Der markgraf spricht:
  Es ist genug, tu weiter schweigen,
  ich wil dich unser lantschaft zeigen.   230

Er went sich mit ir zum hofgesint, stößt* ir den gmahelring an und spricht:

  Secht, ir getreuen all gemein,
  die jungfrau sol unsr gmahel sein.
  die halt für eur fürstin in eren,
  unser gunst und gnad mit zu meren.

   Marco beut im die hant und spricht:
  Ich wünsch eur gnade Gottes segen,   235
  von eur gnad aller lantschaft wegen,
  zu dem heiling elichen stant.
  nun wirt sich dunken euer lant
  das glückseligst auf ganzer ert,
  weils von eurn gnaden ist gewert.   240

   Der fürst spricht zun jungfrauen:
  Ziecht ir die alten kleider ab,
  mit schönem gwant ich sie begab,
  die einer fürstin tun gebürn,
  darmit in den palast zu fürn.

Sie geen mit der braut ab, anzulegen**, so spricht Antoni zum andern trabanten:

  Wie gfelt dir unsr gnediger herr?   245
  ich mein, er hab gehabt das blerr,
  das er des hirtn tochter hat gnommen,
  weil sein gnad wol het überkommen
  der könig oder fürsten töchter.
  ei pfui der schanden, ei nun möcht er   250

---

5. * anstoßen, anstecken. — 236 aller, ganzen. — 240 weils ist gewert, weil seine Bitte erfüllt ist. — ** anlegen, ankleiden. — 246 blerr Nebel, Dunkelheit vor den Augen.

des adels habn verschont daran!
was wil er mit der beurin tan,
wo hat nur sein gnad hin gedacht?

Miser Lux, der ander trabant.

Die ding sten in seinr gnaden macht; 255
er hat angsehn ir schöne jugent,
ir zucht, gebert, sitten und tugent,
durch die sie ist vil edler worn,
als wenn sie edel wer geborn,
ob sie gleich ist von niderm stamen,
sie wirt wol adlen iren namen 260
mit demut on alln pracht und stolz,
weil sie der scheflein vor dem holz
gehütet hat mit ringer narung,
in mü und arbeit hat erfarung,
derhalb kan sie dest baß den armen 265
glauben und sich ir not erbarmen,
und ist nützer der lantschaft her,
dann wenns eins königs tochter wer.

Die braut komt geschmuckt.

Der fürst spricht:

Nun wöll wir ziehen auf den sal,
halten das hochzeitliche mal 270
und als, was zu fürstlichen eren
gehört, mit frölichkeit zu meren.

Sie geen alle ab.

Der fürst komt mit seinen reten und spricht:

Ir liebn getreuen, sagt, wie gfelt
euch unser fürstin auserwelt?
was hört ir in dem lant von dem, 275
ist sie dem volk auch angenem?

Marco, der erst rat, spricht:

Gnediger fürst fürpreislich wol,
wann sie ist aller tugent vol,

---

5. 251 des adels habn verschont daran, aus Rücksicht auf seinen
Adel es unterlassen haben. — 277 fürpreislich, vorzüglich zu preisen.

helt sich gen ieberman demütig,
auch ist sie barmherzig und gütig, 280
ir lob im ganzen lant ist ruchtbar,
auch ist sie geberhaft und fruchtbar,
kein edler het eur gnad könn finden
under all köng und fürsten kinden.

Die erst hofjungfrau:

Gnediger herr, gelobt sei Got! 285
gebt mir ein frölich botenbrot,
wann unser fürstin auserkoren
ein schöne tochter hat geboren.

Der markgraf spricht:

Get eilent hin und ordiniert,
das die kirch wert geschmuckt und ziert 290
zu diser fürstlichen tinktauf;
laßt in dem sal auch richten auf
ein köstlich mal den edlen frauen;
get, handelt, wie ich euch tu trauen.

Die zwen ret geen ab.

Der fürst ret mit im selb:

Wir wern wol ein glückselig man, 295
weil wir ein solche gmahel han,
die sich so tugentlichen helt,
das sie der ganzen lantschaft gfelt,
auch fruchtbar ist zu dem gebern,
noch felt uns eins, west wir auch gern, 300
ob uns auch würt der gmahel sein
gehorsam und gutwillig sein,
wenn wir begerten ein schwer ding
von ir, das ir zu herzen ging.
nun wöll wir versuchen die frauen 305
und ir gehorsamkeit anschauen,
das wir ir dest baß mögen trauen.

Der Fürst geet ab.

Actus 3.

Die fürstin
komt mit iren jungfrauen, tregt ir kint eingewickelt,
setzt sich und spricht:

Ach Got, dir sei lob, er und preis,
der du so wunderlicher weis
mich hast erhebt aus dem ellent 310
in das hoch fürstlich regiment,
in ein so glückseliges leben,
mir auch ein schöne tochter geben,
doch über als ben herren mein!
dem wil ich untertenig sein, 315
dieweil ich leb auf diser ert.

Der markgraf komt, spricht traurig:

Ir jungfraun tret ein wenig ab,
ein wort ich hie zu reden hab.

Sie geen ab.

Der markgraf spricht:

Griselda, lieber gmahel mein,
du weist wol das herkommen dein 320
von schlechtem stam, unedler art,
das verdreußt meinen abel hart,
voraus weil du uns hast geborn
ein tochter, welche auch mit zorn
der abel gar nit leiden wil, 325
das klag ich dir hie in der stil;
wo ich anderst wil fride han,
muß ich das kint hin laßen tan,
wiewols uns tut im herzen we;
hab dir das wöllen sagen e, 330
das gschech mit meim willen und wißen,
weil du dich bißher hast geflißen,

---

5. 315 Hier fehlt ein Vers im Text, vielleicht: wil ich in halten lieb und wert. — 328 hin tun, wie unten hin richten, V. 361. — 331 das, daß es.

5. Die gedulbig und gehorsam markgrefin Griselda.

unsern willn zu tun on abgang,
wie du denn verhißt im anfang.

Griselda hebt ir hent auf und spricht:
Gnediger herr und gmahel mein, 335
ich und das junge töchterlein
sint euer eigen und erwelt,
mit uns mögt ir tun, was euch gfelt,
mein nicht verschonen umb ein har,
wann ich hab mich ergeben gar, 340
das ich mir genzlich laß in allen
euer gnadn willen allzeit gfallen.
ich beger nichts zu bhalten ser,
fürcht auch nichts zu verlieren mer,
wann euch allein; das brecht mir schmerz, 345
weil ir seit bschloßen in mein herz
in rechter warer lieb und treu;
hab sonst nichts mer, das mich erfreu
auf ert, dieweil ich hab mein leben,
sol euch mein will nit widerstreben. 350

Der fürst beut ir die hant, geet ab.

Die jungfrauen kommen wider.

Die erst spricht:
Gnedige frau, was ist geübt,
das der fürst ist so gar betrübt
und ser traurig get aus dem sal?

Griselda spricht:
Sich hat zutragen ein unfal,
villeicht wirt es von Got gewent 355
noch etwan zu eim guten ent.

Antoni,
der trabant, komt mit bloßem schwert und spricht:
Gnedige frau, wölt mir vergeben,
wil ich verlieren nit mein leben
mit einem grimmen herben tot,
so muß ich nach des fürstn gebot 360

---

333 on abgang, ohne etwas daran fehlen zu laßen, unbedingt.

euer junges kintlein richten hin.
Got weiß, das ich sein traurig bin.

Griselda
schaut ir kint, küst es und zeichnets mit dem kreuz und gibt ims,
spricht:

So nim hin das unschuldig blut,
weil sein mein herr begeren tut,
und verbring deins fürsten gebot;   365
iedoch so bitt ich dich durch Got,
du wölst die gnad an mir beweisen,
das du nit wölst laßen zerreisen
sein zarts leiblein in walts revier
die vögel oder wilden tier.   370

Antoni tregt das kint hinaus, sie sicht im senlich nach.

Die jungfrau spricht:
Ach, gnebige frau, tut uns sagen,
ach, wo wil der das kint hintragen,
wil er es würgen in dem walt?
sein augen warn ie grausam gstalt.
ach Got, der fürst ist unbesint,   375
was zeicht er das unschuldig kint?

Griselda spricht:
Was mein herr tut, ist wolgetan,
da hab ich keinen zweifel an.

Die ander hofjungfrau:
Ja wol, ich het ims kint nit geben;
weil er im nemen wil das leben;   380
ich het es e heimlich verstecket,
kein mensch solt mirs han abgeschrecket,
het mich es fürsten hult verwegen.

Griselda spricht:
Nein, mir ist mer am herren glegen,
dann an mir selb on allen zitter,   385
es sei mir gleich süß oder bitter;

---

5. 375 unbesint, von Sinnen. — 383 es, eh des. — sich verwegen,
c. gen., auf etwas verzichten, es aufgeben. — 385 zitter, der, wie im Mhd.
das Zittern.

5. Die geduldig und gehorsam markgrefin Griselda.

alles, was er von mir begert,
wirt frölich er von mir gewert.
wolauf, nun wöllen wir hinein
zum aller liebsten herren mein! 390
    Sie geen aus.

Der fürst geet ein und spricht:

Wir wölln hie warten auf den knecht;
ob er uns her das kintlein brecht,
wöll wir weiter bescheit im geben.
schau, dort komt der Antoni eben.

Antoni komt, der fürst spricht:

Antoni, bringst das kintlein du? 395
sag, was sagt die fürstin darzu?

Antoni, der trabant, spricht:

O gnediger herr, gar gutwillich
gabs mir das kint, kein wort unbillich
rets, all ir red was sanft und lint.

Der markgraf spricht:

Reis eilent hin, bewar das kint 400
fleißig und wol, wie tut gebürn,
in eim korb auf eim esel fürn
in die hauptstat Bononia
und bring es meiner schwester da,
der grefin von Banoch, und sprich, 405
das sie das kint mit fleiß aufzich;
doch das sie niemant sag darbei,
wer sein vatter und mutter sei,
und schweig auch zu den sachen stil.

Antoni, der trabant, spricht:

Gnediger herr, das kint ich wil 410
antwortn und es mit fleiß bewarn,
das es sonst niemant sol erfarn.

---

5. 406 aufzich, aufziehe. — 411 antworten, überantworten, über=
bringen.

5. Die gedulbig und gehorsam markgrefin Griselda.

Er tregt das kint hin; die ander jungfrau komt zum fürsten und spricht:

Ach gnediger herr auserkorn,
die fürstin hat ein son geborn
in diser stunt, gelobt sei Got!　　　　　　　　　415
gebt mir ein frölich botenbrot.

Sie geet ab.

Der fürst spricht:

Ge eilent, wünsch der fürstin glück.
ich wil versuchn das ander stück,
ob unser gmahl nit sei abwendig,
sonder in ghorsam noch bestendig.　　　　　　　420
da komt eben ein rechter knecht.
Miser Lux, du komst eben recht,
ge eilent zu der fürstin hin,
sprich, es sei unser wil und sin,
das sie das junge kint dir geb,　　　　　　　　425
ich wöll nit lenger, das es leb;
wann die lantschaft tut mich vexieren,
das nach unserm tot solt regieren
das kint, einer beuerin son;
drumb wöllen wirs ab laßen ton;　　　　　　　　430
zum warzeichen zeig ir mein ring.
ge eilent, mir das kintlein bring.

Er nimt den ring, geet ab.

Der fürst spricht:

Villeicht sie dem das kint auch geit
gedulbig mit gutwilligkeit;
so ists das ghorsamst weib auf ert,　　　　　　　435
sie sol uns erst sein lieb und wert.

Der trabant bringt das kint und spricht:

Gnediger herr, ich bring das kint.

Der markgraf spricht:

Sag, was sagt die fürstin gar gschwint?

---

5. 433 geit, gibt.

5. Die geduldig und gehorsam markgrefin Griselda.

Miser Lux spricht:

Sie sagt: nim das unschuldig blut,
weil das mein herr begeren tut,   440
tu mit im, was er dir gebot;
und wenn er mir geböt den tot,
wolt ich mich in sein willen geben
lieber denn on sein willen leben,
sein will mich allzeit freuen mus.   445
darmit gab sie dem kint ein kus,
bat, ich solts in des walts revier
nit werfen für die wilden tier,
zu fressen seine zarte glider,
darnach kust sie das kintlein wider   450
und tet es mit dem kreuz bezeichen,
tet mirs gar gutwillig herreichen,
on alle seufzen, wein und klag.

Der fürst segnet sich und spricht:

Ge eilent, tu, als ich dir sag,
rüst zu ein esel zu dem wandern   455
und bring das kintlein zu dem andern
gen Bononi der schwester mein,
bitt, das irs laß befolhen sein,
tus als ir eigen kint bewarn,
doch still, das niemant tu erfarn.   460

Der trabant tregt das kint hin.

Der fürst ret mit im selb:

Mein weib bleibt bstendig in unfal;
noch wil ich sie zum dritten mal
versuchen noch mit einer prob;
ligts in gedult und ghorsam ob,
wil ichs denn mit ru laßen bleiben,   465
sie darnach erlich halten und schreiben
ein kron ob allen edlen weiben.

Der Markgraf geet aus.

---

5. 453 wein, Weinen. — 453 seufze, der, wie im Mhd. siufze. —
466 schreiben, nennen und verkünden.

Actus 4.

Der markgraf
geet ein mit Antoni, gibt im sein petschierring und spricht:

> Reit eilent gen Bononia
> zum grafen von Banocho da,
> bring im den brief, darbei im sag, 470
> das er mir so balt, als er mag,
> bring unser tochter und den son,
> und sol dazu nicht anderst ton,
> als seis sein tochter und mein braut,
> die mir sei elichen vertraut. 475

Antoni geet ab, der fürst verbirgt sich, die zwen ret kommen.

Marco spricht:

> Ach Got, wie nimt mich so groß wunder,
> was unsers herren gnad besunder
> für ein unsinnigkeit tut nöten,
> das er sein eigne kint leßt töten,
> tochter und son nun alle zwei! 480
> im lant get gar ein bös geschrei
> über solch tirannische tat,
> auf dem lande und in der stat;
> vermein, er sei kommen von sinnen.

Terello, der ander rat, spricht:

> O schweigt, und solt ers werden innen, 485
> er solt uns in als unglück stoßen;
> doch hie geret under der rosen,
> er hats getan on unsern rat,
> unser keiner schult daran hat,
> wir hettens sunst gestattet nit; 490
> ich glaub, er tretz die fürstin mit,
> uns zimt in nicht drumb anzureden.

B. 478 nöten, nöthigen. — 491 tretzen, trans., einem etwas thun, um ihn dadurch zu ärgern.

5. Die geduldig und gehorsam markgrefin Griselda.

Marco, der erst rat, spricht:

Es gezimt und stet zu uns beden,
zu hanthaben gemeinen nutz.
weil der fürst nit verschont seins blutz, 495
wurts mit der zeit über uns gan;
wir wöllen in drumb reden an.

**Der markgraf
schleicht herfür und spricht:**

Was ist die sach zwischen euch beden,
das ir uns darumb wölt anreden?

Marco, der erst rat, spricht:

Da red wir von dem jungen hern 500
und jungen freulein gar von fern,
die durch geheiß euer genaden
erbermlich haben gnommen schaden.
dise handlung dunkt uns zu streng,
dergleich des ganzen volkes meng. 505
wolt Got und es wer nie geschehen!

Der markgraf spricht trutzig:

Was wölt ir denn all beid hie jehen,
wenn ich das weib auch von mir stoß
wider zu irem vatter bloß?
wann ich hab des pepstlichen gwalt; 510
drumb ichs nit lenger bei mir bhalt.
der papst hat mit mir dispensiert,
derhalb hab ich schon procuriert
umbs grafen tochter hochgeborn
von Banocho, die auserkorn; 515
was sol ich mit der beurin ton,
da eitel bauren kommen von?

Marco, der erst rat, spricht:

Gnediger herr, ich tet sein nit;
eur gnad ich für die frauen bit,

---

5. 507 jehen, sagen. — 513 procurieren, werben lassen.

5. Die gedulvig und gehorsam markgrefin Griselba.

euer gnad hats ins vierzehent jar 520
in aller ghorsamkeit fürwar;
eur gnab wirts nit verbeßern wol.

Terello, der ander rat, spricht:

Irs lobs das ganze lant ist vol;
sie hat gnedig helfen regiern,
das volk wirts nit geren verliern, 525
begnad sie, bitt wir alle beb.

Sie neigen sich beid tief.

Der fürst spricht:

Schweigt, es hilft kein bitt noch einred.
ge, erenholt, die fürstin bring,
sprich, ich dürf ir eilender ding.

Die fürstin
komt, neigt sich und spricht:

Gnediger herr, was ist eur bger, 530
das ir mich holen laßt hieher?

Der markgraf
zeigt ir die pepstlich bullen und spricht:

Griselda, merk, den bscheit du habst,
unser heiliger vatter pabst
hat uns erlaubt und des gwalt geben,
das ich forthin mag elich leben 535
mit einem andren weib on tadel,
die mir gemeß sei an dem adel,
die uns wirt kommn in kurzen tagen;
darumb tu ich dir ernstlich sagen,
das du mein weib nicht mer wirst sein; 540
derhalben nem die haussteuer dein,
ge wider in deins vatters haus,
die lantschaft tut dich treiben aus,
die ist samt uns dein urverüz,
weil du bist beurisch und kein nüz; 545

---

5. 529 dürfen, bedürfen: ich verlange sie zu sehen. — 541 haussteuer, heimsteuer, Aussteuer, Mitgift. — 544 urverüz (urdrütze), überdrüßig.

5. Die gedulbig und gehorsam markgrefin Griselda.

doch laß dir leicht sein das gelück,
weil es gar wankel ist und flück.

Die fürstin spricht:

O edler herr, ich hab vor lang
betrachtet wol in dem anfang,
das ich mit meiner schlechtn geburt   550
euer gnaden nie wirdig wurt,
das ich möcht euer diren sein,
ich schweig euer gmahel allein;
hab mich auch auf dem fürstling sal
euer dienerin gschetzt allmal.   555
was er und guts mir widerfarn
bei euern gnadn in vierzehn jarn,
das dank ich Got und euch der gaben.
wil euer gnad mich nit mer haben,
so wil ich willig gen hinaus   560
wider in meines vatters haus,
mein zeit wie vor in armt vertreiben
und ein selige witfrau bleiben,
weil ich eur gmahel gwesen bin.
eurn gmahelring nemt wider hin;   565
auch zeuch ich all mein kleider ab,
der ich keines zu euch bracht hab.
mein andre kleider, schmuck und zir,
wert in der kemnat finden ir,
von der wegen sich ieberman   570
in neit gen mir hat zündet an.
noch hab ich zu eur gnad ein bit,
ir wölt mich so bloß nacket nit
laßen zu meinem vatter gan,
weil ich bei euch gelaßen han   575
mein jungfreuliche reinigkeit;
darfür laßt meinen leib bekleit
mit eim hemt, daß man nit bloß sech
mein leib; doch was ir wölt, das gschech.

---

5. 546 glück, Geschick. — 547 flück, flüchtig. — 552 diren, Dirne, Magd. — 562 armt, Armuth.

5. Die gedulbig und gehorsam markgrefin Griselda.

Der fürst spricht:

Das hembt magst du behalten an, 580
in deines vatters haus zu gan.

Der fürst geet ab, das ander hofgesint geet mit der fürstin umb.

Terello spricht:

Ach Got, wer sol trauen dem glück,
wie steckt es so vol falscher tück!
die aus den bauren wirt erwelt,
zu einer markgrefin gezelt, 585
wirt wider gstoßen zu den bauren;
ir trübsal tut uns alle bauren.

Janiculus
geet ir entgegen, tregt ire kleider am arm und spricht:

O tochter, wie ellent kumst her!
mein herz das war mir allmal schwer,
die heirat nem kein gutes ent, 590
weil groß herren so wankel sent;
was sie lust, das mügen sie tan,
wenns an einer verfürwitzt han,
wie an dir ist geschehen leider.
darumb hab ich dir deine kleider 595
also fleißig noch aufbehalten,
dacht wol, wenn sein lieb wirt erkalten,
so wirt er dich ausstoßen wider.

Griselda spricht:

Vatter, mein herr ist from und biber,
on groß ursach hat ers nit tan, 600
drumb ich ims nicht verargen kan.
mein vatter, laß mich bei dir bleiben,
meins lebens zeit bei dir vertreiben,
wie wir in armut uns vertrugent
in meiner erst blüenden jugent; 605
mein schatz und adel bleibt die tugent.

Sie geen alle ab.

---

5. 591 sent, sind. — 592 lust, lüstet, gelüstet. — 593 verfürwitzen,
seine Lust büßen.

Actus 5.

Der fürst
get ein mit alle seinem hofgesint, tregt ein brief, spricht:

Als ich war in dem neuen schloß,
da kam mir ein eilende poß,
wie das mein edle braut schon kum
und sei schon in dem markgraftum, 610
etwan von Saluz auf zwo meil;
darumb so rüstet zu mit eil,
das man der braut entgegen reit,
wann es ist warlich hohe zeit.

Die ret geen ab.

Der fürst spricht:

Antoni, reit aufs dorf hinaus 615
zu Griselda ins hirten haus,
sag, daß sie eilent kom zu mir,
ich hab zu reden was mit ir.

Griselda komt, neiget sich.

Er spricht:

Griselda, ich wolt und das du
uns in dem schloß helfst sehen zu, 620
das al ding fein wurt ordinirt,
weil unser braut iezt kommen wirt,
das du auch selbert hetst entpfangen,
und bald die hochzeit ist vergangen,
magst du wol gen wider zu haus. 625

Griselda spricht:

Gutwilliglichen überaus
wil ich tun, was eur gnad begert,
dieweil ich leb auf diser ert;
hab auch kein freud in keinen dingen,
dann euer gnad willn zu volbringen. 630

---

5. 603 poß, Post. — 624 balt, sobald.

5. Die gedulbig und gehorsam markgrefin Griselda.

Graf von Banocho
trit ein mit allem gesint, reten, trabanten, jungfrauen und
braut und spricht:

Herr eiden, hie bring ich die braut,
welch euer gnad ist lengst vertraut,
mein eigne tochter, fleisch und blut,
samt eim fürstlichen heiratgut.

Der Markgraf entpfecht* die gest und spricht:

Seit mir willkum zu tausentmal, 635
mein herr schweher, auf meinen sal,
seit mir willkum, herzliebe braut,
mein herzelieb und höchste traut,
und auch du, edler schwager mein,
solst mir auch gotwillkommen sein. 640

Griselda entpfecht die braut und spricht:

Seit mir zu tausentmal willkum,
gnad frau, in euer Markgrafthum.

Die ander hofjungfrau:

Gnediger herr, es ist ein schant,
Griselda so in schlechtem gwant
sol umbgen bei den edlen gesten, 645
ach, bekleidet die erenvesten
etwan mit einer beßren wat.

Der markgraf spricht:

Kleider sie gnug auf dißmal hat,
die sie wol tregt in irem adel.
Griselda, schau, laß niemant zabel, 650
schau, ob das mal schier sei bereit;
es ist zu eßen große zeit.

Griselda spricht:

Setzt nur die braut und gest zu tisch,
bereit seint wiltpret, vögl und fisch.

---

5. * entpfecht, empfängt. — 647 wat, Gewand, Kleidung. — 650 zabel, Mangel.

5. Die geduldig und gehorsam markgrefin Griselda.

ich wil gen heißen richten an 655
und was am hof sonst ist zu tan.

Miser Lur, der ander trabant:
Antoni, schau die jungen braut,
die im hat unser fürst vertraut;
er hat ein guten tausch getan,
ich wolt sie auch vil lieber han. 660

Griselda spricht:
Sie ist halt schön und zarter jugent,
aus irem angsicht scheint die tugent,
er wirt erst ein seliger man,
des ich im wol von herzen gan.

Der markgraf spricht:
Griselda, wie gfellt dir die braut, 665
die ich mir iezunt hab vertraut?

Griselda spricht:
Sie gfellt mir wol, ir lob ich krön,
ist sie so tugenthaft als schön,
wie mir nit zweifelt, gar gedürst,
so wert ir sein der seligst fürst 670
auf ganzer ert; iedoch ich bit,
und warn euch treulich, das ir nit
wolt stupfen mit den scharpfen sporn
die junge fürstin auserkorn,
mit den ir tet die andern plagen. 675
ich förcht, sie möcht es nit ertragen,
dieweil sie ist so zarter jugent
und villeicht noch zu weich in tugent,
der voring ungleich in dem stück;
zu ir wünsch ich eurn gnaden glück. 680

Der fürst spricht:
O Griselda vol ghorsamkeit,
nun iezunt ist es hohe zeit,

---

5. 664 **gan**, praeteritopraes. zu gunnen, gönnen. — 669 **gedürst**, geturstec, **muthig, hochherzig**. — 673 **stupfen**, stoßen. — 679 **der voring**, der vorigen.

5. Die gedulbig und gehorsam markgrefin Griselda.

deins bittern leits dich zu ergetzen,
darein ich dich dreimal tet setzen.
die jungfrau, die du meinst sei mein   685
braut, schau, das ist die tochter dein,
die du hast aus deim leib geborn,
die du lengst meinst tot und verlorn;
dergleichen ist der jüngling nun
mein und auch dein elicher sun,   690
die mein herr schwager tet versorgen,
die ich im beide schickt verborgen,
darmit probieret dein gedult,
dein ghorsam, treu, lieb, gunst und hult.
da fint ich dein gutwilligkeit   695
bestendig, fest zu aller zeit,
unbeweglich fest als der stahel.
nun gib ich dir, herzlieber gmahel,
mich selb, dein kinder, er und gut
wider, darumb sei wolgemut.   700
du bist und bleibst mein herzliebs weib,
weil die sel wont in meinem leib.

Der markgraf spricht zun jungfrauen:

Bekleidet die markgrefin schier
wider in fürstlich schmuck und zier.

Sie geen mit Griselda, auszukleiden.

Der markgraf spricht:

Ernholt, reit aufs dorf, bring herein   705
den frommen alten schweher mein.

Janiculus komt, der fürst spricht:

Got willkom, mein herzlieber schweher,
iezt sol euch sein die freud vil neher,
denn etwan am gestrigen tag;
da fürt ir heimlich große klag.   710
da sitzen euer tochter kinder,
sint von dem tot erstanden kinder;
eur tochter ist widr im regiment,
al ir herzleit in freud gewent.

---

5. 683 ergetzen, mit Gen. der Sache, für etwas entschädigen.

5. Die gedulbig und gehorsam markgrefin Griselda.

>>forthin solt ir zu hof auch bleiben, 715
eur alte tag in ru vertreiben,
in einem gutn edelmansstant.
legt im bald an ein hofgewant.

>Sie legen dem alten ein schauben* an, Griselda komt
fürstlich gekleidet, der graf von Banocho
entpfecht sie und spricht:

>>Gnedige frau, liebe geschwei,
lob, er und preis dem herren sei, 720
der euch euer kint wider gab,
die ich mit fleiß erzogen hab
an meinem hof, sam sie mein wern,
auf euers gnedig herrn begern.
ich bitt, nemts auf in keim unmut. 725

>>Griselda spricht:

>>Ich dank euern gnaden als gut;
was ir meins herren gnat habt tan,
nim ich im aller besten an.

>Janiculus, ir vatter, umbfecht sie und spricht:

>>Herzliebe tochter, grüß dich Got,
iezt bist erstanden von dem tot 730
gleich wider zu eim neuen leben,
weil dir dein herr hat wider geben
sich selb und dazu deine kinder,
nun magst du schlafen dester linder.

>Die jung tochter spricht zum bruder:

>>Ei, sol das unser mutter sein? 735

>Der jung son spricht:

>>Ja, aller liebste schwester mein,
weil ichs noch sah in schlechtem gwant,
mein herz ein lieb gen ir entpfant.

>Die tochter umbfecht die mutter und spricht:

>>Ach herzen liebe mutter mein,
nun bin und bleib ich allzeit dein. 740

---

5. *schaube, langer Rock, Mantel. — 719 geschwei (geswie), Schwägerin. — 723 sam, als wenn.

5. Die geduldig und gehorsam markgrefin Griselda.

Der son umbfecht sie, sie spricht:

Herzlieber son, nun grüß dich Got!
ich hab gemeint, du seist lengst tot.
lob sei Got in dem höchsten tron,
ders als zum besten wenden kon.

Der markgraf spricht:

Ich bitt, verzeih mir ieberman, 745
die ding hab ich darumb getan,
das unser tochter leren sol,
das sie ein man auch halte wol
in ghorsam, untertenigkeit,
gutwilliglich zu aller zeit; 750
dergleich wann unser son tu alten,
das er ein gmahel wiß zu halten,
mit vernunft in probieren tu
und darnach mit ir leb in ru.
seit unser freud ist worden ganz, 755
so macht auf ein frölichen tanz.

Nach dem tanz spricht der graf von Banocho:

Gnediger herr, gebt urlaub mir,
gen Bononi zu reiten schir;
wann es ist zeit, das ich heim ker,
sag euern gnadn lob, preis und er. 760

Der markgraf spricht:

Wolauf, und seit alle bereit,
das man auf erlichest beleit
mein herr schwager und gneding hern,
der uns zu lieb her reist von fern.
dann wöll wir weiter uns bereden, 765
urlaub nemen zwischen uns beden,
weil unser anschlag so behent
genommen hat ein frölich ent
durch Got, ders als zum besten went.

Nach dem geen sie alle in ordnung aus.

---

5. 747 leren, lernen. — 755 ganz, vollkommen. — 762 erlich, ehrenvoll. — beleiten, begleiten.

So beschleußt der Ernholt:
Also habt ir vernommen hie
den inhalt diser comedie,
die uns Boccatius beschreibet,
darin drei ler seint eingeleibet:
die erste, das die eltern söllen,
wenn sie töchter aufziehen wöllen,
das sies nit ziehen gar zu zart,
sonder sein arbeitsamer art,
auf heuslichkeit, sitten und tugent;
unde auch in blüender jugent
sollens in brechen und abziehen
irn eigen willen und zu fliehen
allen trutz, stolz und üppigkeit,
auf das sie gwonen mit der zeit,
zu leiden in dem stant der e
gedulbig alles wol und we.

Zum andern ein weibsbilt hie ler,
das sie auch halt in würt und er,
in lieb und leit iren eman,
gehorsam sei und undertan
in alln dingen, spricht Paulus, glaubt,
weil der man ist des weibes haupt,
wies Got gebot auch im anfang;
so lebt sie in frid mit im lang,
wann durch ir gedult und demut
überwint sie das bös mit gut
und wirt durch ir gütig gebert
dem man angenem, lieb und wert.

Zum britten, lert daraus ein mon,
das er sein weib sol halten schon,
wie Petrus schreibt: liebt euer weiber,
geleich als euer eigne leiber,
und wonet auch sein in vernunft
bei euern frauen in zukunft,
als bei dem schwechsten werkzeug hie;
wann welcher sein weib liebet ie,
der liebet seinen eignen leib,
das also zwischen man und weib
frid, lieb und treue auferwachs
biß an das ent, das wünscht Hans Sachs.

5. Die gedulbig und gehorsam markgrefin Griselda.

Die personen in die comedi.

Ernholt.
Markgraf Walterus von Salutz.
Griselda, die gedulbig.
Janiculus, ir vatter.
Des Markgrafen junger son.
Des Markgrafen junge tochter.
Graf von Banocho.
Marco, der erst rat.
Terello, der ander rat.
Die erst hofjungfrau.
Die ander hofjungfrau.
Antoni, der erst trabant.
Miser Lux, der ander trabant.

Anno Salutis M. D. XLVI. am 15. tag Aprilis.

6.

Das wiltbad.

(1550.)

Ein fasnachtspil mit fünf personen: ein edelman und zwen knecht, ein abt und ein knecht.

      Der edelman
trit mit sein knechten ein und spricht zu inen:

Ir reutr, wie wöll wir uns ernern?
wir haben schier nit mer zu zeren,
wir müßen mager suppen eßen;
das künt ir wol darbei ermeßen,
wir haben lang kein wiltpret gfangen,   5
ein kaufman ist uns nun entgangen.
das tut mir noch im herzen zorn,
meinr anschleg sint so vil verlorn,
derhalben könn wir uns mit ern
mit unsr reutrei schier nit mer nern.   10
ich glaub, wir müßn erst lernen stelen.

      Schramfritz spricht:

Junkherr, an uns tuts ie nit felen,
kein zagen ich unter uns weis,
wir dienen willig alle reis

---

6. Gedichte, Buch V, Th. 3, Bl. 339; SG 7; Lieder, Nr. 39; Steinhöwel's „Cento Novello", Bl. 341ʰ (Keller, S. 90; Boccaccio, X, 2). — 14 r e i s, Fahrt, Zug; vgl. Reisiger; eine Reise dienen, einen Raub- oder Kriegszug mitmachen.

in hitz, in kelt, in regn und wint, 15
ir uns allmal ganz willig sint.
ich bin oft draußen in dem halt
so übl erfroren und erkalt,
das mirs herz oft im leib hat zittert.
wie oft hat es auch nas gewittert, 20
das wir anbhieltn kein trocken fasen,
darzu auch oft so hungrig wasen;
das litt wir alles mit gedult.

Wursthans spricht:

Ja freilich ists nit unser schult;
ob wir gleich fahen iezt nit vögel, 25
nun sein wir ie kün, frech und gögel,
wagn uns, wie frommen reutern gbürt,
biß uns der schopf an galgen rürt,
wie es uns denn in jener wochen
nahent am goller hin hat gstochen; 30
hettn uns die statsöltner ertappet,
der rabenstein het nach uns gschnappet;
wie uns vil begegnen der stück,
noch wag wirs immer hin auf glück,
biß uns einmal ein schanz gerat. 35

Edelman spricht:

Ir reutr, mir ist verkuntschaft spat,
heut wert fürfarn der abt von Klingen.
wenn wir den in das netz küntn bringen,
das wer ein guter feister reiger,
wer uns gar vil nützer und weiger, 40
denn gar ein feiste mertinsgans.
meinst nit, es sei war, mein Wursthans?

---

6. 17 halt, haltstat, Hinterhalt. — 20 es wittert naß, es regnet und schneit. — 21 fasen, Faser. — 22 wasen, waren. — 26 gögel, geil, übermüthig. — 30 goller, Koller, Halskragen: wie es uns dann hart an den Kragen, hart an das Leben gegangen ist. — 35 schanz, Wurf im Spiel, glücklicher Fang. — 37 fürfarn, vorbeifahren. — 39 reiger, Reiher. — 40 weiger, weger, nützlicher, erwünschter, compar. von waege, gewaege.

6. Das wiltbad.

Wursthans spricht:

Het wirn, wir woltn im tutten schütteln
und etlich gülden herausrütteln;
die wern gut für uns reisig knecht. 45

Schramfritz spricht:

Ja, sie kömen uns nit unrecht.
die armut hat uns lang geheit.
mein junker, komt zu diser zeit
der abt, hat die kuntschaft ein grunt?

Edelman spricht:

Ja, er sol noch e wann zwo stunt 50
bei uns fürfaren dise stras.
habt ir auch bei euch alles das,
darmit man fecht solch gemsenböck,
als strick, bremsen und daumenstöck,
sint euer büchsen auch geladen? 55
ertapp wir in, ist euch on schaden,
ir habt auch darbei euern teil.

Wursthans spricht:

Wir sint grüst, des walt glück und heil.
komt uns der feist visch in die reußen,
ob er sich gleich wolt gen uns spreußen 60
mit samt den andern pfaffenknechten,
nit lang wirt wern ir gegenfechten.
ich wil mit meiner büchsen schlagen
den münnich von seim hobelwagen,
im bleuen seinen feisten bachen. 65

Edelman spricht:

Nein, so grob wöllen wirs nit machen,
weil er auch einer ist vom adel,
von gutem stam on allen tadel;

---

6. 47 geheien, keien, plagen, quälen. — 50 wann, denn, als. — 53 fecht, fängt. — 54 bremse, Knebel. — daumenstock, Daumenschraube. — 60 spreußen, spreizen, sich sperren und wehren. — 64 hobelwagen, kobel-wagen, bedeckter Wagen, Kammerwagen. Frisch, Wörterbuch, I, 530. — 65 bachen, Rücken.

wir wölln in ungeschlagen lasen.
halt im nur büchsen für die nasen, 70
er wirt sich stellen nit zu wer,
er hat bei im ein knecht, nit mer;
schaut nur, daß ir in tut umbringen,
er wirt bald unser lieblein singen.

Schramfritz spricht:

Secht, herr, dort kommen zwen zu fuß, 75
vom wagn er ab sein gstanden muß,
der weg ist tief, so ist er schwer.

Edelman spricht:

Botz Veltin, er zeucht gleich daher!
verstoßt euch abwegs in die hecken,
neben der straß tut euch verstecken, 80
das er euch nit seh und wert scheuch,
mach ein gschrei und entrinne euch,
weil iezt zu felt arbeitn die bauren;
zum gschrei so lüffen zu die lauren,
darmit der vogel uns entflüg. 85

Wursthans spricht:

Da ste ich auf der hinderbüg,
das er uns nicht entrinn zurück.

Schramfritz spricht:

Er zeucht daher, nun walt sein glück!

Der abt komt und spricht:

Heinz, mich dünkt, es haltn reuter dort.

Heinz, der knecht, spricht:

O, es ist sicher an dem ort; 90
und ob uns etwar wolt angreifen,
ich wolt im schlagen auf sein pfeifen,
das er ein jar an mich gedecht.

---

6. 77 ſo, auch, überdies. — 79 verſtoßen, wie verſtecken. — 84 lüffen, conj. praet. zu loff, luff, liefen. — 84 laur, Laurer, eigentlich ein hinterliſtiger Menſch, bei Hans Sachs häufig als Scheltwort gegen Bauern gebraucht. — 86 hinderbüg, Rückbiegung, Krümme des Wegs. — 91 etwar, etwer, irgendwer, jemand.

6. Das wiltbad.

Abt spricht:

Du sagst wol, Heinz, mein lieber knecht,
du bist ein sechter hinderm ofen, 95
da die würst und die hering trofen,
und bei der feisten klostersuppen,
darauf du möchtst dein fleschlein luppen;
ich fürcht mich auch vor jem raubschlos.
setz ich dahinden auf meim ros 100
und wer auf zwo meil wegs darvon!
mich ant nichts guts; nu laß uns gon.

Der edelman platzt in an und spricht:

Wo ist dein gleit, du bösewicht?
du bist gefangen, hast dus nicht,
oder du must dein leben laßen. 105

Abt spricht:

Ich hab geleit auf allen straßen,
wann ich bin ein gweicht persan;
ir seit auch all im schweren ban,
wo ir wolt rechtfertigen mich.

Edelman spricht:

Wer bist du denn, so nenne dich? 110

Abt spricht:

So wiß, ich bin der abt von Klingen,
mein adel kan ich auch beibringen.

Edelman spricht:

So seit ir ein gefürster abt,
fro bin ich, hab ich euch ertapt.
wo wil da hin euer genad? 115

Abt spricht:

Da wil ich hin in ein wiltbad,
ob mir drin möcht geholfen werden.

---

6. 96 trofen, traufen, tröpfeln. — 98 luppen, heben (zum Trinken). — 103 gleit, Geleit, Geleitsbrief (salvus conductus). — 109 rechtfertigen, Gericht über jemand halten, auch hinrichten.

Edelman spricht:

Was habt ir am leib für beschwerden?
habt ir etwan ein offnen schaden?

Abt spricht:

Nein ich zwar von den Gottesgnaden. 120

Edelman spricht:

Was hat euch für ein krankheit bseßen?

Abt spricht:

Mein herr, ich mag schier nimmer eßen,
mir ist umb mein brust also eng,
auch so zeuch ich den atem streng,
als ob ich immer wöll ersticken; 125
ich hoff, das bad sol mich erquicken,
es macht ie ander leut fein lüstig,
zu eßen und trinken fein rüstig;
ich wolt ie auch darin erschwitzen.
iezt komt mein wagn, ich wil brauf sitzen 130
und vollent in das wiltbad farn;
mein junkherr, Got wöll euch bewarn.

Edelman spricht:

Nein herr, der heilg heißt nit also,
kert umb, ir müst mit mir aldo
heimfaren iezt auf mein berghaus; 135
da wil ich euch wol baden aus,
da sol man euch wol zwagn und reiben,
den kurzen atem euch vertreiben,
das ir wert wider lustig zeßen,
der erznei wil ich mich vermeßen, 140
euch bei mir bhaltn die aberlaß.

Abt spricht:

Junkherr, laßt mich faren mein straß.
ich wil den knechtn ein trinkgelt schenken.

---

6. 120 nein, mit der Wiederholung des Pronomens aus der Frage wie im Mittelhochdeutschen. — 133 der heilg heißt nit also, sprichwörtlich: da irrt ihr euch, daraus wird nichts. — 139 zeßen, zu essen. — 140 der erznei will ich mich vermeßen, das Amt des Arztes will ich übernehmen. — 141 bei sich behalten, sich vorbehalten.

6. Das wiltbad.

Edelman spricht:

Balt went euch on als nachgedenken,
odr es wirt ein ramatus wern.   145

Heinz, der knecht, spricht:

Laßt mir zufriden meinen herrn,
oder ir komt in schweren ban.

Wursthans gibt im ein bauberling* und spricht:

So wöllen wir int erbeis gan.
gib her den wetschgr, er ist nit dein.

Edelman spricht;

Komt mit, es mag nit anderst sein.   150

Abt spricht:

So gib ich mich in euer gnad.

Edelman spricht:

Ja, komt zu mir in mein wiltbad,
solt ir ein monat bei mir bleiben,
wil euch den schmerbauch wol vertreiben.
denn müßt ir mir das badgelt geben.   155

Abt spricht:

Laßt mich gar ungebadet eben,
wil sonst gern sein des badgelts zaler,
euch geben ein par dutzet taler,
und laßt mich meinen weg hin reisen.

Edelman spricht:

Herr, das badgelt wird noch baß beisen.   160
wolauf, das bad ist schon geheizt!
was hilft es, das ir euch lang spreizt?

Sie gen all aus, füren die zwen gefangen hinnach.

---

6. 145 ramatus, von ramatten (spanisch: rematar?), Zerstörung und
Verwüstung = es wird alles drunter und drüber gehen. — * bauberling,
Schlag, Hieb. — 148 erbeis, Erbse. — 149 wetschger, Mantelsack. — 160 bei-
sen, beißen, beizen: das Zahlen des Badegelds wird Euch noch empfindlicher sein.

Der edelman komt wider, spricht zum Wursthansen:

    Wursthans, da nem die schnitten brot,
    bring sie dem abt, es tut im not,
    er ist seit nechtn ungeßen bliben;   165
    sie ist gar wol mit salz geriben,
    auf das im darauf schmeck ein trunk,
    des brunnenwaßers gib im gnunk;
    doch nur so vil brots gib im nein,
    auf das im sein schmerbauch wert klein,   170
    und er wert wider lustig zeßen.

Wursthans spricht:

    Juntherr, ich wil im gnau gnug meßen;
    ein schnit gib ich im all tag fru,
    kleckts nit, so eßr halt bonen zu,
    der lign vil in der finstern kammer,   175
    darin er bat in angst und jammer;
    ich glaub wol, das er darin schwitz.

Edelman spricht:

    Ge, ich wil nauf in die turnitz
    und naus schauen auf alle stras,
    ob ich nit seh für uns etwas.   180

    Sie geen beid aus.

Heinz, des abts knecht, kommet und spricht:

    Wie kommen wir in die unru?
    sget wie auf einr huntshochzeit zu,
    wenig zu freßen, vil zu laufen,
    und hab nichts benn waßer zu saufen;
    im kloster aber aß ich wol,   185
    da war ich schier all nacht stubvol,
    das muß ich in dem wiltbad deuen.
    ich wolt, das man schier tet abtreuen,
    das nur das bad het gar ein ent,
    das dich roshoben schent und blent,   190

---

6. 174 klecken, hinreichen. — 176 bat, badet. — 178 turnitz, Gaststube, Speisesaal in Schlössern und Klöstern. — 187 deuen, verdauen. — 188 abtreuen, abtreugen, abtrocknen.

hat uns der teufel tragen rein?
im kloster wer noch beßer sein.

      Wursthans und Schramfritz kommen.

   Wursthans spricht:

Nun schau zu, mein wundgesell Fritz,
es hat uns unser junkherr itz,
des abts metschger auch zu im gnommen,   195
uns ist kein pfenning draus zukommen;
er wirt ims gelt behalten als,
wie er uns auch hat tan vormals.
er helt nichts, tut uns vil zusagen,
und wir solln leib und leben wagen   200
in seim dienst, sos unglück zutrüg;
ich wolt, das sanct Veltin drein schlüg,
ich wil mir suchn ein andern herrn.

   Schramfritz spricht:

Er macht uns gar vil wirrn und werrn;
wir bringen kaum bauchfüll darvon.   205
er geit uns gar ein schnöden lon,
darzu kleit er uns gar gering
und bricht uns ab vil ander ding.
ich wolt, sammr sanct Quirin, nit bleiben,
het ich mich nit jung tun verweiben,   210
die er mir iezt drei jar anhangen
tet, hat mich gleich darmit gefangen,
muß mich leidn wider reutersrecht,
als ob ich sei ein baurenknecht.
ich dörft wol einmals darvon schmitzen,   215
mein weib und kinder laßen sitzen.

   Wursthans spricht:

Ich weiß ein ort, da sint edlleut,
die gebn irn knechten halbe beut;
da kans einr dest tapferer wagen.

---

6. 205 wir bringen kaum bauchfüll darvon, wir füllen kaum den
Bauch, essen kaum satt. — 209 sammr, so mir (helfe). — 213 sich leiden,
sich schicken, fügen. — 215 darvon schmitzen, durchgehen.

6. Das wildbad.

Schramfritz spricht:
Wo ist daſſelb? tu mirs anſagen; 220
ich wil, ſammr botz körper, mit dir.

Wursthans spricht:
Der junkherr komt, nun ſchweigen wir.

Ir junkherr get ein und spricht:
Ir reutr, ich ſih ein dort von weiten
in einem filzmantel her reiten;
er reit ein guten gaul daher, 225
ſei kaufman oder ein burger.
rüſt euch und nemt von im beſcheit,
und hat er nit ein fürſtlich gleit,
ſo nemt in gfangen; hengt ers maul,
ſo ſchlagt in herab neben gaul 230
und bringt in zu mir der geladen,
ſo muß er mit dem münnich baden;
da wöll wir im auch netzn und ſchern,
das er ſein lieber möcht entbern.
ach eilet flugs, ir reutersleut. 235

Ir junkherr get ab.

Wursthans spricht:
Schramfritz, geret uns diſe beut,
wir wölln des kaufmans beutel ſtreln,
dem junkherrn muß einmal auch feln;
e und er in von uns entpfacht,
hab wir ein handſchuch draus gemacht, 240
im ausgerupfet die ſchwingfedern.

Schramfritz spricht:
Kom, eil und laß uns nit lang ſchwedern,
e uns der has kom aus den augen,
ſonſt müß wir abr an klauen ſaugen.

Sie gen aus.

---

6. 223 ein, einen, jemand. — 237 ſtreln, kämmen. — 238 feln, fehlen, fehlſchlagen, wider Erwarten gehen. — 239 entpfacht, entpfecht, empfängt. — 242 ſchwedern, ſchwadern, ſchwatzen.

6. Das wiltbad.

Ir junkherr get ein und spricht:

Ich hab sehr willig reisig knecht, 245
balt ich hab etwas ausgespecht,
sints drauf wie ein ar auf einr hennen.
dort tut des abtes knecht her rennen.
mein Heinz, wie gets beim herren iz?
sag, ob er auch im wiltbad schwiz, 250
ob er auch frölich sei und sing.

Heinz, der knecht, spricht:

Wie künt mein herr sein guter ding,
weil er sizt in einr finstern kammer,
versperrt, gfangen, in trübsal, jammer?
glaub wol, das er vor engsten schwiz, 255
weil er in disem notstal siz;
der hunger tut in teglich wecken,
die schnitten brots wil gar nit klecken
ein tag, er muß darzu gewonen
der herten ungesotten bonen, 260
der in der kammer ligt ein haufen,
darüber tut er teglich laufen,
er hat der wol ein mezen gessen;
ich glaub er würt iezt lustig essen,
wann er sez ob eim guten mal. 265

Edelman spricht:

Was schats, ob man dein herrn bezal
mit gleicher münz? er zeigt uns an,
er wolt uns alle tun in ban;
so ist er selb int bonen kommen
und hat sie gar in sich genommen 270
nunmer iezt fast ein monat lang.
ich glaub wol, im sei nunmer bang.
so nem den schlüßel, sperr auf schir
und bring dein herren her zu mir,
das ich im gesegne das bad. 275

---

6. 246 ausgespecht, ausgespäht. — 259 gewonen zu, sich gewöhnen an.

6. Das wiltbad.

Heinz, der knecht, spricht:

Ja, ich wil holen sein genad,
ich glaub, ich wert im kommen eben,
er wert mir ein gut botnbrot geben,
und wann ich sol auf mein eit jehen,
so ist im nit fast unrecht gscheben, 280
wann er hat auch ein bösen laun,
ein münch oft straft in die presaun,
der dreimal frömmer ist denn er.
nun ich wil in gen bringen her.

Er get hin. Die reisigen knecht kommen.

Der edelman spricht zu inen:

Wie stets, wo bleibt ir mit dem hasen? 285

Wursthans spricht:

Er ist hin, hat uns hie gelasen;
er het im busn ein fledermaus,
darmit schlug uns das armbrust aus.

Der knecht bringt den abt.

Der edelman spricht:

Ach mein herr abt, Got gsegn euer gnad
ein monat lang das gut wiltbad! 290
dünkt euch iezunder, ir möcht eßen?

Abt spricht:

Ja, wer ich in eim wiltbad gseßen
und het geschwitzet hindn und vorn,
ich wer kaum so gereinigt worn;
mein atm zeuch ich sanft überal. 295
seß ich iezt ob eim guten mal,
mich dünkt, ich wolt wol eßn mein teil.

Edelman spricht:

Weil euer gnad ist worden heil,

---

6. 277 eben, gelegen. — 282 strafen in, zur Strafe schicken. — pre-
saun, prison, Gefängniß. — 288 ausschlagen, fehlen. — 295 zeuch, ziehe.

6. Das wiltbad.

nemt wider hin eurn wetschger eben,
und tut mir auch mein badgelt geben, 300
dann wöllen wir uns zu tisch setzen,
und als unsers unmuts ergetzen.

Der abt
gibt im aus dem wetschger ein secklein und spricht:

Da habt ir hundert talr zu lon
für bad und kost, die nemet on;
ich bitt euch, habt hiemit für gut. 305

Edelman spricht:

Ja, jedoch mir vor urfed tut,
solch wiltbad nit eifern noch rechen.

Abt spricht:

Ja, das wil ich euch auch versprechen.
ir reisge knecht, habt euch die acht
taler, das ir mir zeßen bracht. 310

Schramfritz spricht:

Deo gratias, mein herr, habt er,
wenn ir wolt, mögt ir baden mer.

Edelman spricht:

Mein herr, nun komt herein zum mal.

Abt spricht:

Ja, Heinz, du ge nab in den stal,
rüst zu den wagn, das wir in gheim 315
nach dem mal faren wider heim.
ich hab mir ebn recht gnug gebat,
es hat mir villeicht gar nit gschat,
ich bin daheim im kloster geßen
und hab nur gute bißlein geßen; 320
wer ich ins bad nit kommen her,
im schmer ich noch ersticket wer.

Der abt, edelman und Wursthans gent aus.

---

6. 306 urfeb, Urfehde, eidliches Versprechen sich nicht zu rächen. —
307 eifern, feindlich vergelten.

6. Das wiltbad.

Schramfritz spricht:

Ach, hetten wir der badleut mer,
wir woltn erlangen gut und er,
wir wolten sie gar fleißig krauen, 325
das eim möcht vor dem bad wol grauen,
wir woltn im wol das bad erhitzen,
das er vor angst darin müst schwitzen.

Wursthans komt und spricht:

Kom lieber und schau doch nur zu,
wie hurtig der münch schlicken tu. 330
groß brocken, wie ein lederers hunt.
ich mein, er eß lustig und gsunt;
es hat forthin umb in kein not.

Schramfritz spricht:

Ei, laß in eßn, gesegn ims Got!
er hat das glach nur wol bezalt, 335
uns unser mü auch wol vergalt;
nem noch vier talr, wer imr on schaden,
und hülf noch ein ein monat baden.

Der edelman komt und beschleußt:

Get, rüstet euch in harnisch beit,
das man den abt hinaus beleit, 340
das nicht die schnapphan übr in kommen,
und das im würt das sein genommen.
er ist ein guter frommer man,
seins bads wir nit entgolten han.
ir herrn, ob einer hinnen wer, 345
der auch zög seinen atem schwer,
auch nimmer lustig wer zu eßen,
demselben wolt ich mich vermeßen,
mit meim wiltbad im helfen wolt,
das er wibr eßent werden solt 350

---

6. 331 lederer, Gerber. — 335 glach, gelach (Gelage), Zeche.

6. Das wiltbad.

in eim monat, wer mein beger,
der mag sich zu mir machen her
und geb ein par taler daran;
wenn er wil, so mag er einstan,
e im sein krankheit größer wachs
und überhant nem, spricht Hans Sachs.

355

Anno Salutis, M. D. L. am 17. tag Decembris.

---

6. 353 daran, darauf. — 354 einstan, eintreten.

7.

Der baur in dem fegfeuer.

(1552.)

Faßnachtspil mit sechs personen.

Der abt get ein mit herr Ulrich und spricht:

O glück, wie bist so wunderbar!
du gibst es keinem menschen gar,
das er mit warheit möcht gesprechen:
ich hab es gar on als gebrechen.

Herr Ulrich spricht:

Gnediger herr, ir seit betrübt, 5
das glück zu bschuldigen euch übt;
hat es euch nit reichlich begabt,
das ir seit ein gefürster abt,
hat euch das glück nit gnug gegeben?

Der abt spricht:

Hat mir aber gnommen darneben 10
auch den löblich heiling estant;
das selbig tut mir we und ant,
das also hie mein guter nam,
darzu mein gschlecht und alter stam
genzlichen abstirbet mit mir. 15

---

7. Gedichte, Buch III, Th. 3, Bl. 42ᵇ; SG 8; Steinhöwel, Bl. 121 a (Keller
S. 260; Boccaccio, III, 8). — 12 ant, leid.

7. Der baur in dem fegfeuer.

Herr Ulrich spricht:

Gnediger herr, was klaget ir?
solt euch nit wünschen in estant,
darinnen ist stets vor der hant
jammer und leit vorn unde hinden
an kleinen und an großen kinden, 20
eins ist krank, das ander ungraten
beide mit worten und mit taten;
darab so müst ir euch denn gremen,
schant und uner von in einnemen.
ergrifft ir denn ein zenkisch weib, 25
da würt erst peinigt euer leib
mit kiffen, zanken und mit nagen,
das ir kaum künt die haut ertragen;
dergleich het ir mit megt und knechten
im haus auch über tag zu fechten. 30
es ist nit alles süß und gut,
was in der e geleißen tut;
die e hat vil heimliches leiden
mit eifersucht, haßen und neiden;
solchs seit ir hie entladen gar. 35

Der abt spricht:

Ja, herr Ulrich, es ist wol war,
sorg halber ich wol freier bin.
nun wöll wir es gleich treiben hin,
wie wirs getriben habn bißher.
ich hab gemeint, in der e wer 40
kein sauers, nur küchel zu eßen.

Herr Ulrich spricht:

Herr, euer gnad kan wol ermeßen,
das sich gar vil unrats zutrag
im elichen stant über tag,
weil vil klag für euch kommen tut 45
von den eleuten bös und gut.

---

7. 18 vor der hant, vorhanden. — 25 ergreifen, bekommen. —
38 hin, forthin. — 43 unrat, Unruhe.

7. Der baur in dem fegfeuer.

Der abt spricht:

Es komt ie warlich über tag
für mich so manch wunderlich klag,
solt mir kaum also traumen tan.
hört, hört, get, secht, wer klopfet an 50
im kloster an der vürdern tür?

Herr Ulrich schaut naus, spricht:

Es stet ein beuerin darfür,
Heinz Düppels weib von Milichtal,
wirt euch klagen iren unfal;
sie hat ein grobn, tölpischen man, 55
der nichtsen denn eifern kan.

Der abt spricht:

So get hin und lasset sie ein,
laßt hören, was ir klag wirt sein.

Herr Ulrich bringet die beurin, sie spricht:

Ach, mein herr abt, ich kom auf trauen,
zu raten mir betrübten frauen. 60

Herr Ulrich spricht:

Sie ist gar einfeltig übraus,
from, schlecht und grecht wie ein spitzmaus.
ir wert gar gute schwenk anhörn;
sie glaubt als, ist leicht zu betörn.

Der abt spricht:

Sagt, liebe frau, was ligt euch an? 65

Die beurin spricht:

Mein herr, ich hab ein alten man,
der eifert umb mich tag und nacht,
hat mich schier in die schwintsucht bracht.
er lauschet mir nach vorn und hinden,
brot an ein ketten mich zu binden, 70
das ich im bleiben muß im haus,
und hat mit mir gar manchen strauß;

---

7. 56 eifern, eifersüchtig sein.

wenn ich ein andern tu ansehen,
wenn ich schon nichts zu im tu jehen,
so heißt er einen schleppsack mich, 75
schmecht und schlecht mich auch hertiglich,
das ich es nit mer leiden mag.

Der abt spricht:

Mein tochter, aus deiner ansag
merk ich, du bist villeicht geneigt
zu bulerei, hast ims erzeigt, 80
hat umbsunst nit die eifersucht.

Die beurin spricht:

Nein, mein herr abt, in aller zucht
hab ich mich ie bißher gehalten
an dem eifrenden, groben alten,
derhalb mein trauen zu euch hab, 85
helft mir doch dises eifern ab;
wo nit, so kom ich von mein sinnen.

Der abt spricht:

Kein beßern rat west ich darinnen,
denn das man den alten noch heuer
ein monat setzt in das fegfeuer, 90
das er sein eifern darin büst.

Die beurin spricht:

Mein alter aber sterben müst.

Der abt spricht:

Ja, doch balt er ins fegfeur kem,
die straf seinr eifersucht einnem,
so würt durch mein gebet im geben 95
widerumb sein natürlich leben;
denn wirt er der frömst man auf erden,
umb dich nimmermer eifern werden.

Die beurin spricht:

Ja, lieber herr, so wöll wirs ton.

---

7. 76 schlecht, schlägt, zu schlahen. — 88 west, wüßte. — 98 werden,
vgl. Nr. 2, Anmerkung 26.

7. Der baur in dem fegfeuer.

Der abt spricht:

Mein frau, was wirt denn sein mein lon,
wenn ich im hülf des eifers ab?

Die beurin spricht:

Mein herr, in meinem küstal hab
ich ein hafn mit pfenning eingraben,
denselben solt ir zu lon haben,
wann mich bedünkt in meinen sinnen,
es sint bei siben pfunt darinnen;
doch ich euch den nit bringen tar,
biß mein man ins fegfeuer far;
er sicht mir wol so tückisch drauf.

Der abt spricht:

Nun sei beschloßen diser kauf;
doch sag gar keim menschen darvan,
schick in das kloster heint dein man,
das er zu schenk mir etwan bring
kes, eier oder ander ding,
so wil ich in durch mein kunst teuer
hinabschicken in das fegfeuer.

Die beurin spricht:

Ja, lieber herr, das wil ich tan,
euch schicken heint mein alten man.

Die beurin geet ab.

Herr Ulrich spricht:

Wie gfelt euer gnad die beurin?
ists nicht, wie ich euch sagt vorhin?

Der abt spricht:

Es ist gar ein einfeltigs vich,
sie ist eben geleich für mich;
sie hat mich treulich zu rat gfragt,
über irs mans eifer geklagt.

---

7. 107 tar, praetoritopr. von turren, dürfen, wagen. — 110 kauf, Handel, Geschäft.

7. Der baur in dem fegfeuer.

ich sol im den helfen vertreiben, 125
sie kön sonst nit mer bei im bleiben;
da hab ich gratn durch abenteur,
wir wölln in setzn in das fegfeur,
darin sein eifersucht zu büßen.
rat, wie wir das angreifen müßen, 130
das uns mit der sach mög gelingen,
den hafn mit pfenning zu wegn bringen
und also mit dem groben alten
auch sam ein fasnachtspil tun halten.

Herr Ulrich spricht:

Der kunst bin ich warlich zu schlecht, 135
wie man den baurn ins fegfeur brecht.

Der abt spricht:

Den anfang wil ich euch wol zeigen,
doch tut bei leib und leben schweigen.
die beurin wirt heint on gefer
den baurn ins kloster schicken her; 140
da wil ich im denn geben ein
ein dolm in einem süßen wein.
als denn der schlaf in überwigt,
das er da wie ein toter ligt,
denn wöllen wir in legen ein 145
im chor ins grab von mermelstein;
wie es darnach sol weiter gen,
laß ich euch hernach auch versten.
diß trank stet in eim schönen glas
in meinem kalter, wenn ich euch das 150
heiß holen, so ergreift das recht.

Herr Ulrich spricht:

Dort komt der baur einfeltig schlecht.

Der baur bringt birn in einem krebn* und spricht:

Da kom ich zu euch, mein herr dabt,
mein frau und ich habn euch begabt

---

7. 127 durch abenteuer, um einen Scherz zu machen. — 134 sam, hsam. — 142 dolm, Schlaftrunk. — 150 kalter, Schrank. — * trebe, s.

mit disen frischen schlegelbirn;
bitt, wölt mein treben nit verlirn,
wil in wol bei dem bentlein kennen.

   Der abt spricht:

Du tust die biren nicht recht nennen,
sonder regelbirn ist ir nam,
sie sint noch zu hert allesam,
tügen nit zu eßen also.

   Der baur spricht:

Mein herr babt, legt sie in ein stro,
so werns zwischen hie und liechtmessen
dreckweich, als denn mögt irs wol essen.

   Der abt spricht:

Es ist von birn geret genunk.
Herr Ulrich, bringt dem man ein trunk,
in der abtei in meinem kalter.

  Der abt gibt im ein schlüßel.

 Herr Ulrich geet ab, der abt spricht:

Was tut dein weib, mein lieber alter?

   Der baur spricht:

Sie sitzt daheimen, spinnt und singt
frölich, das es im haus erklingt;
ich weiß gar nit; wes sie sich freut,
habs doch wol dreimal ghandelt heut.

   Herr Ulrich
komt, bringt das glas mit dolm und spricht:

Es sind zwen bauren auch daniden,
die eur gnad hat für in beschiden.

   Der abt spricht:

Ja, heißet die bauren all zween
eilent herauser zu mir gen.

   Ulrich geet ab.

---

7. 172 handeln, schlagen.

7. Der baur in dem fegfeuer.

Der abt spricht:

Du aber trink und setz dich nider,
darnach ge heim zu hause wider.

Der baur
trinkt es als aus, gibt dem abt das glas wider, spricht:

Herr babt, das trünklein schmeckt mir wol,
wolt Got, das glas wer wider vol! 180

Die zwen bauren komen, der abt spricht:

Warumb bringt ir nit euer gült?
wenn ich euch gleich handelt und schült
und legt euch in die keichen schlecht,
meint ir, es gschech euch ser unrecht?

Eberlein Grölzenbrei spricht:

Herr abt, laß euren zoren hoschen, 185
sobalt wir haben ausgedroschen,
so wöll wir das gültkoren bringen.

Der abt spricht:

So komt all beid nach disen dingen.

Heinz Düppel fellt auf der bank nider.

Nickel Rubendunst spricht:

Schau, schau, wie fellt unsr nachbaur nider!
kom, laß im balt aufhelfen wider. 190

Heinz Düppel leßt heut und füß fallen, sie rütteln in.

Nickel Rubendunst spricht:

Ich sorg, in hab der schlag getroffen.

Der abt schaut zu im.

Ja, es ist anderst nit zu hoffen.
secht ir nit, wie er ist erblichen?
all sein kreft sint von im gewichen.

---

7. 181 gült, gilt, Zins, Abgabe. — 183 keiche, Gefängniß. —

7. Der baur in dem fegfeuer.

seht nur, wie sich anspitzt sein nasen, 195
sein augen brechen im dermasen,
sein puls schlecht nit, er ist schon tot.

Eberlein Grölzenbrei spricht:

Bist du denn hin in diser not?
sei wir erst nechtn beinander gseßen
und haben ein buttermilch geßen. 200
wie bald ists umb ein mensch geschehen!

Nickel Rubendunst spricht:

Was wirt sein weib nur darzu jehen,
wenn wir ir heimbringen die mer,
im kloster sei gestorben er?
Eberlein, wilt du irs ansagen? 205

Eberlein Grölzenbrei spricht:

Ja, sie wirt nit vil darnach fragen,
weil er sie wol geplaget hat
mit seinem eifern frü und spat,
wie das im dorf weiß ieberman.

Der abt spricht:

Ir bauren, greift den toten an, 210
tragt in int kirchen in den chor,
da ist ein grab gehauen vor
beim sagra in ein merbelstein;
da selb wöll wir in legen ein,
mit dem convent und der proceß, 215
morgen halt wir im ein selmeß.
solchs zeigt an seiner frauen from,
das sie morgen zum opfer kom.

Sie tragen den toten ab.

Der abt und herr Ulrich kommen wider, der abt spricht:

Den bauren hab wir ins grab bracht.
nun get ir hin, bald es wirt nacht, 220

---

7. 199 **nechtn**, gestern Abend. — 213 **sagra**, sagran (sacrum), Stelle auf dem Chor neben dem Altar. — 215 **proceß**, Procession.

7. Der baur in dem fegfeuer.

und nemt in heimlich aus dem grab,
schleppt in in die presaun hinab,
laßt ligen in biß auf mitnacht;
wenn er denn vom dolm auferwacht,
so schreit in denn an ungeheur,   225
er sei gstorben, sitz im fegfeur;
tut in weitlich mit ruten hauen,
drumb das er eifert umb sein frauen;
treibt mit im ein solch affenspil,
wie ich baß underrichten wil;   230
doch das sollichs als heimlich gschech,
das niemant wiß, merk, hör noch sech.

Herr Ulrich spricht:

Bring ich den bauren ins fegfeur,
ich treib mit im mein abenteur,
gib umb sein eifern im ein buß,   235
der er sein lebtag denken muß.

Herr Ulrich geet ab.

Der abt spricht:

Nun wil ich geren sehen zu,
wie sich der bauer halten tu,
wenn im herr Ulrich saget frei,
wie das er im fegfeuer sei.   240
wie wirt der baur klagen und achen,
wie wirt des schwanks so gut zu lachen!

Der abt geet ab.

Herr Ulrich bringt den bauren, legt in nider und spricht:

Wie ist Heinz Düppel also schwer!
laß schauen, wenn er aufwachn wer
in der presaun, was wirt er jehen?   245
wirt nit wißn, wie im ist geschehen.

---

7. 241 achen, ach rufen, ächzen.

Der Bauer
rümstert* sich, steet auf und greift umb sich an die vier ort** und spricht:

Botz lung, botz lebr, wo bin ich doch?
was ist das für ein finster loch?
sich und hör nichts an disem ent,
ich greif nichts, denn vier steiner went. 250
wie bin ich nur kommen herein?
ich wil schreien der frauen mein.
Els, Els, tu auf und laß mich aus.

Herr Ulrich mit großer stimm spricht:

Schweig, du bist iezt in nobis haus.
du wirst noch ein weil hinnen sitzen, 255
bei andern armen selen schwitzen
und mit in leiden gleiche pein.

Heinz Düppel spricht:

Botz leichnam angst, wo mag ich sein?

Herr Ulrich spricht:

Du bist im purgatorium.

Der baur spricht:

Ach, sag mirs teutsch, ich bit dich drum! 260
ich kan warlich kein lagerbein.

Herr Ulrich spricht:

Ach, bauer, dein freud die wirt klein,
du bist, ach, in dem fegefeuer.

Heinz Düppel spricht:

O, erst ist mir das lachen teuer!
sag mir an, bin ich denn gestorben? 265

Herr Ulrich spricht:

Ja, du bist an eim trunk verdorben;
dein leib ist schon begrabn auf erden.

---

7. * rümstern (riustern), räuspern. — ** an die vier ort, nach den vier Himmelsgegenden. — 264 nobis haus, Fegfeuer.

7. Der baur in dem fegfeuer.

Der bauer spricht:

Erst wil dem schimpf der bodn aus werden,
so bin ich nur mein arme sel?

Der münch
nimt in bei dem hals, buckt in über benk und spricht:

Du, buck dich, du must leiden quel, 270
des fegfeurs pein must du entpfinden,
doch wil ich dich nur treffen binden.

Der bauer buckt sich über benk, der münch haut in mit ruten,
der bauer spricht:

Auwe, auwe, tu mich bescheiden,
warumb ich dise pein muß leiden.

Herr Ulrich, der münch, spricht:

Darumb, das du tetst übel trauen 275
und eiferst umb dein fromme frauen,
dieweil du tetst auf erden leben,
wirt dise straf dir teglich geben.

Heinz Düppel spricht:

Ich hab leider geeifert ser
umb mein weib ie lenger ie mer, 280
wann ich het die breclin ser lieb,
dasselb mich zu dem eifer trieb.
unser münch habn mir nie verkünt,
das eifern sei so ein groß sünt;
ich het es warlich sonst nit tan. 285
ich bit dich, wölst mir zeigen an,
bist ein teufel, odr wer bist du,
der mir setzt also heftig zu?

Herr Ulrich spricht:

Ich bin kein teufel aus der hel,
sonder bin gleich wie du ein sel; 290
ich muß auch im fegfeuer leiden.

---

7. 268 Erst wil dem schimpf der bodn aus werden, nun wird der
Spaß zu arg. — 270 quel, Qual.

7. Der baur in dem fegfeuer.

Heinz Düppel spricht:

Lieber, tu mich noch eins bescheiden,
sint wir zwo sel im fegfeur allein?

Herr Ulrich spricht:

Ja wol, du arme sel, nein, nein,
es sint etlich tausent sel hinnen,
die also braten unde brinnen,
iedoch keine die ander nicht
im fegfeuer hört oder sicht.

Ulrich geet ab.

Heinz Düppel spricht:

Hör, sei wir undr dem ertreich unden?
hörst? ich merk, die sel ist verschwunden.
ach we, we, mir ellenden armen,
bin ich gstorbn on als erbarmen?
erst reuet mich mein weib und kinder,
mein ecker, wisen, seu und rinder
und auch mein eingegraben gelt,
das ich het oben in der welt.
nun muß ich sitzen hie verflucht,
von wegn der schnöden eifersucht
ist mir mein jung lebn wordn abbrochen.
bin nur sechzg jar auf erbn umbkrochen,
het noch wol acht jar mögen leben,
het ich mich nit aufs eifern geben.

Herr Ulrich komt, bringt semel und wein und spricht:

Iß und trink, du hast semel und wein,
welche dir heint das weibe dein
geopfert hat zu den selmessen.

Der baur spricht:

Dank habs, hats mein noch nit vergessen.
sie hat mich och ein wenglein lieb,
wiewol ich vil zankns mit ir trieb.
sag mir, eßen die selen auch?

Herr Ulrich spricht:

O ja, es ist ir alter brauch.

7. Der baur in dem fegfeuer.

Der baur spricht:

Wie das mir kein liecht opfern tet,
das ich darbei gesehen het,
weil es ist so stickfinster hinnen?

Herr Ulrich spricht:

Sie opfert eins, das tet verbrinnen,
dieweil man dir die seelmeß sung.   325

Der baur spricht:

Ei schent sie por leber und lung!
das liecht het mir vil nöter ton,
denn dem münch, der obn altar ston,
der het wol von dem tag gesehen.

Herr Ulrich spricht:

Nun iß und trink und laß geschehen;   330
kan im fegfeur nit anderst sein.

Der bauer trinkt und spricht:

Ei, ei, wie gar ein sauren wein,
den saursten, den sie im keller hat,
mir armen sel der karg unflat
hat geopfert auf den altar!   335
sag mir, wenn hab ich büßet gar,
das ich denn wirt gen himmel faren?

Herr Ulrich spricht:

Ja, lieber, kaum in hundert jaren,
wann du hast dich versündet weit
mit dem eifern ein lange zeit,   340
es wer denn das du wirst begabt
durch fürbitt deins heiligen abt,
das dein sel wider kem zum leib,
in die alt welt zu deinem weib.

Der baur
hebt die hent auf und spricht:

O solt ich widr kommen auf erden,   345
wie wolt der frömste man ich werden!

---

7. 328 ston, stan, apokop. stant. — 336 gar, ganz, zu Ende: wann habe ich ausgebüßt. — 337 wirt, wirde, werde.

wolt nit mer eifern in meim leben,
sonder wolts meim weib als nachgeben,
was sie nur wolt, groß unde klein,
das ich nit widr kem in die pein.   350

Der abt
komt, bringt das dolmtrank und spricht heimlich:

Herr Ulrich, des schimpf ist genunk.
seht, gebt dem baurn wider ein trunk,
das er entschlaf; e es tu tagen,
tut in sein grab in wider tragen,
das er wider vom tot erste   355
und heim zu weib und kinden ge.

Herr Ulrich
bringt im trinken und spricht:

So trink auch disen süßen wein,
hat heut gopfert das weibe dein.

Der baur trinkt und spricht:

Ja warlich, diser schmeckt mir baß,
bei der maur ligt das große faß.   360

Der bauer fellt nider, herr Ulrich tregt in ab und spricht:

Jezt ist Heinz Düppel nit so schwer,
ist im segfeuer worden ler,
wann er hat schmale pfennwert geßen,
ich hab ims leichnam gnau gemeßen.

Der abt komt und spricht:

Der baur ist im segfeur gelegen,   365
hat sein eifersucht aus müßn segen
und hat auch genzlichen gelaubt,
er sei seines lebens beraubt;
iezt tut er gleich wider ersten,
wirt heim zu weib und kinden gen;   370

---

* 7. 363 pfennwert, was einen Pfennig werth ist, Eßwaaren für wenige Pfennige. — 364 leichnam, Fluch, als Verstärkung zu: genau. — 367 gelauben, glauben.

7. Der baur in dem segfeuer.

er und sein weib sint beidesander
eins gleich so lappet als das ander.

Der bauer komt und spricht:

Ach, mein herr dabt, dank habet ir,
durch eur seistikeit habt ir mir
erworben widerumb mein leben, 375
wie mir das hat anzeiget eben
ein sel unden in dem segfeur.

Der abt spricht:

Leb forthin nicht so ungeheur
mit deim weib mit der eifersucht,
weil sie selb helt weibliche zucht. 380

Der bauer beut im die hant, spricht:

Herr, da habt keinen zweifel an.

Der abt spricht:

Nun tu hin heim zu hause gan.
ich wil hinein gen zum früamt,
das in der kirchn nichts wert versamt.
biß sontag kom ins kloster rein, 385
alda must du mein gaste sein,
als denn must nach leng mir hersagen,
was sich im segfeur hat zutragen.

Der abt geet ab. So kommen sein zwen nachbaurn.

Nickel Rubendunst spricht:

Uns ist drauß gsagt vom Kunz Rolanden,
Heinz Düppel sei vom tot erstanden; 390
wir sint rein gschickt von seiner frauen
ins kloster, die warheit zu schauen,
wie er in dem kloster umb ge
und sei frei lebendig als e,
ich kan sein aber glauben nicht. 395

---

7. 372 lappet, einfältig. — 374 seistikeit, Fettheit, hier als Wortspiel
für Heiligkeit. — 378 ungeheur (ungehiure), unfrieblich, unverträglich. —
384 versamt, versaumt, versäumt. — 394 als e, wie zuvor.

7. Der baur in dem fegfeuer.

Eberlein Grölzenbrei spricht:
Laß, mich triegen denn all mein gsicht,
so stet Heinz Düppel im kreuzgang.
ei wie sicht er so saur und strang,
als ob er hab ein kint erbißen,
odr im die wölf ein tu zerrißen! 400

Nickel Rubendunst spricht:
Ja, es ist warlich nur sein sel,
ist herauf gfaren aus der hel.
kom, laß uns eilent vor im fliehen.
Sie zwen fliehen.

Heinz Düppel schreit:
Stet, stet, ir nachbarn, tut verziehen!
ich leb wider warhaftiglich, 405
stet, stet, ir dürst nit förchten mich.
Sie steen.

Eberlein Grölzenbrei spricht:
Ei lieber, bist wider genesen?
wo ist dieweil dein sel gewesen?
im himmel oder in der hel?

Heinz Düppel spricht:
Es ist gewest mein arme sel 410
ein monat lang in dem fegfeur,
darin gepeinigt ungeheur.

Nickel Rubendunst spricht:
Was hast im fegfeuer erliden?

Heinz Düppel spricht:
Mancherlei pein, doch underschiden.
man tet mich hart darin peinigen. 415
mit übel eßen und hart ligen,
auch peinigtn mich darin die meus,
die flöch und auch die haderleus,

---

7. 398 strang, strenge, ernst. — 399 erbeißen, todt beißen.

7. Der baur in dem fegfeuer.

auch haut man mich übel mit ruten,
das mir oft tet die kerben bluten. 420
auch stunt darinnen ein scheißtübel,
der stank so leichnam biren übel,
auch wart es drinnen gar stickfinster,
sah weder sonn noch steren glinster,
kein liecht man auch darin anzünt. 425

Eberlein Grölzenbrei spricht:

Mein Heinz Düppel, umb welche sünt
hat man mit ruten dich gehauen?

Heinz Düppel spricht:

Das ich het geifert umb mein frauen,
das hat mein sel so hart beschwert,
kein größer sünt kam nie auf ert 430
denn eifern, drumb, liebn nachbarn mein,
wölt vor dem eifern gwarnet sein,
weil man es straft so ungeheur
mit ruten unden im fegfeur,
komt mit mir heim zum weibe mein, 435
da wöll wir frisch und frölich sein,
ein neue hochzeit mit ir han.
ich wil werden ein ander man,
das mir kein nachreu draus erwachs
in dem fegfeuer, wünscht Hans Sachs. 440

Die person in das spil.

Der abt von Certal.
Herr Ulrich, der münch.
Heinz Düppel, der eifert bauer.
Els, sein hausfrau, ein beurin.
Eberlein Grölzenbrei, ein baur.
Nickel Rubendunst, ein baur.

Anno Salutis, M. D. LII. am 9. tag Decembris.

---

7. 422 leichnam biren, Fluch wie oben V. 364: bei (Gottes) Leichnam (und) Hirn. — 428 geifert, geeifert.

8.
Der Fortunatus mit dem wunschseckel.
(1553.)

Tragedia mit zweiundzwanzig personen und hat fünf actus.

———————

Der ernholt
trit ein, neigt sich und spricht:

Hochweis, erbar und erenvest
und auserwelte werte gest,
zu eren sein wir zu euch kommen,
ein histori uns für genommen
tragedienweis zu agieren, 5
in teutscher sprach zu eloquieren,
wie aus Cipern dem königreich
ein jüngeling ganz adeleich,
mit nam Fortunatus genant,
reist, zu erforschen fremde lant, 10
kam doch in armut und trübsal,
gieng irr in einem walt zu tal,
darinnen im frau Glück bekam,
die in genediglich aufnam;
gab im ein glückseckel darnach, 15
dem nimmer golt noch gelts gebrach;
mit disem seckel obgenant
durchzog vil königreich und lant,

---

8. Gedichte, Buch III, Th. 2, Bl. 38; SG 8. Fortunatus, zu trucken verordnet durch Johansen Heybler, Apotegker in Augsburg, 1509. Bei H. Steyner, Augsburg 1530, und öfter. — 13 bekommen, begegnen.

kam auch zu dem könig Soldan,
der im vil großer er legt an;
tet im all sein kleinot vertrauen,
ließ in auch sein wünschhütlein schauen;
das het die kraft, wer es auf het,
darmit im luft hinfaren tet,
wohin er wolt und hin begert,
im augenblick und unbeschwert.
solch beide kleinot erbten da
Ampedo, Andolosia
nach seinem tot, sein söne beid.
was wunders freud und herzenleid
sie mit den kleinotn habn begangen,
wert ir hie sehen mit verlangen.
seit still, so wirt man gleich anfangen.

   Der ernholt get ab.

    Fortus,
der vatter Fortunati, get ein, ret mit im selber und spricht:

Ach Got von himmel, ich dir klag,
wie hab ich meine junge tag
so übel und unnütz verzert!
Got het mir groß reichtum beschert,
die hab ich so unnütz vertan.
ich wolt allmal sein vornen dran,
zu hof mit rennen und mit stechen;
iezt alt, erkenn ich erst mein brechen,
weil ich nichts mer hab in der hent.
es sint verkaufet und verpfent
mein heuser, güter, rent und zinst,
das ich iezunt nit hab das minst,
darmit ich doch möcht helfen ton
Fortunato, meim lieben son;
das betrübt mich im herzen mein,
das ich nit mer mag frölich sein.
da tut gleich mein son her gen,
darf gleich nit wol ansehen den.

---

8. 41 brechen, Gebrechen, Mangel. — 42 hent (hende), Dativ zu hant.

8. Der Fortunatus mit dem wunschseckel.

      Fortunatus, der son, komt und spricht:
Vatter, wie bist du so betrübt,
sag mir, was dich doch darzu übt;
ist dir ein unglück zugestanden?

      Fortus, der vatter, spricht:
Ach, ich hab nit vil under handen,   55
darmit ich möcht gehelfen dir;
ich bin in absal kommen schir,
dasselbig kümmert mich so ser.

      Fortunatus, der son:
Umb mich soltu nit sorgen mer,
ich bin jung und kan in der fern   60
wol dienen grafen, fürstn und hern,
all hofzucht hab ich wol gelert;
wer weiß, wo mir glück ist beschert.
es ist hie gleich ein graf aus Flandern,
welicher graf ist mit vil andern   65
gewesen bei dem heilign grab;
mit dem ich mut zu faren hab.
so hast du, vatter, des königs gunst
in Cipern hie, dem du auch sunst
gedient hast und zu hof geritten,   70
seinthalben vil unrats erlitten,
derselb dich nit verlaßen kon;
du hast järlich provision,
darmit du wol erheltst dein haus.
ich wil gen zu dem schif hinaus,   75
wann der graf wil abfaren eben.

      Fortus, der vatter, spricht:
Mein son, ich wil dirs gleit nausgeben.
sei from, tu Got vor augen han
und sei getreu bei iederman,
red wenig und hör aber vil,   80
meid fürwitz, bös gsellschaft und spil,

---

8. 55 under handen, im Besitz. — 62 leren, lernen. — 73 provision Gnadengehalt.

8. Der Fortunatus mit dem wunschseckel.

füllerei samt alln bösen stücken,
so mag es dir noch wol gelücken

Sie geen beide ab. Wilhelm und Rupert, die zwen reuter, kommen.

Wilhelm spricht:

Seit wir komn sint vom heiling grab,
nimt dein und mein gunst gar ser ab 85
beim grafen, unserm gneding hern,
weil er von Cipern her von fern
mit im den schendling walhen bracht,
der uns all hat zu schant gemacht,
als wir, die greising knecht, mit stachen, 90
auf der hochzeit die spieß zubrachen,
und er das best kleinot gewun.
gib rat, wie wir im sollen tun,
das wir in von dem hofe brechten,
weil er unter den greising knechten 95
allein dem grafn ist angenem.

Rupert, der ander reuter:

Mein Wilhelm, ich weiß rat zu dem,
ich weiß ein rank, wirt mir nit feln,
darmit wil ich dem walhen streln,
das er selber vom hof sich macht, 100
heimlich bei eiter finster nacht.
das sol auch kurzer zeit geschehen,
du solst bald deine wunder sehen.

Sie geen beide ab.

Fortunatus
get ein, ret mit im selber und spricht:

Got sei gelobet und geert,
der mir in Flandern hat beschert 105
den grafen, der mich erlich helt,
zu eim kemmerling hat erwelt,
dem ich auch treulich dienen wil,
mich haltn einzogen, from und stil.

---

8. 88 walhe (walob), Welscher, Ausländer überhaupt. — 90 greising, reisigen.

8. Der Fortunatus mit dem wunschseckel.

       Rupert, der reuter, komt und spricht:
Mein Fortunate, laß dir sagen,   110
weist auch, morgen, e es wirt tagen,
das man euch, die ir im fraunzimmer
bestellet seit zu dienen immer
als kemmerling, euch allen viern
ausschneiden wirt die euren niern,   115
auf das das frauenzimmer sei
sicher vor euer bulerei?
al ding ist schon bestellt dazu.

       Fortunatus spricht:
Ach, mein Rupert, was sagest du?
ich denk, du tust nur mit mir scherzen.   120

       Rupert, der reuter:
Ich sag dir das aus treuem herzen,
darmit als meinen freunt zu warnen
vor solichen treulosen garnen,
ob du darvon entrünst dein straßen.

       Fortunatus spricht:
E ich mir wolt ausschneiden laßen,   125
wolt gleich so mer verliern das leben.
ich dank dir deiner treue eben;
da bleib ich nit, e wolt ich garten,
des segens wil ich nit erwarten.

       Fortunatus get ab.

       Wilhelm,
der ander reuter, komt und spricht:
Was lachst, mein Rupert, so allein?   130

       Rupert, der reuter:
Wilhelm, solt ich nit frölich sein?
wir sint unsers walhen abkummen,
er zeucht dahin gleich einem stummen,
hat den ring an der tür gelan.

---

  8. 128 garten, bettelnd umherziehen. — 135 den ring an der tür
lassen, sich heimlich davonmachen.

Wilhelm spricht:

Ei lieber, sag, wie hast im tan? 135

Rupert, der reuter:

Ich hab gsagt, man wöll in verschneiden,
das hat er gar nit wöllen leiden,
verzeicht sich e des grafen dinst.
zu hof du in nun nicht mer finst.

Wilhelm spricht:

Du hast im recht tan, ei wie recht! 140
es werden dir all greifing knecht
dank sagen, das du auf die nacht
den walhen hast vom hof gebracht
mit listen und spötlichen sachen.
ist aber des nit gut zu lachen? 145
so muß man narren krapfen bachen.

Sie geen beide ab.

Actus 2.

Fortunatus
komt wie ein wanderer und spricht:

Ach du unstet walzendes glück,
wie hast du mir gewent den rück!
seit ich bin von dem grafen kommen,
hab ich bös gsellschaft angenommen 150
wider meins vatters ler zuvorn.
mit den hab ich mein gelt anworn
mit spilen und mit schönen frauen.
zu Lunden tet nach dienst ich schauen,
fant auch ein herrn an disem ort; 155
nach dem geschach ein heimlich mort
zu Lunden in meins herren haus,
da nam man uns gfenklich heraus,

---

8. 138 sich verzeihen, cum gen., verzichten auf, aufgeben. —
146 bachen, backen. — 147 walzen, sich drehen, rollen. — 152 anwerden
(änewerden), loswerden, verlieren.

8. Der Fortunatus mit dem wunschseckel.

tet herrn und knecht unschuldig henken;
du, glück, tetst aber mein gedenken, 160
dieweil ich über felt war aus,
weil diß mort gschehen war im haus,
da wart ich los, solt doch zuhant
raumen das köngreich Engellant.
also eilt ich darvon gar balt 165
hieher in disen wüsten walt,
darin ich nun muß hungers sterben
oder von wilden tiern verderben.
ach Got, dort sich ich in der wilt
ein innigliches frauenbilt. 170
o glück, du gedenkst aber mein,
hoff, du wirst aber mit mir sein.

Frau Glück komt und Fortunatus ret sie an:

Ich bitt dich durch die Gottes er,
Du wölst mir geben weis und ler,
das ich kom aus diser wildnus, 175
darin ich sonst verderben muß;
wann ich drei tag und nacht darin,
hin und wider irr gangen bin,
hab kein menschliche speis entbißen,
auch het mich schier ein ber zurißen, 180
den ich doch hab umbbracht durch list.

Frau Glück spricht:

Sag mir an, wann du bürtig bist?

Fortunatus spricht:

So wiß, in Cipern dem köngreich,
in der stat Famagusta gleich
bin ich unglückhafter geborn. 185

Frau Glück spricht:

Was hast in disem lant verlorn,
das du dich wagst, du junges blut?

---

8. 160 aber, abermals, wiederum. — 162 weil, während, zur Zeit als.
— 170 inniglich, herzig, anmuthig. — 182 wann, wannen, woher.

8. Der Fortunatus mit dem wunschseckel.

Fortunatus spricht:

Ach frau, darzu zwingt mich armut.
ich such, ob mich Got wolt beraten
und mein armut mit glück erstaten, 190
zeitlich narung zu überkommen.

Frau Glück spricht:

Ich merk, du bist einer der frommen,
so wiß und das ich bin frau Glück.
wil dich begaben mit eim stück
durch einfluß der siben planeten, 195
die mir solche begnadung teten,
das ich frei aus zu spenden hab
dise sechs hoch und wirdig gab:
weisheit, reichtum und sterk, darneben
schön, gsuntheit oder langes leben; 200
der stück erwel dir eins iezunt,
e verlauft die glückhaftig stunt,
dir und dein nachkommen zu gut.

Fortunatus spricht:

Weil mich dringet so groß armut,
so bitt ich, mir zu hülfe kum 205
mit dem glückseligen reichtum.

Frau Glück
gibt Fortunato den glückseckel und spricht:

So nim du disen seckel hin,
darmit ich dich begaben bin,
so oft du darein greifst, so solt
finden darin zehen stück golt 210
lantswerung, in was lant du bist.
der seckel diser tugent ist,
das in gar niemant kan verderben,
so lang du lebst und dein leibserben;
darauf du mir genzlich vertrau. 215

Fortunatus
entpfecht den beutel, neigt sich und spricht:

O Glück, du aller miltste frau,

---
8. 190 erstatten, ausgleichen, gut machen. — 200 schöne, Schönheit.

8. Der Fortunatus mit dem wunschseckel.

weil du mir schenkst so groß reichtum,
warmit sol ich dich widerum
verern zu einer dankbarkeit?

Frau Glück spricht:

Zu widergelt solcher gutheit, 220
so tu drei ding auf disen tag
all jar hernach, wie ich dir sag:
den tag feier vor allen dingen,
tu auch kein elich werk verbringen
und gib einr jungfrau in armut 225
vierhundrt stück golts zu heiratgut,
auf das sie darmit wert erfreut,
wie du auch bist erfreuet heut.

Fortunatus neigt sich und spricht:

Frau, dise drei ding wil ich tan,
dieweil und ich mein leben han, 230
erlich auf glauben und auf trauen;
doch bitt ich dich miltreiche frauen,
wölst mir anzeigen, wie ich bast
wider kom aus dem wilden walt.

Frau Glück spricht:

So ge nur stracks den weg für dich 235
und schau nit nach mir hindersich,
wo ich bleib und wohin ich kum,
so komst aus dem walt widerum.

Sie geen beide ab.

Fortunatus
komt wider, greift in den seckel und spricht:

Nun wil ich greifn in seckel frei,
ob gwis dise verheißung sei. 240

Er zeucht zehen kronen heraus, schaut die und spricht:

Diß sint je zehen kronen gut,
da nach zehen; o frau Armut,
hab urlaub und balt von mir fer,
keins gelts mangelt mir nimmermer!

---

8. 236 hindersich, rückwärts.

8. Der Fortunatus mit dem wunschseckel.

nun wil ich roß und harnisch kaufen,   245
nicht mer wie vor zu fußen laufen.
da komt gleich ein gereisig knecht,
wil er dienen, so komt er recht.
hör, guter gsell, hast du ein herren?

Leupolt,
der alt edelman, komt und spricht:

Ich bin gereiset gar von ferren   250
landen und hab durchzogen gleich
zweinzig christlicher königreich;
da hab ich wunders vil erfarn.
nun bin ich auch ein man bei jarn,
gut edel und blutarm darzu,   255
wolt geren setzen mich zu ru
in Hibernia weit hinhinder,
darin hab ich mein weib und kinder,
kan dienstes mich nit underwinden.

Fortunatus spricht:

Möcht ich ein diener an dir finden,   260
weil du in siben jaren gleich
durchfarn hast so vil königreich.
nun bin ich auch ein junger man,
vil lant lust zu erfaren han;
wölst mein gfert sein auf diser stras,   265
so wil ich dir verheißen, das
du sollest sein mein tischgenos,
wil auf dein leib halten ein ros,
auch einen knecht dir halten eben,
darzu ein guten solt dir geben   270
und dich als meinen bruder halten.

Leupolt, der alt edelman:

Ich bin wol einer aus den alten,
wo ir stat gebt eurem zusagen,
so wil ich die reis mit euch wagen

---

8. 257 hinhinder, wie hinterhin, abwärts von hier, entfernt von hier 259 underwinden, c. gen., wagen, auf sich nehmen, übernehmen. — 1 erfaren, kennen lernen.

durch alle köngreich mir bekant, 275
in Schotten und in Engellant,
in Frankreich und Hispania,
in Aragon und Navarra,
auch in das köngreich Portugal
und ins römisch reich überal, 280
auch in Neapolis mit nam,
auch ins köngreich Siciliam,
ins reich Posna und in Croacien,
auch in das königreich Dalmacien,
auch in Beham, Ungern und Poln, 285
in Denmark, Schweden unverholn,
auch in das königreich Nortwegen,
entlich ins köngreich Cipern legen.

  Fortunatus spricht:

Dasselb ist gleich mein vatterlant,
da wil ich heiraten zuhant. 290

  Leupolt, der edelman:

Ist es euch darnach lieb darbei,
ich durchreis mit euch die Türkei,
dergleich zu dem großen Soldan.

  Fortunatus spricht:

In Gottes namen fah wir an.
kom, so kauf wir harnisch und pfert 295
und als, was unser herz begert.
ich weiß zu der reis zu alln dingen
in iedem lant gelt aufzubringen.
Got wöll uns laßen wol gelingen.

  Sie geen beide ab.

---

8. 288 legen, enden, zu: die reis, V. 274.

Actus 3.

Fortunatus get ein wolgekleit mit Leupolt und spricht:

 Nun sein wir zu Konstantinopel,   300
 da finden wir allen pracht dopel,
 weil man den jungen keiser krönet,
 die ganze stat in freuden tönet.
 kom, laß uns gen hof alle zwen
 zu dem türkischen keiser gen.   305

 Der wirt komt und spricht:

 Junkherr, ir ligt nun hie acht tag,
 nit lenger ich euch halten mag,
 gebt etlich ducatn auf rechnung mir.

 Fortunatus
greift in den seckel, zelt im heraus und spricht:

 Da hab fünfzig ducaten dir;
 wilt mer haben, ich gib dirs auch.   310

 Der wirt spricht:

 Nein, es ist gnug zu meinem brauch.

 Fortunatus und Leupolt geen ab.

 Der wirt ret mit im selber und spricht:

 Ich hab ein gast, der hat groß gut,
 darumb hab ich in meinem mut,
 ich wöll mich in sein kammr verheln
 und im heint seinen beutel steln,   315
 glaub, das er vol ducaten sei,
 denn wirt ich meiner armut frei.

 Der wirt geet ab.

 Fortunatus
komt mit Leupolt und spricht:

 Heint hab wir gsehen großen pracht
 bei des türkischen keisers macht.

---

8. 301 do pel, doppelt.

>   wir sahen in kein königreich 320
>   kein pomp und pracht dem heuting gleich,
>   der wir doch habn durchzogen vil.
>   zu schlafen ich mich schicken wil.
>
> Sie setzen sich beid nider und entschlafen, der wirt schleicht
> hinein, schneit in die beutel ab.
>
> Leupolt erwacht und schreit:
>
>   Wer da, wer da, o diebio!
>   mein beutl ist mir abgschnitten do, 325
>   dieb, du must mir laßen dein leben,
>   ich wil dir das valete geben.
>
> Er haut den wirt, er fellt.
>
> Fortunatus
> greift nach seim beutel und spricht:
>
>   Ach Got, mein seckel ist auch hin,
>   zünt bald ein liecht, laß suchen in,
>   verlür ich den, so wer das glück 330
>   fast mit mir aus in allem stück.
>
> Leupolt fint den beutel und greift den und spricht:
>
>   Da ligt der beutl, ist aber ler.
>
> Fortunatus spricht:
>
>   Er ist mir darum nit unmer,
>   ein wechsel brieflein ligt darin,
>   mit dem wer all mein hoffnung hin. 335
>
> Leupolt schaut zum dieb:
>
>   Da ligt der dieb im blute rot,
>   ich merk wol, das er schon ist tot.
>   botz leichnam, es ist unser wirt,
>   der hat sich mit diebsnegeln tirt.
>
> Fortunatus spricht:
>
>   So laß uns in bald tragen naus 340
>   und werfn den schelm in das sprachhaus,
>   und laß uns morgen frü auffton,
>   und uns vor tags machen darvon.

---

8. 333 unmer, unlieb, gleichgültig. — 339 sich tiern, bieren, sich umtreiben: der hat den Diebstahl begangen. — 341 sprachhaus, eigentlich consistorium, secretarium), Sitzungssaal, dann Abort.

8. Der Fortunatus mit dem wunschseckel.

wir wölln noch etlich köngreich bjehen
und denn gen Famagusta nehen 345
und uns der langen reis ergetzen.
alda wil ich mich elich setzen;
balt ich zwen erben überkum,
wöll wir uns rüsten widerum,
wöllen darnach durchreisen da 350
zum Soldan in Alexandria,
auch die heidnischen lant beschauen.

Leupolt, der edelman:

Ja, ich wil geren mit, auf trauen;
da künt wir durch des Soldans gleit
durchreisen sein lant weit und breit, 355
dergleichen das ganz Persia,
Siria, beide India
und auch priester Johannis lant,
auch manche insel unbekant.
doch wenn ir solichs woltet tan, 360
würt großer unkost drüber gan,
das denn ein fürst kaum möcht verlegen.

Fortunatus spricht:

Leupolt, diß laß dich nit bewegen.
zu Vnedig wöll wir kleinot kaufen,
das wir ein zerung mit erlaufen, 365
gelts gnug hab wir auf dise reis.
wölln morgn auf sein, e es wirt heis.

Sie geen beide ab.

Der Soldan get ein mit seim Admiralt und einem Mamalucken, Soldan spricht:

Man sagt, es sei ankommen da
ein schif in Alexandria
mit kaufmanschatz, köstlich kleinaten, 370
da wöll wir etlich tausnt Ducaten
anlegen, wenn sie uns gefallen.

---

8. 345 nehen, nähen, sich nähern. — 346 sich ergetzen, sich erholen von. — 362 verlegen, die Kosten tragen. — 365 erlaufen, erlangen.

8. Der Fortunatus mit dem wunschseckel.

        Admiralt, sein stathalter:
Dauß ist einr von laufleutn allen,
der bringet etlich kleinot her,
wenns eur majestat gfellig wer,   375
so wolt er euch die laßen sehen.

        Der Soldan spricht:
Ge, heiß in herein, das sol gschehen.

        Fortunatus
   komt, küst die erden und spricht:
Großmechtiger herr der ganzn ert,
hie hab ich etlich kleinot wert.
erwele dir zwei aus in allen,   380
die tapfersten, so dir gefallen,
die bhalt von mir zu einer schenk,
darbei im besten mein gedenk.

        Der Soldan
beschaut die kleinot, spricht zu seim Admiraldo:
Der laufleut hab ich in vil jaren,
vorhin in meim reich kein erfaren.   385
was du nun iezt begerst von mir,
sol auch sein unversaget dir.

        Fortunatus spricht:
Ich beger ein gleit in deim lant,
unterschriben mit eigner hant,
das ich darin mög sicher reisen.   390

        Der Soldan spricht:
Ja, das wil ich dir auch verheisen.
ge, Admiralde, int kanzlei,
laß schreiben ein gleit sicher frei.

Fortunatus greift in beutel, gibt Admiraldo ein hant vol ducaten und auch dem Mamalucken, der spricht:
Hab dank, diß ist ein kostfrei man,
dergleich wir kaum gesehen han.   395
        Die zwen türken geen ab.

---

8. 381 tapfer, vorzüglich. — 385 erfarn, trans., Kunde erhalten, be-
hören. — 394 kostfrei, freigebig.

8. Der Fortunatus mit dem wunschseckel.

Der Soldan spricht:

Auf königlich glauben und vertrauen,
nun solt du auch mein kleinot schauen,
in jem kasten, du merken solt,
da stet lauter gemünztes golt.
schau die zwen stein sint zwen carfunkel, 400
kein nacht auf ert war nie so dunkel,
das sie nit gabn so klares licht,
das man im ganzen sal gesicht.
sonst ligen in dem kasten gmein
allerlei sort edelgestein, 405
rubin, diamanten, saphir,
schmale berlein zu aller zir,
auch hab ich güldn halsbant und ketten,
daran zwölf pfert zu ziehen hetten,
an gülden scheurn und trinkgeschir; 410
jedoch sag ich in warheit dir,
ich hab ein kleinot ob den allen,
tut mir für ander alle gfallen.

Fortunatus spricht:

O, das möcht ich auch geren sehen!

Der Soldan
stellt ein hut herfür und spricht:

O, das sol auch willig geschehen. 415
schau zu, diser harloser hut
ist lieber mir denn alles gut.

Fortunatus spricht:

Was tugent ist im hut verborgen?

Der Soldan spricht:

Er hat die kraft abent und morgen,
so bald und ich setz auf den hut, 420
und das ich denk in meinem mut
ein ort, da ich wolt geren sein,
weit oder nah im herzen mein,

---

8. 398 je m, jenem. — 403 gesicht, zugesehen, sehen. — 407 berlein (berlin), Perle. — 410 scheure, Becher.

zuhant far ich im luft dahin,
im augenblick daselben bin, 425
on alle mü an diser stat.

Fortunatus spricht:

O, das ist ein edel kleinat,
ach, laß mich das wunschhütlein schauen!

Der Soldan
gibt im den hut und spricht:

Keim man tet ich so weit nit trauen,
seh hin, und schau dir des genug. 430

Fortunatus,
setzt den hut auf und spricht:

O, der hut wer auch wol mein fug!
er hat groß kraft, ist doch nit schwer,
wolt Got das ich in Cipern wer!

Fortunatus fert darvon.

Der Soldan
schlegt beid hent ob dem kopf zusammen und spricht:

O we des liebsten kleinots mein!
wer mag nur diser böswicht sein? 435
was hab ich im so weit vertraut
und auf disen lantfarer baut!
ich schwer bei Got und Machomet,
und wenn ich iezt den trügner het,
so wolt ich in laßen radbrechen, 440
auf das ich mich an im künt rechen.
wolauf und nemt all euer wer,
rüst ein galleen auf dem mer,
das wir im nach in etlich meilen
das wünschhütlein mögen abeilen 445
und in zu tot schießen mit pfeilen.

Der Soldan lauft aus mit allen den seinen.

---

8. 445 abeilen, abjagen.

Actus 4.

Fortunatus
get ein mit seinen beiden sönen, setzt sich und spricht:

Nun hab ich gar in wenig jaren
schier alle königreich durch faren,
vil wunder gsehen in der zeit,
erstanden manch geferlichkeit,
auch volkommen gwalt, er und gut. 450
nun nim ich ab an kreft und mut,
weil ich Cassandra wol geborn,
mein liebe gmahel, hab verlorn.
nun mag ich ie bei all dem mein
auf erden nit mer frölich sein; 455
mich dunkt es nahe meinem ent.
ich wil machen mein testament:
ir lieben sön, folgt meinem rat,
ich verlaß euch die zwei kleinat,
den glücksbeutel, daraus ir solt 460
geltes nemen, so vil ir wolt,
zu notdurst, zu nutz, freud und er,
zerrinnt euch geltes nimmermer;
doch hat er die kraft nit lengr eben, 465
denn so lang ir beid seit im leben.
Zum andern, habt ir den wunschhut;
so den ein mensch aufsetzen tut,
so fert er mit wo hin er wil.
die zwei kleinot die habt in stil, 470
sagt niemant ire kraft und tugent
und brauchet die in eurer jugent.
behalt die kleinot beide sander
und zerteilt sie nit von einander,
sonst würt ir beid kommen darum, 475
das ist meines herzen willens sum.
ach fürt mich naus, ich bin gar schwach,
das ich ein purgazen entpfach.

---

8. 451 volkommen, trans., an das Ende eines Dinges kommen, erreichen.
452 krefte, dat. zu Kraft. — 457 nahen, nahe kommen. — 478 purgaz, im allgemeinen für jede Arznei gebraucht.

8. Der Fortunatus mit dem wunschseckel.

Die zwen sön füren den vatter aus, sie kommen beid wider und
Andolosia spricht:

Bruder, unser vatter ist tot.

Ampedo, der elter son, spricht:

Ja, mein bruder, genad im Got. 480
er hat uns zwen groß schetz verlaßen.

Andolosia spricht:

Mein bruder, wöl wir auch dermaßen
durchziehen all köngreich und stet,
wie unser lieber vatter tet,
wie er solch fart und wundertat 485
sein ordenlich beschriben hat,
auf das wir zwen in jungen jarn
auch etwas sehen und erfarn,
darburch stellen nach rum und er?

Ampedo, der elter:

Mich glustet keines reisens ser; 490
ich wil zu Famagusta bleiben,
mein zeit in ru und freud vertreiben
in dem haus, welches uns auf trauen
hat unser vatter auferbauen.
wilt du wandern, so wander hin. 495

Andolosia spricht:

Ja wol, hast du ein solchen sin,
wilt auf dem polster sitzen bleiben,
die biren in der kachl umbreiben,
so teil die zwei kleinot mir mir.

Ampedo, der elter:

Ist denn so bald vergeßen dir 500
unsers vatters getreuer rat,
zu teilen nit die zwei kleinat,
wir werden sonst umb beide kommen?

---

8. 481 verlaßen, hinterlaßen. — 498 die biren in der kachl umb-
reiben, am Ofen sitzen und Birnen schmoren.

8. Der Fortunatus mit dem wunschseckel.

Andolosia spricht:

Ich hab dasselb gleich wol vernommen,
iedoch ich mich nichts daran ker. 505
ich wil reisen nach rum und er,
drumb teil mit mir, das ist mein sin.

Ampedo
reicht im den wunschhut und spricht:

Nim den wunschhut und far mit hin,
ich wil den glückseckel behalten.

Andolosia spricht:

Ja, ja, das müst der teufel walten! 510
bhalt dir den hut, lang mir den beutel.

Ampedo spricht:

Mir nit, das tu ich gar kein meutel,
er ist mein gleich als wol als dein.

Andolosia spricht:

Ich weiß ein rat, o bruder mein,
nim den beutel, zel daraus wol 515
ducatn zwo eisern truhen vol;
dieselbigen behalte dir
und gib den glückesseckel mir;
den wil ich bhalten auf sechs jar,
das ich darmit die welt durchfar, 520
wie unser vatter hat getan.

Ampedo spricht:

Ja, dises wil ich nemen an;
ich wil gen aus dem beutel zeln,
so tu auf dein hinfart besteln,
was dir darzu ist nutz und not; 525
darzu wünsch ich dir glück von Got.

Die zwen brüder geen ab.

---

8. 512 mir nit, nit mit dem Pronomen aus dem vorigen Satz, nein, vgl.
6, Anm. 120. — meutel, meitel, kleinste Münze, Heller: im geringsten nicht.

8. Der Fortunatus mit dem wunschseckel.

Die königin von Engellant
get ein mit irer tochter und kammerfrauen, sie spricht:

Man sagt, es sei aus fremden landen
ein junger ritter hie vorhanden
in Lunden, der mechtign hauptstat,
der ein prechtig hofhalten hat, 530
als ob er sei ein junger fürst.

Agripina, der königin tochter.

Ja, er ist auch kün und gebürst,
mit rennen, turnieren und stechen
tut er gar mannich sper zerbrechen
für allem abl in Engellant. 535

Die alt königin.

Wie ist diser ritter genant?

Der königin tochter.

Man nennt in Andolosia,
geboren zu Famagusta
in Cipern, ein junger miltr herr,
der auch in Hispania ferr 540
dem köng beigstanden ist im krieg,
mit hundert pferdn erlangt den sieg,
die er all auf sein kosten hilt.
auch ist er so kostfrei und milt,
das er oft kochen lest und braten 545
ob zimmetrören und muscaten.

Die alt königin.

Der ritter muß sein reich und mechtig,
weil er sich helt so hoch und prechtig;
er wirt sein eines königs son.
rat, wie den dingen wer zu ton, 550
das man erfür den rechten grunt.

Irmeltraut, die kammerfrau.

Frau königin, mir ist gar wol kunt,

---

8. 528 vorhanden, anwesend.

8. Der Fortunatus mit dem wunschseckel.

das er hat Agripinam lib;
darumb mein rat ich darzu gib,
wenn er gen hof kom, das sie da 555
freuntlich schmeichel, Agripina
die kan sein heimlichkeit erfarn.

   Agripina, die tochter.

Er hat mirs schon tun offenbarn,
ich weiß sein reichtum übermas
gar wol, was hilft mich aber das? 560

   Die königin spricht:

Hast du denn seinen schatz gesehen?

   Agripina, die tochter.

Er hat mir aber selb verjehen,
er hab ein glücksbeutel, aus dem
er teglich so vil kronen nem,
als vil er wöll, wirt doch nicht ler. 565

   Irmeltraut spricht:

Wo hat denselben beutel er?

   Agripina spricht:

In seim wammes ist angnet der.

   Irmeltraut spricht:

Agripina, so folg du mir,
ich hilf hinder den beutel dir;
ich wil im ein trank richten zu, 570
balt er dasselbig trinken tu,
sol er entschlafen in einr ecken,
das in kein mensch kan aufgewecken.
da mögt ir im sein glücksbeutl nemen.
des diebstals dörft ir euch nit schemen. 575
frau königin, ist das nit war?

   Die königin spricht:

Nicht zu das trank, kein mü nit spar,

---

8. 562 verjehen, versichern. — 567 angnet, angenäht. — 569 helfen hinder, verhelfen zu.

geret die schanz, du hast von mir
hundert krona, die schenk ich dir;
doch sei darzu still ie und immer. 580
kom, laß uns in das frauenzimmer.

   Sie geen alle drei ab.

Andolosia komt, ret mit im selber und spricht:

Das glück wil mir von herzen wol,
seit das ich iezunt reden sol
mit der mein herz in liebe brant,
des königs tochtr aus Engellant, 585
mit meinr lieben Agripina,
welche mich hat beschiden da
auf disen sal, auf sie zu warten.
ich sich die auserwelten zarten
her glanzen wie der sonnen glast, 590
zu mir her treten in palast.

   Agripina
komt mit der alten und tregt ein gülden scheuren und spricht:

Andolosia, trink mit mir,
mein herzlieb, ein trunk bring ich dir.

Sie nüpft* ein wenig, gibts im, er trinket und setzt sich.

   Agripina spricht:

Herzlieber Andolosia,
ich hab dich laßen fordern da, 595
zu öffnen dir mein wundes herz,
das sehnet sich nach dir in schmerz.
ich bitt, sag, herzlieb, ob auch dir
dein herz auch also ste gegn mir.

Andolosia hengt den kopf und schleft, sie nemen im den
  beutel aus dem busen und **Irmeltraut** spricht:

Wenn du erwachst und wirst aufsten, 600
so wirt dir wol dein pracht vergen.
wenn du dein seckel nicht mer hast,
wirst du sein ein unwerter gast.

   Die zwo geen mit dem beutel darvon.

---

8. 578 geret die schanz, geht die Sache glücklich. — * nüpfen, nipfen, nippen

8. Der Fortunatus mit dem wunschseckel.

Andolosia
erwacht, greift nach dem beutel in den busen, schlegt die
hent ob dem kopf zusammen und spricht:

We mir, ich hab mein beutl verlorn,
wolt Got, das ich nie wer geborn! 605
kein man sol frauen noch jungfrauen
nimmer kein heimlichkeit vertrauen;
sie können falsch und freuntlich sein.
het ich gefolgt dem vatter mein!
iezunt verdreußt mich gleich zu leben, 610
ich muß meim hofgsint urlaub geben,
wil zu fußen heim machen mich,
weil meines beutels darbe ich.
    Er get traurig ab.

Ampedo,
sein bruder, get ein und spricht:

Mein bruder Andolosia zwar
ist nun aus in das zehent jar, 615
er solt nur sechs jar aus sein bliben;
nun hat er mir seither nichts gschriben.
het er nur nit schaden genommen,
oder wer umb den glückseckl kommen!

Andolosia
komt, fellt seim bruder zu fußen und spricht:

O bruder, brudr, wie wöll wir tan? 620
den glückseckl ich verloren han.
ich wil das übel an mir rechen,
das meßer durch mein droßel stechen.

Ampedo
fellt seim bruder mit der hant in das meßer und spricht:

O bruder mein, dasselb nit tu,
woltst noch mer unglücks richten zu? 625
ach, wo bist umb den beutel kommen,
hat man dirn mit gewalt genommen,
oder hast du in sonst verlorn?

---

8. 623 droßel, kehle.

Andolosia spricht:

Ach, ich bin drumb betrogen worn
von einer arglistigen frauen;
doch hab ich noch zum glück mein trauen,
ich wolt in noch zu wegen bringen,
wenn du woltst helfen zu den dingen.

Ampedo spricht:

Was hülf müst ich denn tan darzu?

Andolosia spricht:

Ach leih mir das wunschhütlein du,
so wil versuchen ich mein heil.

Ampedo spricht:

So brechtst uns gleich umb beide teil.
das wunschhütlein gib ich dir nit,
du bleibst auch etwan außen mit.

Andolosia spricht:

Laß mich nur das wunschhütlein sehen.

Ampedo spricht:

Ja bruder, dasselb sol geschehen,
Du hast den hut, beschau in wol.

Ampedo get ab.

Andolosia
setzt den hut auf und spricht:

Der hut dir nit mer werden sol,
biß das mein heil versuche ich.
ich wil in luft aufschwingen mich,
wil hinfaren gen Genua,
gen Florenz und Venedig, da
wil ich umb köstlich kleinot kaufen.
wenn ich dieselben leg zu haufen,
wil ich mit farn in Engellant,
mich wol machen ganz unbekant,
mein angsicht verstelln mit einr nasen
und mich verkleiden aller masen,

---

8. 632 zu wegen bringen, herbeischaffen. — 648 kaufen, handeln.

8. Der Fortunatus mit dem wunschseckel.

sam ich ein kleinotkremer sei,
ob ich möcht kommen dem beutl bei, 655
ein schaden auf den andern wagen.
ich hoff, glück wer mirs nit versagen.

Andolosia get ab.

Ampedo komt und spricht:

Ich glaub, mein bruder sei hinwek;
er ist verwegen und zu kek,
wirt uns umb beide kleinot bringen. 660
nit wunder wer ob disen dingen,
das ich im brunnen mich ertrenket
oder an einen balken henket,
so hat mich der groß schaden krenket.

Ampedo get traurig ab.

Actus 5.

*Andolosia
komt verkleit, legt seine kleinot aus und spricht:*

Glück walt sein! ich ste unerkant 665
zu Lunden hie in Engellant
und hab hie meine kleinot feil,
hoff, Agripin wert mir zu teil,
wirt bald hieher von kirchen gan;
der beut ich meine kleinot an, 670
wo sie denn mit mir komt zu kauf,
wenn sie tut mein glückseckel auf,
so wil ich sie umbfahen ton
und mit ir schnell faren darvon
in ein walt und öde wildnus, 675
da sie mir den beutl laßen muß.

*Agripina get für, schickt die alten Irmeltraut hinder
sich, die spricht:*

Guter man, sint die kleinot feil,
so nemt sie gar oder ein teil,

---

8. 657 wer, apokop. wert, werde.

8. Der Fortunatus mit dem wunschseckel.

komt mit zu meinr gnedig jungfrauen,
die wil sie kaufen und beschauen. 680

Andolosia legt seine kleinot ein, get mit ir ab, der
ernholt komt, ret mit im selber und spricht:

Mein gnedig frau kauft kleinot vil,
wil gern sehen, wozu sies wil;
sie solt billich die besten leren!
ich glaub, sie wert verheirat weren,
rüst sich mit auf die hochzeit zu, 685
das sie sich darmit schmucken tu.

Der ernholt get ab.

Irmeltraut
komt geloffen, schlegt ir hent ob dem kopf zusammen
und schreit:

O we, der kleinotkremr on zweifel
gewesen ist der leidig teufel!
bald meinr fraun gnad die kleint anrürt,
hat ers umbfangn und hingefürt 690
zum fenster naus hoch in die luft.
was sie weinet, schrei oder ruft,
noch fürt er sie eilent darvon.
ach Got, ach Got, was soll wir ton!

Andolosia komt mit Agripina, der jungen königin, die sitzt
nider, hebt ir hent auf und spricht:

Ach lieber man, ich bitt dich, halt! 695
wie sint wir kommen in den walt?
ich weiß nit, wie mir ist geschehen,
wir sint gefaren in der jehen.
wie hart hat mich der wint geschnitten!
umb Gottes willen tu ich bitten, 700
ich bin ser schwach, mich nit versaum,
steig doch auf disen epfelbaum,
brich ab ein apfel, gib mir den,
ich muß sonst in onmacht entgen.

---

8. 692 schrei, schrie. — 698 jehe, gähe, Eile. — 701 versaumen, in
der Noth verlassen. — 704 entgen, vergehen.

8. Der Fortunatus mit dem wunschseckel.

Andolosia spricht:

Sitz still, so wil ich auf hin steigen,
ein apfel brechen von den zweigen.
setz die weil auf das hütlein mein
vor der sonnen hitzigen schein.
705

Andolosia steigt auf den baum.

Agripina, die königin, spricht:

Ach Got, wo bin ich in der welt?
iezt geb ich darum al mein gelt,
das ich wider daheimen wer.
von herzn ich das wünsch und beger.
710

Agripina fert mit dem wunschhütlein dahin.

Andolosia
schlegt sein hent ob dem kopf zusammen und spricht:

Verflucht sei der tag und die stunt,
da ich das untreu weibsbilt funt
in irem königlichen sal,
die mich betreugt zum andern mal,
fürt mir iezt hin die kleinot beide!
we meinem großen herzenleide!
wolt Got, mein bruder wer bei mir,
so wolt ich in erschlagen schir,
mich henken an ein baum hernach,
dem falschen weib zu einer rach,
das der glückseckl verlür sein kraft.
wie bin mit hunger ich behaft!
ich wil gleich disen apfel eßen,
meins herzenleits ein teil vergeßen.
ach ich, der unglückhaftigit man,
muß ich in disem walt vergan?
ach, wie tut mir der kopf so we!
ich muß greifen, wie das zuge,
ach Got, es sint mir ungelachsen
zwei hörner aus dem kopf gewachsen!
erst spür ich Gottes grimme plag,
der horn ich keins abreißen mag.
715
720
725
730

---

8. 705 auf hin, hinauf. — 731 ungelachsen, ungestaltet.

herr Got, laß von mir ab dein zorn! 735
ich bin leicht ein Satyrus worn.

Der einsidel komt und spricht:

Mich dünket, wie ich dort vernim
von eim menschen ein kleglich stim;
dort sich ich wol umbgen ein armen,
ich wil zu im, mich sein erbarmen. 740

Der einsidel trit zu Andolosia und spricht:

Mein freunt, wie bist du hieher kommen?
ich hab doch warlich nie vernommen
in dreißig jarn in diser wildnus
kein lebendig menschliche bildnus.

Andolosia spricht:

Wolt Got, das ich auch nit da wer! 745
ein gspenst hat mich gebracht hieher
von Lunden her aus Engellant
in dise wildnus unbekant.
o vatter, sag mir, wo ich sei.

Der einsidel spricht:

Mein freunt, wiß, das die wüstenei 750
hundert meil ist von Engellant
in Hibernia, dir unbekant,
nit weit von sanct Patrizn fegfeur.

Andolosia spricht:

Ach Got, erst ist all freud mir teur,
hab ich so weit zun selben leuten! 755
sag mir, was die hörner bedeuten
und gib rat, wie ich ir abkum.

Der einsidel spricht:

Die hörner sint gewachsen drum,
das du ein apfel hast versucht;
das ist so ein vergifte frucht, 760

---

8. 736 leicht, vielleicht, wahrscheinlich. — 742 vernehmen, wahrnehmen, bemerken. — 753 Patrizn fegfeur, St.-Patrid's, des Apostels von Irland, Fegfeuer, die Sage nennt eine Höhle so. — 754 teuer, schwer zuhaben: nun ist mir alle Freude benommen.

8. Der Fortunatus mit dem wunschseckel.

darvon die hörner wachsen tunt.
wilt du ir werden los und runt,
so iß du dises apfels körner,
so verschwinden bir deine hörner.

Andolosia
ißt die körner vom granatapfel, die hörner fallen ab,
und er spricht:

Herr Got, ich sag dir lob und er, 765
das ich nun hab kein hörner mer.
man würt mich fliehn wie ein merwunder.
nun wil ich mit tragen iezunder
beider art epfel, bös und gut,
ob ich mein glücksbeutl und wunschhut 770
möcht wider bringen. nun bitt ich,
weis aufs nechst aus dem walde mich,
das ich wider zun leuten kum.

Der einsidel spricht:

So ge schlecht für dich, ker nit um,
stracks gegen der sonn nidergang 775
und laß nit nach, zu gen so lang,
biß du kommest aus disem walt
zu einem hohen turen balt;
daran stemt von dem mer ein flut.
da wart, biß sie ablaufen tut 780
ganz trucken, denn ge nübr mit eil,
e dich ergreif die flut dieweil.
da fintst ein dorf, nach dem ein stat,
da findest speis und trank mit rat,
da magst auch auf das mer zu hant 785
sitzen und farn in Engellant.

Andolosia
beut im die hant und spricht:

Nun gsegn dich Got, o bruder mein,
Got dank dir aller treue dein,
so du hie hast bewisen mir.

---

8. 762 runt, eben, glatt. — 774 schlecht, gerade. — 778 turen, Thurm.
— 779 stemen, sich stauen, branden.

8. Der Fortunatus mit dem wunschseckel.

Der einsidel spricht:
Zeuch hin, Got der Herr sei mit dir, 790
der beleit zu den leuten dich.
nun bitt Got auch forthin für mich,
dergleich wil für dich bitten ich.

Sie geen beide ab.

Actus 6.

Andolosia
komt türkisch gekleidet wie ein aromatkremer, hat ein aug
verleumt*, legt sein epfel aus und spricht:

Da wil ich stellen mich zu markt
dem falschen weib entwicht und arkt, 795
wenn sie iezunt von kirchen trit,
sie kauft ein apfl, sie leßt sein nit.
bald sie heim komt, so ißt sie den,
so werden ir hörner aufgen
am kopf; bald ir die sint aufgangen, 800
so ists mein eigen und gefangen.
dort komts, ich wil schreien also:
gut rot epfel von Damasco,
gut rot epfel von Damasco!

**Agripina, die königin, komt, sicht die epfel, get fort, schickt
Irmeltraut hinder sich, die spricht:**

Was hat der man für epfel feil? 805

Andolosia spricht:
Sie wachsen dem menschen zu heil,
im paradeis sein diser art,
machen das angsicht schön und zart,
und scherpfet des menschen vernunft,
und bleibet also in zukunft. 810

---

8. * verleumt, verleimt, verklebt. — 795 entwicht (enwiht), nichts-
nutzig.

8. Der Fortunatus mit dem wunschseckel.

   Irmeltraut spricht:
Wie gibst du diser epfel einen?
   Andolosia spricht:
Umb drei kronen, und neher keinen.

   Irmeltraut spricht:
Du hast sechs kronen, gib mir zwen.
nun wil ich mit gen hof eingen.
   Sie get mit den epfeln ab.
   Andolosia spricht:

Jezt denk ich an das sprichwort heur,   815
das fürwiz macht jungfrauen teur.
ich mein, sie sol den ketsch dran freßen,
ich gilt ir, wie sie mir hat gmeßen.
wenn ir nur bald die hörner wüchsen,
denn wolt ich mit salben und büchsen   820
und kleidung mich verstellen gleich
als ein arzet hoch künstenreich,
ire hörner kün zu vertreiben.
da wolt ich so lang bei ir bleiben,
biß ich mein hütlein überkem;   825
denn ich sie samt dem beutel nem
und fürt sie hin mit disen dingen,
denn müst sie mir mein lieblein singen.
nun ich mich sam ein arzt zuricht,
hoff, mein kunst sol mir felen nicht.   830
   Andolosia get ab.

   Agripina
 kompt mit irer kammerfrauen und spricht:

Ach herr Got, wie ist mir geschehen!
laß mich doch in ein spiegel sehen.
was greif ich doch auf meinem kopf?
zwei hörner, o ich armer tropf,
erst ich kein gmahel überkum!   835
o liebe Irmeltraut, lauf um

---

8. 812 neher, billiger. — 817 ketsch, Ekel, Ueberdruß. — 818 gelten
len. — 835 erst, nun.

und mir umb einen arzet sich,
ich wil gen zu bet legen mich;
ich bin von ganzem herzen schwach,
ich fürcht, es sei die götlich rach,
das ich meim Andolosiam 840
sein glückesbeutel stal und nam;
lauf bald, es kost gleich was es wöl.
   Agripina get ab.

  Irmeltraut spricht:

An eim arzt es nit felen söl.
ein fremder arzt tut dort hergan,
ich wil in darumb reden an. 845

Andolosia komt wie ein arzt mit einer großen nasen,
   sie spricht:

O herr doctor, euer begert
ein person, der sint on gefert
zwei große hörner ungelachsen
aus irem kopf jehling gewachsen,
und wo ir künt darzu ein kunst, 850
das ir sie vertreibet aus gunst,
tausent gülden wirt euch zu lon.

  Andolosia spricht:

O, solche hörner ich wol kon
vertreiben tun on allen schmerz.

  Irmeltraut spricht:

So komt mit mir gen hof einwerz, 855
so für ich euch zu der person.

  Andolosia spricht:

So ge vor, ich wil dir nachgon.
   Sie geen mit einander ab.

  Der postbot komt gegangen und spricht:

Es sint zu hof selzame mer,
wie das der jungen königin her 860

---

 8. 837 und mir umb einen arzet sich, und sieh dich nach einem Arzt
für mich um. — 848 on gefert, unversehens. — 856 einwerz, einwärts,
hinein. — 859 mer, mär, Erzählung, Gerücht.

hörner wachsen aus irem haupt;
het ichs nit gsehn, ich hets nit glaubt.
es ist ein seltzam fantasei,
es muß zugen mit zauberei;
hab durchritten vil königreich,
doch nie gehöret dergeleich. 865

Die Irmeltraut
komt geloffen und schreit zum postboten:

Sag, ob du den arzet nit kenst,
er get umb mit teufels gespenst.
balt er ist in die kammer kommen,
hat er die jung köngin genommen, 870
ist mit ir zum fenster ausgfarn
hoch int luft; was wir schreien warn,
das half als nit. wo er nun mit
ir hin kommet, weiß niemant nit.
reit balt zum könig an das jeit, 875
verkünt im das groß herzenleit,
das er aufbiet und eile nach,
auf das man den arzet auffach.

Der postbot und sie geen eilents ab.

Andolosia
bringt Agripinam, wirft sein nasen und doctorkleit von im
und schneit ir den glückseckel ab, spricht:

Ach du treulos verruchtes weib!
es muß dir kosten deinen leib, 880
weil du hast in der liebe schein
gestolen mir den beutel mein
durch deine falsche zauberlist;
iezt du in meinen handen bist.
wolt Got, dein alte her entwicht 885
wer da, die das trank het zugricht,
beid müst ir sterben on erbarmen.

Agripina hebt ir hent auf und spricht:
Vergecht euch nicht an mir vil armen,

---

8. 875 an das jeit, auf die Jagd. — 878 auffach, auffange. —
880 leib, Leben. — 888 sich vergahen, sich im Zorn übereilen.

8. Der Fortunatus mit dem wunschseckel.

Andolosia, frommer ritter!
vor engsten ich seufze und zitter, 890
und wenn ir gleich ein weibesbilt
umbbrecht in diser einöd wilt,
des hett ir kein er, sonder schant.
weil ir eur kleinot wider hant,
so verschonet mir meinem leben, 895
tut umb Gots willen mir vergeben.
ir wißt, das weiblich blödigkeit
uns anhanget zu aller zeit;
die hat mich angereizet eben.

Andolosia spricht:

Nun, ich wil schenken dir dein leben, 900
doch zu gedechtnus deinr untreu,
das sich teglich dein leit verneu,
solt du dein hörner mit gedrang
forthin tragen dein leben lang.
ich wil hinfaren schnelliglich 905
und im walt sitzen laßen dich,
das du kein mensch sichst nimmermer.

Agripina spricht:

Ich bitt durch aller frauen er,
ir wöllet euch doch mein erbarmen,
mich ellende verlaßne armen 910
mit füren aus der wildnus schir.

Andolosia spricht:

Nun, so für ich dich gleich mit mir
in das lande Hibernia.
in ein reich frauenkloster da
beschleuß forthin zu buß dein leben. 915

Agripina spricht:

Ja, dasselbig ist mir auch eben,
ich tu mich doch der hörner schamen.
nun far wir hin in Gottes namen.

Sie geen eilent ab.

---

8. 897 blödigkeit, Schwäche, Unverstand. — 903 gedrang, Beschwerde. — 916 eben, recht, erwünscht.

8. Der Fortunatus mit dem wunschseckel.

Ampedo,
der elter bruder, get ein, ret mit im selber und spricht:

Mein bruder ist aber lang ausen,
ich förcht, er tu nit gar wol hausen. 920
komt er zum beutl um das wunschhütel,
so wert ich heißen nicht der gütel.

Der postbot komt und spricht:

Vester junkherr, seit guter ding,
ier gut neu zeitung ich euch bring,
Andolosia komt geritten, 925
eur bruder, nach fürstlichen sitten
etwas mit vier und zweinzig pferden.

Ampedo spricht:

Nun kan ich nit mer traurig werden.
nim dreißg kronen zu botenbrot.
gelobet sei mein herr und Got! 930
ich merk, sein sach stet wider wol,
nun bin ich aller freuden vol.
bis mir zu tausent mal willkum,
mein bruder, komst du widerumb?
wie hat es gangen auf der reis? 935

Andolosia spricht:

Ei wol, Got lob, iezunt ich weis
zu sagen von glück und unglück,
wie ich dir wil von stück zu stück
gar wol erzelen mit der zeit.
mein bruder, hie der glücksbeutl leit, 940
dergleich auch das wunschhütlein da.

Ampedo spricht:

Ach du mein Andolosia,
beleib nun fürbaß hie bei mir,
da wöllen alle beide wir
uns aller großen sorg entschlagen 945
und gferlichkeit, so bei dein tagen

---

8. 922 gütel, gutmüthiger Narr; bei Keller, Fastnachtspiele, S. 674, heißt so eine Närrin. — 927 etwas, adv., wie etwa. — 933 bis, sei. — 940 leit liegt.

erlitten hast, dergleich auch ich,
und wöllen leben rusamlich.
mein bruder, wilt dasselbig tan?

Andolosia spricht:

Ja, des reisens ich genug han; 950
wil mich nun in ein ru begeben,
in ein kurzweilig, frölich leben
mit rennen, stechen und turnieren,
mit jagen, beißen und burschieren
ans königs hof mit anderm adel, 955
weil wir an gelt haben kein zadel.

Ampedo spricht:

Ja, darzu wil ich helfen dir.
bleib zu Famagusta bei mir,
da ganz brüderlich leben wir.

Sie geen beide ab.

Actus 7.

Theodorus,
der graf aus Engellant, get ein mit dem grafen von Limosi
und spricht:

Hör, graf, es ist zu hof ein ritter, 960
des rum ist mir gar herb und bitter,
der heißet Andolosia
der hat schier allen preis alda
erworben mit stechen und rennen.

Graf von Limosi spricht:

Ja, ich muß die warheit bekennen, 965
ich bin im auch von herzen gram,
dieweil und er on alle scham
treibet so großen übermut.

---

8. 954 beißen, beizen, mit dem falken jagen. — burschieren, ein
lustiges leben führen.

Graf Theodorus.

Sag, ist er auch von adel gut,
das er sich also hoch her bricht? 970

Graf von Limosi.

Daſſelb weiß ich auf glauben nicht.
sein anherr der war ie nit reich,
rit eim ſchlechten edelman gleich.
wo der so vil gelts hat genommen, 975
mit abenteuer überkommen,
das muß haben ein ſondern ſin.
großer unkoſt get mit im hin;
er fürt ein pracht gleich einem fürſten.

Graf Theodorus.

Wilt du, wir wöllen im wol bürſten,
wölln ihm heimlich in buſen blaſen, 980
er muß uns ein ſchwunkfedern laſen,
auf das ſein hochmut im verge.

Graf von Limoſi.

Ja, dein meinung ich wol verſte.
der könig hat in lieb und wert,
er brecht uns beide in gefert, 985
wenn er uns tet beim köng verklagen.

Graf Theodorus.

Wer wolt solches dem könig ſagen,
wenn wir im felt erwiſchen in,
führten ihn gfenklich mit uns hin
gen Limoſi balt auf dein veſten? 990

Graf von Limoſi.

Ja, dein rat dünket mich am beſten,
so wöll wir biß auf morgen beiten,
wirt er gen Famaguſta reiten,

---

8. 970 ſich brechen, mit Pracht (braht) auftreten. — 977 unkoſt, Aufs
wand. — 980 in buſen blaſen, hart zuſetzen; vgl. II, 204, Anmerkung 74.
992 beiten, warten.

8. Der Fortunatus mit dem wunschseckel.

und zu uns nemen etlich man;
so wöll wirn im felt greifen an 995
und erstechen all seine knecht.

Graf Theodorus.

Ja, der anschlag wirt gut und recht;
so meint man, der türk hab es tan,
sei in der insel kommen an.

Sie geen beide ab.

Ampedo get ein und spricht:

Mein bruder solt gestern sein kommen, 1000
wie ich gwis hab von im vernommen
in der stat Famagusta her.
mein herz ist mir heut immer schwer,
ich förcht, die sach ge nit recht zu.
ich lauf hin und her, hab kein ru. 1005
dort komt her eilent ein postbot,
was der halt bring für botenbrot!

Der postbot komt und spricht:

Ach herr, ich bring leidige mer.

Ampedo spricht:

Das wöl Got nicht; was ists? sag her.

Der postbot spricht:

Eur bruder ist bauß in dem walt 1010
angriffen worden mit eim gwalt,
all sein knecht sint erstochen worn,
und euer bruder ist verlorn,
fürcht, er sei gfangen oder tot.

Ampedo spricht:

Ach, so reit eilent, lieber bot, 1015
zum könig, und zeig im das an,
auf das er gute spech laß han
auf die mörder und auch darbei,
wo mein bruder hinkommen sei.

Der postbot get ab.

---

8. 1010 bauß, da außen, braußen. — 1017 spech, Spähe, Nachforschung.

8. Der Fortunatus mit dem wunschseckel.

Ampedo ret mit im selber und spricht:

Herr Got, was sol ich fahen an,   1020
weil ich mein lieben bruder han
samt dem glückesseckel verlorn!
sint die mörder des innen worn,
das ich noch das wunschhütlein hab,
so werdens auch nicht laßen ab,   1025
biß sie mich auch ums leben bringen.
ich wil vorkommen disen dingen,
zerhauen dich, wunschhut ungheur,
und dich denn werfen in das feur,
verbrennen dich zu pulvr und aschen,   1030
das dich kein mensch mer sol erhaschen;
denn wil vor herzleit sterben ich,
auf das die kraft des beutels sich
verlier, den mördrn nit kom zu gut,
zu rach meins lieben bruders blut.   1035

Ampedo zerhaut den wunschhut, get damit traurig ab.

Die zwen grafen geen ein, Theodorus spricht:

Sag, wie es mit dem gfangnen ste.
tut im die gfenknus noch so we,
hast im den glücksbeutel abgschreckt?

Graf von Limosi spricht:

O, ich hab in ser hart gestreckt,
das im sein leib bent gleich einr sennen;   1040
wolt lang des beutels nit bekennen,
aus dem man zelt des gelts, so vil
ein ieder darf und haben wil.
ich hab all mein schult draus bezalt,
fort du den glückseckel auch bhalt.   1045

Graf Theodorus spricht:

Weist, das den gfangnen ich zu nacht
heint in der gfenknus hab umbbracht?

---

8. 1028 ungheur, unheimlich, unheilbringend. — 1040 das, daß es. — ent, dehnen, strecken, recken. — senne, Sehne, Bogenstrang. — 1043 dürfen, bedürfen.

an meinr gürtel must er erworgen.
nun dürf wir uns nit mer besorgen
vor im und seiner zauberei. 1050
im luft hat er künt faren frei;
wer er uns aus dem kerker kommen,
so het wir beid schaden genommen.

   Graf von Limosi spricht:
Ei, du solt nit habn anglegt hant.

   Graf Theodorus spricht:
Ein toter man der beißt niemant. 1055
nun lang mir den glückseckel her,
mich dünkt, wie er sei öd und ler.

   Er greift in beutel, spricht:
dies ist der rechte beutel nicht.
gib mir den rechten, du böswicht,
wolst umb den beutel triegen mich? 1060

   Graf von Limosi
  greift an das schwert und spricht:
Schweig, ich stoß sonst das schwert durch dich,
du mörder hast erwürget da
den frommen Andolosia.

Sie hauen beide zusammen und sie werden beide gefangen
    und abgefürt.

   Der könig von Cipern
  get ein, setzt sich und spricht:
Weil man zwen grafen hat gefangen,
welche hatten das mort begangen 1065
am ritter Andolosia
und an all seinen knechten da,
so bringet die mörders böswicht
hieher für das strenge gericht.

Man bringt die zwen gebunden, der könig spricht:
  Hie wert ir gestellt für gericht, 1070
  und auf euer beider vergicht

---

8. 1049 sich besorgen, Besorgniß haben. — 1051 künt, gekonnt. —
1070 vergicht, urgicht, Aussage und Geständniß.

8. Der Fortunatus mit dem wunschseckel.

und nach königlich strengen recht
solt ir beid werden gerabbrecht.

Sie fallen dem könig zu fußen, der graf von Limosi spricht:
Eur maistat bitt wir umb das schwert.

Der könig spricht:
Des solt ir bleiben ungewert, 1075
weniger gnad euch werden sel,
denn wert ir in abgrunt der hel.
balt für sie von mein augen hin,
verbring das streng urteil an in.

Der henker spricht:
Ich wil euch stoßen mit dem rab, 1080
weil ir on schult, aus neit on gnab
Andolosiam und sein knecht
ermört habt widr Got, er und recht.
Der henker fürt sie ab.

Der könig in Cipern spricht:
Darnach auch alle greisig knaben
der beider mörder, so in haben 1085
geholfen zu ir mörderei,
nemt an alle gfenglich darbei;
tut sie all zu dem schloß aushenken.
nach dem ein weiters nachgedenken,
das man Limosi, das vest schloß, 1090
mit flammendem feuer anstoß,
darinnen Andolosia
gefenglich wurt ermördet da.
sein toten leib den bringt herein,
das man in zu dem bruder sein 1095
erlichen bestett zu der ert
in der stift und der kirchen wert,
die ir vatter gebauen hat
zu Famagusta in der stat.
Got ir aller sele genat. 1100
Sie geen alle ab.

---

8. 1076 sel, söl, sol. — 1079 verbringen, vollbringen, vollziehen. —
091 anstoßen, anstecken.

8. Der Fortunatus mit dem wunschseckel.

Der ernholt beschleußt:

Also sich die tragedi bschleußt,
daraus ein gute ler uns fleußt,
wie wankel sei das walzend glück,
so schlüpferig, unstet und flück
mit allen seinen hohen gaben. 1105
wenn mans meint am festen zu haben,
dem menschen es sein gab abkürzt,
in von gelück in unglück stürzt.
wen das gelück heut hebet hoch,
den stürzt es morgen wider doch. 1110
derhalben wer dem glück vertraut,
derselbig auf ein eise baut;
und ob es gleich ein weil bestet,
das eim nach all seim willen get,
muß er doch sten in großen sorgen, 1115
das unglück kom heut oder morgen,
nem wider im gwalt, gut und er
und dergleich seiner gaben mer;
wann das alt sprichwort sagt verborgen,
wer vil hab, der müß vil versorgen, 1120
wann neit wechst allmal bei dem glück
und setzt im zu in manchem stück.
auch rauber, mörder und die dieb,
haben widr das glück iren trieb,
bringen sein herrn oft in gesert, 1125
wie bei den dreien ist bewert.
derhalb sol niemant dem glück trauen,
sonder auf Gottes güte bauen
und sich an dem laßen benügen,
was Got teglichen zu ist fügen, 1130
und fein ordenlich darvon leben
und Got als in sein hant ergeben,
das uns kein schaden daraus wachs;
wann glück ist wankel, spricht Hans Sachs.

---

8. 1106 am festen (superl. von fast, sehr), am meisten. — 1119 verborgen, in einem Gleichniß. — 1124 haben widr das glück iren trieb, stellen dem Glücke nach. — 1129 benügen wie genügen.

8. Der Fortunatus mit dem wunschseckel.

Die person in die tragedi.

Ernholt.
Maximus, könig in Cipern.
Fortus, der vatter Fortunati.
Fortunatus, der glückselig.
Ampedo, } die zwen sön Fortunati.
Andolosia,}
Leupolt, der alt edelman.
Soldan zu Alexandria.
Admiralt, sein stathalter.
Mammaluck.
Frau Glück.
Königin aus Engellant.
Agripina, der königin tochter.
Irmeltraut, die kammerfrau.
Einsidel.
Wilhelm, } zwen greisig knecht.
Ruprecht, }
Graf Theodorus,} die zwen mörder.
Graf von Limosi,}
Der diebswirt zu Konstantinopel.
Der postbot.
Der henker.

Anno Salutis, M. D. LIII. am 4. tag Martij.

9.
Der Eulenspiegel mit den blinden.
(1553.)
Fasnachtspil mit sechs personen.

Eulenspiegel trit ein und spricht:

Eulenspiegel bin ich genant,
im ganzen Teutschlant wolbekant;
mit meiner schalkheit umbabum
bin ich gar gschwint, wo ich hin kum,
und wo ich sol frü oder spat 5
aus eim dorf oder einer stat,
da ich kein schalkheit hab geübet,
bin ich von herzen des betrübet,
wie mir zu Egelsheim on gfer
geschehen ist. dort gen daher 10
drei blint, den wil ich verheißn eben,
ein taler zu einr zerung geben;
so werden sie denn an dem ent
all drei aufhalten ire hent,
ich gib in aber nichts darein, 15
denn meinens all drei in gemein
ieder, der ander hab das gelt;
so habens denn all drei gefelt,

---

9. Gedichte, Buch III, Th. 3, Bl. 52ᵇ; SG 8. Ulenspiegel, die LXXI
histori (Lappenberg, S. 104). — 3 umbabum, um und um. — 4 gschwint,
gewandt, durchtrieben.

9. Der Eulenspiegel mit den blinden.

auf das ich nit ler widerum
on schaltheit von Egelsheim kum. 20

Die drei blinden hangen an einander, geen daher,
Eulenspiegel spricht:

Wo naus, wo naus, ir blinden leut?
wie leichnam grim kalt ist es heut!
ich hab ein merdern schauben an,
vor frost doch kaum beleiben kan.
nicht wunder wer, ir erfrürt glat, 25
weil ir anhabt so ringe wat,
ir solt daheim bleiben zu haus.

Lörl, der erst blint, spricht:

O lieber herr, wir müßn wol naus,
die narung suchen, wo wirs finden,
und betteln mit weib und mit kinden, 30
es sei gleich winter oder summer.

Lüdl, der ander blint, spricht:

Und darzu leiden großen kummer.
wo wir hin kommn, sint wir veracht,
die bauren sint gar ungeschlacht,
unwirs von heusern weisen tunt. 35
auch falln uns an die baurenhunt,
dergleich peinign uns die habrleus,
unser brot eßen uns die meus,
wo wir nachts ligen in dem stro,
noch sei wir des von herzen fro. 40

Eulenspiegel spricht:

So get nein betteln in die stat.

Liendl, der dritt blint, spricht:

Da man uns noch unwerter hat;
man helt uns darin für verreter,
für mortbrenner und übelteter;

---

9. 23 merdern schaube, langer Rock mit Marderpelz. — 25 glat,
ohne weiteres. — 26 ring, gering. — 34 ungeschlacht, roh, grob. — 35 un-
wirs, unwirsch (unwirdisch, indignatus), ärgerlich.

9. Der Eulenspiegel mit den blinden.

man schilt uns auch dieb und böswichter, 45
auch fahen uns die bettelrichter
und legen uns in bettelstock;
sie nemen uns mantel und rock
und plagen wol uns blinden armen.

Eulenspiegel spricht:

Ir tut im herzen mich erbarmen. 50
da wil ich euch ein taler schenken,
und tut gen Egelsheim nein lenken,
verzert den beim Hans Wirt darnach,
biß die kelt leßt ein wenig nach,
das ir denn widerumb mögt wandern 55
von einem dorfe zu dem andern,
suchen euer hartselig brot.

Die blinden halten alle drei die hent auf, Eulenspiegel gibt in aber nichts.

Lörl spricht:

Ei lieber junker, dank euch Got,
der zal euch das in jener welt.
wir drei warn nie so reich an gelt; 60
nun wöllen wir schleichen in gheim
zu dem Hans Wirt gen Egelsheim;
wir sint vor mer gewesen drin.

Eulenspiegel spricht:

Alde, glück zu, so get dahin.

Sie geen alle vier ab.

Hans Wirt
geet mit seinem weib ein und spricht:

Alda die wirtschaft wil werdn spröd, 65
unser haus ist von gesten öd,
wir müßn schier eßen mit der katzen.
wo wöll wirn zinst zusammen kratzen
und darzu dem pfleger die steur?

---

9. 65 spröd, unergiebig. — 69 pfleger, Amtmann.

9. Der Eulenspiegel mit den blinden.

       Die wirtin spricht:
Auch ist die gersten leichnam teur.   70
wie wöllen wir heuer bier breuen?

       Hans Wirt spricht:
Ja, mein liebs weib, bei meinen treuen,
nicht wunder wer, als ich vermein,
das einr vor sorg sprüng zu eim stein;
und wo es lang also wirt bleiben,   75
so könt wir nit lang wirtschaft treiben,
die sau würt uns den zapfn hintragen.

       Die wirtin spricht:
Ach, mein man, wir wölln nit verzagen,
hab wir doch weder kegl noch kinder.
schau, lieber man, dort kommn drei blinder   80
zu uns herein über das felt.

       Hans Wirt spricht:
Die blinden haben selten gelt;
sie bleiben mir gleich so mer daus.

       Die wirtin spricht:
Sie gen geleich in unser haus,
ich hoff, sie bringen glück und heil   85
und aller seligkeit ein teil.

Die blinden kommen, Lörl stopfet mit seinem stecken
         und spricht:*
Hoscha, hoscha, sitzt Hans Wirt hinnen?

       Hans Wirt spricht:
Ja, komt rein, hie wert ir in sinnen.

       Lübl, der ander blint, spricht:
Mein wirt, Got laß mit freud dich leben.
ein reicher junker hat uns geben   90

---

9. * stopfen, stupfen, stoßen.

ein taler, sollen wir mit eren
bei dir in deinem haus verzeren,
ob dieweil nem die kelt ein ent.

  Hans Wirt spricht:
Komt herein, lieb gest mir das jent.
ich hab gleich gester gschlagn ein schwein,   95
so müst ir eßen der würste mein,
wil euch anstechn ein tunna bier;
setzt euch, wir wöllen eßen schier.
ge, heiz ein, das die stubn tu schwermen,
das sich die frosting gest tun wermen,   100
auf das sie darnach mögen trinken,
und hernach zu dem bette hinken.
stellt euch zum ofn und wermet euch,
ir dörft vor niemant haben scheuch.

  Wirt und wirtin geen aus.

  Lörl, der erst blint, spricht:
Ir lieben gjelln, da ist gut sein,   105
wol warm hat man geheizet ein,
da wöll wir uns legen int würst
und bier saufen, dieweil uns dürst,
unser armut hab wir verlorn.

  Lübl, der ander blint, spricht:
Es ist uns lang so gut nie worn.   110
Got laß uns disen junkern leben,
der uns den taler hat gegeben,
aus milter hant uns tet vergunnen.
hat etwan vil gelts ob spil gwunnen,
wir wern des talers sonst ein gast.   115

  Liendl, der dritt blint, spricht:
Bei dem wirt wöll wir haben rast.
mich dünkt, er sei ein guter man,
er hat uns ie noch gütlich tan;

---

9. 95 schlagen, schlachten. — 115 gast, Frember: wir hätten den Thaler sonst nicht bekommen.

9. Der Eulenspiegel mit den blinden.

und wenn der taler ist verzert,
mach wir uns wider auf die fert
und stoßen bauren heuser umb;
wer uns nit gibt, demselbn erkrumb
sein maul und darzu hent und füß,
biß er zulezt uns geben müß.

Der wirt
komt mit der kerben und spricht:

Ir brüdr, ir brüdr, ir tut lang zechen,
wir wölln ein mal zalen und rechen.
ir seit gleich schuldg zwen und zweinzg groschen.
ir wert gar balt habn gar ausdroschen,
wenn ir noch macht zwo kandel ler.
wer hat den taler, lang in her.

Lörl, der erst blint, spricht:
Den taler haben mein zwen gsellen.

Lübl, der ander blint, spricht:
Der junker tet mirn nit zustellen.

Liendl, der dritt blint, spricht:
So hab ich in auch werlich nit.

Lörl, der erst blint, spricht:
Das wers herzleit und der jarrit!
hab ich in ie auch nit empfangen.

Liendl, der dritt blint, spricht:
Du leugst, und das du werst erhangen!
du hast den taler, allers alten!
du woltst in dir heimlich behalten.

Lübl, der ander blint, spricht:
Ich glaub ie auch, du werst in haben.

---

9. 134 jarrit, rit, Fieber, das ein ganzes Jahr dauert. — 137 allers alten, allers, statt des gewöhnlichen aller (gen. plur. verstärkend), bei Hans Sachs häufig in Fluchformeln, z. B. allers tropfen, allers lappen, allers esels u. s. w.

9. Der Eulenspiegel mit den blinden.

Lörl, der erst blint, spricht:

Ir seit mir zwen der naßen knaben, 140
ir seit gewenet alle zwen
und tragt mit euch was nit wil gen,
wo ir schleicht in die baurenheuser.

Lübl, der ander blint, spricht:

Du bist mir ein rechter duckmeuser.
wirt, fallt den an, der ist der recht, 145
heißt zalen, was wir habn verzecht,
zel uns zwen quit, ledig und frei.

Der wirt
fellt sie alle drei an und spricht:

Ich wil euch einsperren all drei
im hof dauß in meinen seustal,
biß das man mir die ürten zal. 150
ir bescheißet doch leut und lant.

Lörl, der erst blint, spricht:

Hab wir ie weder gelt noch pfant.

Der wirt
stößt sie zur stuben hinnaus und spricht:

Flugs get in seustal aus der stuben,
ir erlosen schelk und spitzbuben.

Er fürt die blinden ab.

Die wirtin geet ein und spricht:

Botz leichnam angst, wo sol ich finden 155
die zalung von disen drei blinden?
ach meiner würst und schweinen braten!
ich dacht, ich wer mit in beraten,
so hat mich wol der teufel bschißen.

Hans Wirt komt und spricht:

Du solt es zwar vorhin wol wißen, 160
das die blinden kein gelt nit heten.

---

9. 150 ür t, irt, Zeche.

9. Der Eulenspiegel mit den blinden.

Die wirtin spricht:
weil sie sich aber rümen teten
eins talrs, dacht ich, im wer also.

Der wirt spricht:
Ich aber war ir nit ser fro.
mein weib, rat, wie wöll wir im tan? 165
laß wirs so unbezalt darvan,
so reut mich eßn und trinken ser;
bhalt ichs, so freßen sie noch mer.
sie habn ie weder gelt noch pfant,
vol leus und flöch ist ir gewant, 170
was soll wir uns lang mit in balgen,
ich wolt, sie wern am liechten galgen!

Die wirtin spricht:
Schweig still der blindn, dort komt ein gast,
den du vor mer beherbergt hast.

Eulenspiegel trit ein und spricht:
Glück zu, umb herbrg ich bit, mein wirt. 175

Hans Wirt spricht:
Ei leichnam gern, warumb das nit,
wenn ir wolt sein ein frommer gast?

Eulenspiegel spricht:
Eia, mein wirt, sag an, was hast
für gest hinden in dem seustal?

Hans Wirt spricht:
Sol ich nit sagen von unfal? 180
drei blint zu mir einferen teten,
sagten, wie sie ein taler heten,
damit ein herr sie tet verern,
den solten sie bei mir verzern.
so schlemten sie nach betlers sit, 185
und het den taler keiner nit.
da spert ich sie in den seustal,
biß daß man mir die ürten zal,
odr wil ins schlagen von der heut.

---

9. 189 heut, dat. zu haut.

9. Der Eulenspiegel mit den blinden.

Eulenspiegel spricht:

Ei, was zeichst du die armen leut, 190
das du sie in den seustal sperrst,
und sie gleich wie ein henker kerrst,
du magst wol ein jacobswirt sein.

Hans Wirt spricht:

Ich stoß abr keim kein becher ein,
wolt im e einen heraus nehmen. 195

Eulenspiegel spricht:

Ei schweig und tu der red. dich schemen.
herr wirt, wenn etwan einer hie
kem her und würt ein bürg für sie,
woltst du die blinden ledig laßen?

Der wirt spricht:

Freilich ließ ich sie gen ir straßen; 200
ich bin ir nit ser fro im haus.

Eulenspiegel spricht:

So wil ich selb gen laufen aus,
ob ich ein bidrman überkem,
der sich der armen blindn annem,
für sie zalt, auf das sie abschiden. 205

Der wirt spricht:

Ge hin, ich bin sein wol zufriden.

Sie geen beide ab.

Der pfaff trit ein und spricht:

Ich weiß nit, wie ich's sol versten,
die baurn wölln nimr gen opfer gen;
ich bin bei in worden unwert,
sie sint heuer erger denn fert; 210
da luden sie mich zun rotsecken,
heur ließ mich keinr seiner würst schmecken,

---

9. 192 kerren, quälen, plagen. — 193 jacobswirt, Wirth für Jacobs-
brüder, Wallfahrer, Vagabunden. — 194 einstoßen, einstecken, in den Sack
schieben. Vgl. die hier angedeutete Geschichte in Pfeiffer's Germania, 10, 447. —
210 fert, im vorigen Jahre. — 211 rotsack, Rothwurst.

9. Der Eulenspiegel mit den blinden.

weiß doch nichts, das ich in hab tan.
dort get in pfarrhof ein fremd man;
ich wil tun, sam ich mein horas bet, 215
ob er ein presenz bringen tet.

Der pfarrer schaut in sein buch.

Eulenspiegel komt und spricht:
O mein herr pfarrer, bona dies.

Der pfarrer spricht:
Beneveneritis, semper quies.

Eulenspiegel spricht:
Mein herr, ich lig dort beim Hans Wirt
zu herberg, derselb tolisirt, 220
tut gleich sam sei er gar besessen,
tut weder schlafen, trinkn noch essen;
er schreit und wütet immer zu
und leßt im haus niemant kein ru.
wir haben in im haus dort unden 225
mit hantzweheln in badtrog bunden;
drumb ist an euch der wirtin bit,
ir wölt in not sie laßen nit,
sonder im helfen mit beschwern,
sie wil euch mit einr schenk verern, 230
das wider zu recht wert ir man.

Der pfarrer spricht:
Mein freunt, das wil ich geren tan,
und das aufs lengst über zwen tag,
das ich mich darzu schicken mag,
zu helfen im mit allen dingen. 235

Eulenspiegel spricht:
Mein herr, ich wil die wirtin bringen,

---

9. 216 presenz, Kirchengebühr. — 218 Beneveneritis, semper quies, damals übliche Begrüßung; auch in Hans Sachs' „Dialog, Disputation zwischen einem Chorherrn und Schuhmacher", zu Anfang. — 220 tolisiren, sich unsinnig geberden. — 226 hantzwehel, Handtuch. — 229 beschweren, beschwören.

auf daß sie den trost hab von euch,
das ir im helfen wolt on scheuch.

   Eulenspiegel geet ab.

   Der pfarrer
 ret wider sich selb und spricht:

Des wirtes straf ist iezt auch kommen,
er hat die leut ser übernommen,   240
vil wasers goßen unders bier,
ein kandel oft angschriben zwier;
hat mir auch oft übel gemeßen;
iezt hat in der geizteufel bseßen.
die kelt ist heut gar ungeheur,   245
ich muß ein wenig schürn das feur.

   Der pfarrer geet aus.

   Der wirt
 get ein mit seinem weib und spricht:

Ich wil gern sehn, ob zu den dingen
der gast ein bürgen auf wirt bringen.
dort komt er, lacht, ist freuden vol,
ich hoff, es ste die sach recht wol.   250

   Eulenspiegel komt und spricht:

Ich hab ein bürgen überkommen,
der sich der blindn hat angenommen;
der pfarrer ist willig darzu,
das er euch selbert helfen tu,
doch aber erst nach zweien tagen.   255
komt wirtin, hört ins selber sagen.

   Der wirt spricht:

Ja wol, ge zu dem pfarrer mit,
zwen tag das ist ein kurze bit.

   Sie drei geen aus.

   Der pfarrer get ein und spricht:

Ich mag gleich heut nit mer stubirn,
vergebens mir schwinden mein hirn.   260

9. Der Eulenspiegel mit den blinden.

weil die baurn nimr gen opfer gon,
wil ich in schlechte predig ton,
das man des sprichworts nit vergeß,
kupfer gelt, kupfer selenmeß.

Eulenspiegel
komt mit der wirtin und spricht:

Herr pfarrer, da ist mein wirtin, 265
sagt ir auch, was euch ist zu sin.

Der pfarrer spricht:

Ja, über ein tag oder zwen,
so wil ich selbert zu euch gen,
euren man helfn und ledig machen.
des hab kein zweifel in den sachen, 270
als from als ich ein priester bin.

Eulenspiegel neigt sich und spricht:

Habt dank, nun ziech wir frölich hin,
das ir euch der verlaßnen armen
so gutwilliglich wölt erbarmen.

Sie geen beide ab.

Der pfarrer spricht:

Mein kollorin ist in der stat 275
lang, doch nit vil zu schaffen hat;
ich fürcht, sie tu in schaltsberg hauen,
ich muß gen auf die straßen schauen.

Der pfaff geet ab.

Der wirt komt und spricht:

Laß schaun, ob der pfarrer wöll lösen
mit eim talr die blinden bösen, 280
er ist ie sonst ein karger hunt,
wie all baurn von im sagen tunt.
so er ein pfenning ausgebn sol,
so schaut er in vor dreimal wol.

---

9. 277 **in schaltsberg hauen**, sprichwörtlich: lose Streiche machen.

9. Der Eulenspiegel mit den blinden.

Eulenspiegel
kommt mit der wirtin und spricht:

Wirt, bald laß aus die armen blinden, 285
so ligen in dem seustal hinden.
der pfarrer bei seim priesteramt
wil solchs ausrichten alle samt,
euch helfen. wirtin, ists nit war?

Die wirtin spricht:

Ja, über zwen tag, sagt er klar, 290
wöll er dir helfen, lieber man.

Hans Wirt spricht:

So kom, laß wir die blinden gan,
dieweil sie habn ein andern zaler,
der für sie geben wil den taler.
wie wern die schelk also fro sein! 295
ich wiln gleich schenkn ein brenten wein.

Wirt und wirtin geen aus.

Eulenspiegel spricht:

Ich wil mich heben aus der trüpfen,
weil ich tet an einander knüpfen
den wirt unde disen dorfpfaffen,
hab ich gemachet beid zu affen, 300
das sie beid sam rumoren wern
umb den taler; ich möchts hörn gern;
wils wol erfarn, wenn ich widrumb
in dises dorf Egelsheim kum.
auf das niemant mein schalkheit spür, 305
nim ich urlaub hinder der tür.

Eulenspiegel geet ab.

Der pfarrer
komt, hat den stol am hals, ein buch und gerten in der hant
und spricht:

Ich wil zurichten mein beschwerung;
mir wirt werden ein gut vererung

---

9. 297 trüpfe, Traufe. — 301 beid sam, wie beide sander, alle beide.
— 306 nim ich urlaub hinder der tür, mache ich mich ohne Abschied davon.

9. Der Eulenspiegel mit den blinden.

vom wirt, wenn ich den teufl austreib.
da wil mich holen gleich sein weib. 310

Die wirtin komt und spricht:

Herr pfarrer, mein man schickt mich her,
ir solt mir geben den taler;
wie ir denn habt verheißen mir.

Der pfarrer spricht:

Ei, welchen taler saget ir?

Die wirtin spricht:

Ei, den taler für die drei blinden. 315

Der pfarrer spricht:

Eurem man tut sein hiren schwinden,
erst merk ich, das er ist besessen.
ich wil iezunt vor suppen eßen,
wil darnach kommen in beschwern.

Die wirtin spricht:

Mein man wirt euch wol zalen lern, 320
wie ir mir verhießt vor zwein tagen;
iezunt tut ir ein anders sagen,
mein man sei unsinnig und bseßen.
habt ir eur zusagung vergeßen,
wölt ir eur maul machn zu einr taschen? 325

Der pfarrer spricht:

Du hast gar vil hosen zu waschen.
merk an deiner red und geber,
du laufst also schlaftrunken her,
es hat dir solchs heint traumt von mir.

Die wirtin spricht:

Ich wil mein man schicken zu dir, 330
der sol dich umb dein unzucht strafen,
allers losen, verlogen pfaffen.

Sie lauft hin.

---

9. 331 unzucht, ungebührliches Betragen.

9. Der Eulenspiegel mit den blinden.

Der pfaff spricht:

Ich glaub, die wirtin sei auch winnig,
bseßen, zerrütt und gar unsinnig,
weil sie mich schmecht, umb schult anklagt 335
und mir von einem taler sagt
und dreien blindn in einer sum,
so weiß ich ie kein wort darum.

**Der wirt
komt mit eim schweinspieß und spricht:**

Pfaff, gib den taler mir heraus.
warumb entbeutst mir in mein haus, 340
ich sei bseßn, du wölst mich beschwern,
und schmehst mich und mein weib an ern?
zal mich nur bald, oder ich wil
mit dir anhebn ein anders spil,
allers heillosn, verlogen mans! 345

Der pfarrer spricht:

Ei, sei gsegnet, mein nachbaur Hans!
der wütig teufel ret aus dir,
wil ein taler haben von mir.
leg hin dein spieß, ich wil dich bschwern.

Der wirt spricht:

Gib, was die blinden tetn verzern, 350
bhalt dir dein bschwerung und dein segen;
solch gespöt treiben allerwegen
die verlogen und bösen zaler.
pfaff, gib mir nur bald her den taler,
oder ich stoß mein spieß in dich. 355

Der pfaff schreit und spricht:

Zeter, wafen, helft retten mich,
ir liebn nachbaurn, mein Heinz Biertopf,
und du mein gevatter Dolhopf!

Die baurn kommen geloffen.

---

9. 332 winnig (winnec), wahnsinnig. Im Original steht als Druckf.
wenig. — 340 entbeutst, entbietest, läßt mir sagen. — 356 wafen (wit
Hülferuf, wehe.

9. Der Eulenspiegel mit den blinden.

Biertopf spricht:

Was da, was ist das für ein strauß?
was machst dem pfarrer in seim haus?   360

Der pfaff spricht:

Ach, Hans Wirt ist besessen worn,
komt in pfarrhof und wil rumorn,
wil mir nur ein taler abnöten,
und droet, mich da gar zu töten,
und bin im doch kein pfenning schuldig.   365

Ulein Dolhopf spricht:

Ach, Hans Wirt, sei nit ungedulbig,
ich sih fürwar wol, was dir bricht,
der teufl dir aus dein augen sicht.
ei, laß dich den nit also reiten
und laß dirs abhelfen bei zeiten,   370
e der bös geist bei dir einwurz.

Hans Wirt der spreißt sich und spricht:

Ich wil mein taler haben kurz,
es sag der pfaff gleich was er wol.

Heinz Biertopf spricht:

Ei nachbaur, wenn man dir helfen sol,
so laß farn solche fantasei.   375
wir wöln mit dir heim gen all drei,
das du nicht etwan tust ein schaden,
oder springst aus zum kammerladen,
oder fallst etwan in ein brunnen.
ich merk, du bist gar unbesunnen,   380
das du so rumorst in der pfarr.

Der wirt spricht:

Laß mich gen, du bist selb ein narr.
ich wil mein talr vom pfaffen han.

Der pfaff spricht:

Get, fürt in hin und legt in an,

---

9. 367 bricht, gebricht, fehlt. — 371 einwurzen, einwurzeln. — 394 an-
gen, anbinden.

fert euch nichts an sein widerred, 385
bint in ein bachtrog ir all beb
den hartselig besessen tummen.
ich wil auf der fart nachhin kummen
und im helfen des teufels ab
durch mein beschwerung, die ich hab. 390

Die zwen füren in mit gewalt dahin, laßen in zabeln*
und schreien.

Der pfaff spricht:

Ich wil gen die ruten einweichen,
dem wirt sein haut gar wol durchstreichen
und mein beschwerung dazu sprechen.
im ist nit leichtlich abzubrechen,
dieweil er den geizteufel hat, 395
der schreit nach talern frü und spat.
der teufel fert nicht geren aus,
wo er einwurzet in eim haus,
on ru den menschen er stet übet,
auch ander leut teglich betrübet 400
und richtet an vil ungemachs,
an allen orten, spricht Hans Sachs.

Die personen in das spil.

Eulenspiegel.
Lörl, der erst blint.
Lütl, der ander blint.
Liendl, der drit blint.
Hans Wirt.
Die wirtin.
Der pfarrherr.
Heinz Biertopf.
Ula Dolhopf.

Anno M. D. LIII. am 4. tag Septembris.

---

9. 387 hartselig, unglücklich. — tumm, wahnsinnig. — 388 auf der fart, sogleich. — * zabeln, zappeln. — 391 einweichen, einweihen. — 394 abbrechen, Abbruch thun.

10.

Die ungleichen kinder Eve.

(1553.)

Comedia, wie sie Got der Herr anret. Hat neunzehn personen
und fünf actus.

Der ernholt
trit ein, neigt sich und spricht:

Heil und genad von Got dem Herren
sei all den, so von nah und ferren
versamlet seint an dises ort,
zu hören da von wort zu wort
ein comedi und lieblich gdicht, 5
das ursprünglich hat zugericht
im latein Philipps Melanchthon,
und nun zu gut dem gmeinen mon
auch in teutsche sprach ist gewent
und helt kurz in das argument: 10
nach dem und Adam wart austriben
vom parabeis, darnach ist bliben
auf ert hartselig in arbeit,
wie Got der Herr ist auf ein zeit
herkommen in diß jammertal, 15
zu trösten sie in dem unfal

---

10. Gedichte, Buch I, Th. 1, Bl. 10ᵇ; SG 8. — Ueber die Quelle vergl.
Goedeke's Anmerkung zu den „Liedern", Nr. 100, und meine Einleitung.

und sein kint zu examiniern,
wie sie in Gottes wort studiern;
da Got der Herr den Abel fint
und seins gleichen ghorsame kint,   20
die im antworten auf den tag
verstendig wol auf alle frag,
daß der Herr gleich hat ob in allen
ein sonder herzlich wolgefallen
und segnet dieselben, auf erden   25
große und herrlich leut zu werden.
nach dem aber der Herre Got
anret den Cain und sein rot,
da fint er sie in antwort blos,
unkönnent, glaublos und gotlos.   30
darob der Herr unwillig ist,
sagt in, sie werden in der frist
auf erden gar hartselig leut,
und dem frommen Abel gebeut,
das er sein bruder underweis,   35
das Abel tut mit allem fleis.
das verdreußt den Cain so ser,
und aus des satans weis und ler
erschlegt er in aus neid und has;
darumb in Got straft, sagt im, das   40
er fort auf ert müß flüchtig sein.
nach dem heißt Got die engel sein
des frommen Abels leib begraben,
tut Adam und Eva begaben
mit einem frommen son, dem Set,   45
zum erstgebornen in bestet,
der sie forthin tröste auf erden,
wie ir solichs als sehen werden
und hörn mit worten und geberden.

   Eva trit ein und spricht:

Ich bin das armutseligst weib   50
beide an sel und auch an leib,
seit das ich folget an den orten
den schmeichelhafting süßen worten

---

10. 38 weis, Weisung, Anleitung. — 46 besteten, bestellen, bestätigen.

10. Die ungleichen kinder Eve

der hellisch satanischen schlangen,
die mich hat listig hindergangen, 55
sam hab uns Got aus neid und haß
die frücht verboten und auf das
wir nicht im gleich auch götter werden.
es hab auf im gar kein gescrben,
ob wir gleich diß gebot verbrechen. 60
Got der wert es nicht an uns rechen,
er sei nicht so grausam und streng;
macht mit den worten nach der leng,
das ich aß der verboten frucht;
derhalb ich forthin bin verflucht 65
von Got und hab sein gnad verlorn.
ich bin nun auch austriben worn
vom paradeis, muß auf der ern
mit schmerzen mein kinder gebern,
mich auch ducken vor meinem man. 70
ach Got, groß übel hab ich tan?

Adam komt und spricht:

Grüß dich Got, Eva, mein liebs weib.
ich bin ganz müd und mat von leib;
ich hab drauß graben und gehauen,
das unfruchtbar ertreich zu bauen, 75
das ist mir also sauer worn,
wann es tregt nur distel und dorn,
auf das ich nach Gottes geheiß
in meines angesichtes schweiß
das hartselig brot hab zu eßen. 80
wie bist so traurig auft tür gießen,
mein liebes weib, was ligt dir an?

Eva spricht:

Ach, was fragstu, mein lieber man?
ich bin ein ursach diser not,
das wir eßen hartselig brot, 85
als ich im fronen paradeis
hab geßen die verboten speis.

---

10. 59 es hab auf im gar kein geserben, es hab: keine Gefahr auf
H. — 63 nach der leng, auf die Länge, endlich. — 68 ern, Erden. —
sich ducken, sich beugen, gehorsam sein. — 86 fron, heilig.

darburch lig wir, auch nit dest minder
all unser nachkommen und kinder,
in Gottes fluch und ungenaden, 90
in immer ewiglichen schaden,
underworfen dem ewing tot,
darein uns hat gestoßen Got.
derhalb mag ich auf diser erden,
dieweil ich leb, nicht frölich werden, 95
sondern leben in reu und klag.

Adam der spricht:

Ach mein Eva, nicht gar verzag,
ob wir gleich vil leiden auf erden.
unser fal muß gebüßet werden
durch mancherlei kreuz und trübsal 100
allhie in disem jammertal;
aber von dem ewigen sterben
wirt uns lösen und hult erwerben
des weibs gebenedeiter sam.
drumb ist uns Got nit feint noch gram, 105
sonder wirt sich bald unser armen
durch sein güt und milde erbarmen.
ich hab von Gabriel vernommen,
der Herr wert morgen zu uns kommen,
bei uns halten ein hohes fest, 110
und uns solichs verkünden lest
und wil schauen, wie wir haus halten,
auch wie wir unsrer kinder walten,
wie wir sie auch den glauben lern,
auch wie sie Got fürchten und ern; 115
nach dem wirt er uns leicht begnaden.
darumb so tu die kinder baden,
strel in und schmück sie allesant
und leg in an ir feirgewant;
kere das haus und streu ein gras, 120
auf das es hierin schmeck dest bas,
wenn Got der Herr komt morgen rein
mit den lieben engelen sein.

---

10. 121 schmecken, riechen.

10. Die ungleichen kinder Eve.

Eva spricht:

O Adam, mein herzlieber man,
soliches wil ich alles tan,   125
weil Got der Herr wil kommen rein.
ach lob sei Got, dem schöpfer mein,
das er doch noch an uns gedenket
und in diß ellent zu uns lenket
aus seinen vetterlichen gnaden!   130
so wil ich heint die kinder baden
und das haus schmücken um und um,
auf das, wenn morgen der Herr kum,
das es als rein und sauber sei,
das er uns segn und benedei.   135
ich hoff und glaub, er wert es tun.

Adam spricht:

Wo ist Abel, mein lieber sun?

Eva spricht:

Er ist dauß und füttert die schaf;
er ist from und gibt umb die straf
gotsfürchtig und sucht Gottes er,   140
auch mit im andre kinder mer,
darob ich ganz erfreuet bin.

Adam spricht:

Wo ist denn unser son Cain,
der wüstling und bös galgenstrick?

Eva spricht:

Ach, wenn ich sein denk, ich erschrick. 145
was solt das belialstint tun?
ich hieß den unghorsamen sun,
er solt holz tragen in das haus,
da floch er nur und lof hinaus
und tet mir lang herwider murren,   150
tut etwan auf der gaß umbschnurren

---

10. 139 geben um, auf etwas achten und sich zu Herzen gehen lassen. —
151 umbschnurren, sich umhertreiben.

und schlegt sich villeicht mit den buben,
kan in nicht bhalten in der stuben;
vom himmel so scheint auch kein tag,
es komt über in etlich klag; 155
dasselbig quelet mir mein herz.

Adam spricht:

Mich peinigt auch die forcht mit schmerz,
wir werdn nichts guts an im erleben,
weil er wolt umb kein straf nie geben.
er ist ganz gotlos und mutwillig, 160
handelt mit wort und werk unbillig,
die andern kinder auch verfürt
auf schalkheit, das sich nicht gebürt;
er steckt aller untugent vol.

Eva spricht:

O, solichs weiß ich selber wol. 165
da komt Abel, der liebe sun.
hastu die scheflein füttern tun?
ge, such Cain, den bruder dein,
und sag im, das er kom herein.

Abel spricht:

Ja, liebe muttr, das tu ich gern, 170
förcht doch, er wert mich schlagen wern,
wenn ich in heiß herheimer gan.

Eva spricht:

Ei, er wirt dir gar nichts nicht tan.
wir haben von eim engl vernommen,
der Herr wert morgen zu uns kommen. 175

Abel spricht:

Ach, des freu ich von herzen mich,
das den Herren sol sehen ich,
von dem mir vil gesaget hat
du und der vatter frü und spat.
nun ich wil suchn den bruder mein. 180

Adam spricht:

So wöll wir in das haus hinein,
das zieren auf das schönst und best
auf Got und die englischen geist,
und wöllen das in allen ecken
mit schön grünen meien bestecken, 185
das es wirt lustig und wol schmecken.

Sie geen alle ab.

Actus 2.

Abel
get ein, ret mit im selbs und spricht:

Wo sol ich nur den Cain finden?
er ist etwan under den kinden;
hab in lang gesucht hin und her,
kont nicht wol wißen, wo er wer. 190
schau, schau, wer lauft so gschwint herein?
es wirt warlich mein bruder sein;
er ists, es ist nicht recht zugangen,
er hat abr ein unglück angfangen.
Cain, Cain, wann her so gschwint? 195

Cain komt und spricht:

Wer ruft mir? schau, du mutterkint,
bist dus, ich het ein lust zu wagen,
die faust dir an den kopf zu schlagen.

Abel spricht:

Cain, kom herein schnelliglich,
die mutter die muß waschen dich. 200

Cain spricht:

Ich hab iezunder ein gewaschen;
hetn mich die buben tun erhaschen,
sie heten wider gwaschen mich.

---

10. 201 ein, einen, jemand.

Abel spricht:

Du fleist allmal des habers dich,
ich mein, du wölst ein mörder wern. 205

Cain spricht:

Ich wils ein mal versuchn auf ern
an dir, du schalk, hastus vernommen?

Abel spricht:

Got der Herr wirt morgn zu uns komen
mit den lieben engelen sein;
drumb mach dich auf und kom herein, 210
das du dich badest, schmückst und zierest
auf das fest den Herren glorierest.

Cain spricht:

Das fest sei gleich hoch oder niber,
ficht mich nicht an, ich wil gen wider
zum spil und meinen spilgesellen. 215

Abel spricht:

Ei kom, du must dich auch darstellen
dem Herrn als ein gotselig kint.

Cain spricht:

Ich wil mich wol listig und gschwint
stellen, sam ich gotsförchtig sei,
doch bleiben wol ein schalk darbei. 220
wer sagts, das Got wert zu uns komen?

Abel spricht:

Ich habs von der mutter vernommen.

Cain spricht:

Der Herr blib mir vil lieber dausen.

Abel spricht:

Ach, wie magstu so gotlos hausen?
betn wir nicht, das Got zu uns kum 225
und uns behüte umb und um?

---

10. 212 glorieren, preisen.

10. Die ungleichen kinder Eve.

Cain spricht:

Hab also wol bet heur und fert,
doch seiner zukunft nie begert.
ich nem diß lebn, das Got hat geben,
und ließ Got sein ewiges leben; 230
wer weiß, wie es dort zu wirt gen!

Abel spricht:

Wie magstu also gotlos sten,
förchtstu dich denn nicht vor der hel?

Cain spricht:

Was verdamnus, o lieber gsel!
der vatter sagt wol vil darvon, 235
das ich doch nie geglaubet hon.

Abel spricht:

Du wirsts ein mal wol innen wern.

Cain spricht:

Du lecker, wiltu mich erst lern?
ich weiß wol, was ich glauben sol.
wil mich der Herr nicht haben wol 240
im himl, mich hat der teufel gern.

Abel spricht:

Kom, Cain, wie magst so gotlos wern?
der vatter sagt, du solt bald kommen.

Cain spricht:

Ich hab es wol von dir vernommen.
wenn ich nicht förcht die ruten mer 245
denn Gottes ghorsam, forcht und er,
so blib ich in der gaß herunden,
kem noch nicht heim in zweien stunden.

Sie geen beide ab.

Adam und Eva kommen.

Adam spricht:

Wenn kommen unser sön herein?

---
10. 228 zukunft, die Ankunft, das Kommen.

Abel get ein.

Eva spricht:

Da komt unser Abel allein. 250

Adam spricht:

Abel, wo bist gewest so lang?

Abel spricht:

Ich hab getan ein weiten gang
und sucht Cain, der lof daher
und brummet wie ein wilder ber,
het sich mit den buben geschlagen. 255

Eva spricht:

Ach lieber Got, ich muß dirs klagen,
was soll wir mit dem lecker tun?

Adam spricht:

Wo ist der ungeraten sun?

Abel spricht:

Er sitzet baußen vor der tür
und schauet gar tückisch herfür. 260

Adam schreit nauß:

Cain, Cain, wo bist du?
kom rein zu mir und hör mir zu.

Cain ret mit im selbs:

Du rufest noch wol dreimal mir,
e das ich gib ein antwort dir.

Adam spricht:

Wo bleibst, Cain? kom rein zu mir? 265

Eva spricht:

Kom, Cain, der vatter ruft dir.

Cain spricht:

Ich sitz allhie, wo solt ich sein?

10. Die ungleichen kinder Eve.

Adam der spricht:

Laß baden dich und kom herein,
kemmen und putzn auf den festtag,
dich zieren nach des Herren sag, 270
zu opfern, betn und predig hörn.

Cain spricht:

Ach, was wilt mich damit betörn!
ich wolt, das opfr, predig und bet
nie wer erdacht, wann ich wolt spet
vil lieber füchs und hasen jagen, 275
denn hören vil vom glauben sagen,
oder mit bösen buben laufen,
spilen, und mit in schlagn und raufen.

Adam spricht:

Ach, du lest von deinr schalkheit nicht,
du bist gotlos und gar entwicht. 280
Got wirt morgn kommn, verhören fast,
was du gutes gelernet hast.

Cain spricht:

Des guten wirt nicht gar vil sein,
ich wil dem Herren wol allein
opfern ein große garben stro 285
für mein gebet, des wirt er fro.

Adam spricht:

Unserm Herren ist mer allwegen,
vil mer an dem ghorsam gelegen,
denn an opfer warhaftiglich,
drumb laß auf das best baden dich, 290
dast erscheinst vor dem Herren rein.

Cain spricht:

Ich wil wol ungewaschen sein.
wenn mich die buben tun erhaschen,
wert ich wol umb den kopf gewaschen,
das mir rinnt übers maul das blut. 295

Eva spricht:

Hör, was der lecker sagen tut!
weil er nicht wil gebadet sein,
so bleib er ein unflat allein.

Cain spricht:

Ja, mutter, du retst recht darvon,
auf die weis wil ich bleiben nun.   300

Eva spricht:

So kom, Abel, laß waschen dich
samt andern kinden ghorsamlich,
wenn der Herr morgen ein wirt gan,
das ir sauber vor im tut stan.
so wirt der Herr den Cain finden   305
mit andern ungehorsam kinden
unlustig, zottet wie die seu,
sam sint sie glegen in der streu,
ein wüste, zerhaberte rot.

Abel spricht:

Ja, mutter, ich wil dir und Got   310
gar willig und gehorsam sein,
dieweil ich hab das leben mein,
samt andern frommen kinderlein.

Sie geen alle ab.

Actus 3.

Adam und Eva geen ein und Abel selb sechst und Cain auch selb sechst.

Adam spricht:

Eva, ist das haus auch gezirt,
auf das, wenn der Herr kommen wirt,   315
das es als schön und lustig ste,
wie ich dir hab befolhen e?

---

10. 307 unlustig, schmuzig.

10. Die ungleichen kinder Eve.

Eva spricht:

Alle ding war schon zubereit
ja nechten umb die vesperzeit.

Adam spricht:

Ir kinderlein, ich sich den Hern 320
mit sein engeln kommn von fern.
nun stellt euch in die ordnung fein,
und bald der Herre trit herein,
neigt euch und bietet im die hent.
schau zu, wie stellt sich an dem ent 325
der Cain und sein galgen rot,
sam wöllen sie fliehen vor Got!

Der Herr

get ein mit zweien engeln, gibt in den segen und spricht:

Der frid sei euch, ir kinderlein.

Adam hebt seine hent auf und spricht:

O himelischer vatter mein,
wir danken in unserm gemüt, 330
das du uns sünder durch dein güt
heimsuchst in unser angst und not.

Eva hebt ir hent auf und spricht:

Ach du treuer vatter und Got,
wie soll wirs verdienen umb dich,
das du komst so demütiglich 335
zu uns ellenden an diß ort!
dieweil ich hab veracht dein wort
und gefolgt der hellischen schlangen,
da ich die gröst sünt hab begangen
wider dich, drumb wirt mein gewißen 340
bekümmert, geengst und gebißen.

Der Herr spricht:

Mein tochter, sei zu friden eben,
deine sünde seint dir vergeben,
wann ich bin barmherzig und gütig,
genedig, treu und gar langmütig, 345

---

10. 319 nechten, gestern.

ein vatter der trostlosen armen.
ich wirt mich über euch erbarmen,
so ich euch sent in meinem namen
des verheißenen weibes samen.
der wirt von übel euch erlösen,   350
zertreten die hellischen bösen
schlangen; doch mitler zeit und fort
solt ir euch halten an mein wort.
mit eim festen und starken glauben,
und laßt euch des niemant berauben.   355
das sol dieweil euer trost sein.

Adam spricht:

O himelischer vatter mein,
des sei dir lob, dank, preis und er
iezunt ewig und immermer.
nun, ir kinder, euch hieher macht   360
mit reverenz den Herrn entpfacht.
sich, sich, wie sich der Cain stelt
mit seiner rot so ungschickt helt
und went unserm Herrgot den rück!
went euch und habt euch als unglück,   365
entpfacht in nacheinander rum.

Cain
entpfecht den Herrn mit der linken hant und spricht:

Herre, nun bis mir willekum.

Eva spricht:

Ei, reicht ir denn an disem ent
unserm Herrgot die linken hent,
zieht auch nicht eure hütlein ab,   370
wie ich euch vor geleret hab,
ir groben filz on zucht und er?
mein Abel, kum zum Herren her
samt den ghorsamen brüdern dein,
empfahet Got den Herren fein.   375

---

10. 352 mitler zeit und fort, bis dahin und fortan. — 366 entpfahen, empfangen, begrüßen.

10. Die ungleichen kinder Eve.

Abel
beut dem Herrn die hant samt den frommen kindern
und spricht:

O Herr Got, du himlischer vater
ich dank dir, du höchster woltater,
der du dich unsr so gnediglich
annimst, wer kan vol loben dich?

Der Herr spricht:

Abel und dise fünfe sint   380
gehorsam wolgezogne kint.
komt, tut neher zu mir her treten.
saget mir her, wie könt ir beten?

Sie legen die heut zusammen.

Abel spricht:

O vatter in dem himelreich,
wir bitten dich andechtiglich,   385
du wölst uns senden allermeist
dein heiligen himlischen geist,
der uns erleucht mit der lieb flamen,
das wir heiligen deinen namen
und den in nöten rufen an.   390
laß uns kein falsche zuflucht han
zu irgent einer creatur,
darduch dein nam gelestert wur.

Set, der ander bruder, spricht:

Himlischer vattr, wir bitten gleich,
laß uns zukommen auch dein reich   395
durch dein heilig tröstliches wort,
das uns dasselb regiere fort;
laß das unser lucerne sein,
darnach wir wandeln allgemein.

Jared, der britt, spricht:

Laß dein willen gschehen auf erden   400
wie bei den engln im himel werden,

---

10. 379 vol, genügend. — 398 lucerne, Leuchte.

das wir ganz leben nach deim willen;
hilf unser böse natur stillen,
durch kreuz und leiden teglich dempfen,
das unser geist mög freudig kempfen, 405
dem fleisch und blut mög angesigen,
das es sich muß ducken und schmigen
samt der vernunft, das nur allein
in uns gscheh der gut wille dein.

Enoch, der viert, spricht:

Auch bitt wir, allmechtiger Got 410
vatter, umb unser teglich brot
und alle notturft über tag,
das alles uns durch dein zusag
zufellt gnedig zu aller zeit.
Herr, bhüt uns vor der geizigkeit, 415
die ein wurzel als übels ist,
und vergib uns in diser frist
unser schult, wie und wir vergeben
unsern schuldnern von herzen eben.

Matusalach, der fünft, spricht:

Ach himlischer vatter, ich bit, 420
für uns auch in versuchung nit,
sonder sterk uns durch deinen geist,
zu überwinden allermeist
bestendiglich alle anfechtung
in aller trübsal und durchechtung 425
und uns genediglich erner
vor ketzerei und falscher ler
des satanas und seiner glider;
da hilfe uns, Herr, kempfen wider.

Lamech, der sechst, spricht:

Auch bitt ich, Herr, tu uns erlösen 430
von allem übel und dem bösen
beide an leib und auch an sel,
in aller angst, not, pein und quel

---

10. 405 angesigen, c. dat., den Sieg gewinnen über. — 425 durch-
fechtung, Verfolgung. — 426 erneren, erhalten, bewahren.

durch den gebenedeiten samen,
den du uns hast verheißen, amen. 435

   Der Herr spricht:
Abel, was heißt das wort, amen?

   Abel spricht:
Das wir darbei erkennen den
ungezweifelt, du werdsts als tan,
was wir von dir gebeten han.

   Der Herr spricht:
Set, warbei bistu gwis auf ert, 440
das dein gebet erhöret wert?

   Set spricht:
Bei deinr verheißung wir das han,
die uns nimmermer felen kan,
wann du bist ein Got der warheit;
was du verheist, das gschicht allzeit. 445

   Der Herr spricht:
Jared, wenn Got nit gibt, was man
bitt, was muß denn der glaubig tan?

   Jared spricht:
Da sol er gar nicht laßen ab
zu hoffen, sonder sich vest hab
an Gottes gnedige zusag, 450
die genzlich nicht ausbleiben mag.
Got allein weiß die rechten zeit.

   Der Herr spricht:
Enoch, wenn Got verzeucht gar weit
zu geben, warumb geschicht das?

   Enoch spricht:
Es geschicht, das wir bester bas 455
dardurch uns üben in dem glauben,
laßen die prob uns nicht berauben,
sonder bleiben in hoffnung stet.

---

10. 437 ben, benn. — 449 haben an, halten an.

Der Herr spricht:

Matusalach, wenn das gebet
von Got bleibet gar ungewert,
sag, was gedenket ir auf ert,
wo bleibet alsdenn euer hoffen?

Matusalach spricht:

Aus dem wirt dem glaubing frei offen,
weil Got die gab nicht geben tut,
das im gar nicht wer nütz und gut,
wo er im die selb gab het geben.

Der Herr spricht:

Ir habt geantwort wol und eben
all sechs vom heiligen gebet,
wie ir das treibet frü und spet.
könt ir auch die zehen gebot?

Lamech spricht:

Ja, himlischer vatter und Got.
hilf, das wir sie verbringen tunt,
wie wirs bekennen mit dem munt.

Der Herr spricht:

Abel, wie heißt das erst gebot?

Abel spricht:

Du solt glauben an einen Got,
nicht fremde Götter nebn im han.

Der Herr spricht:

Wie verstest du das? zeig mir an.

Abel spricht:

Wir solln auf Got übr all ding schauen,
in fürchten, lieben und vertrauen.

Der Herr spricht:

Set, wie heißt das ander gebot?

Set spricht:

Du solt den namen deines Got
nicht unnützlich und spötlich nennen.

10. Die ungleichen kinder Eve.

Der Herr spricht:
Was ist das gsagt? tu mir bekennen.

Set spricht:
Wir solln Got förchten, liebn und ern,
bei seim namen nit fluchn und schwern, 485
zauberen, liegen noch betriegen,
sondern in loben unverschwiegen.

Der Herr spricht:
Jared, wie heißt das dritte? sag.

Jared spricht:
Du solt heiling den sabbattag.

Der Herr spricht:
Was gebeut Got an disem ort? 490

Jared spricht:
Das wir solln hören Gottes wort
und uns Got genzlichen ergeben
mit gedanken, wort, werk und leben.

Der Herr spricht:
Enoch, was tut das vierte lern?

Enoch spricht:
Du solt vatter und mutter ern. 495

Der Herr spricht:
Wie verstest das gebot allein?

Enoch spricht:
Wir solln den eltern ghorsam sein,
in dienen, sie haltn lieb und wert,
so wert wir lang leben auf ert.

Der Herr spricht:
Matusalach, zeug das fünft gbot. 500

Matusalach spricht:
Du solt niemant schlagen zu tot.

Der Herr spricht:
Was ist das gsagt, du mich bescheit.

Matusalach spricht:
Wir solln dem nechsten tun kein leit,
sonder vor schaden bhütn auf ern, 505
im tun, wie wir von im begern.

Der Herr spricht:
Lamech, tu mir das sechst aussprechen.

Lamech spricht:
Das heißt, du solt nicht eebrechen.

Der Herr spricht:
Wie tust du das gebot verstan?

Lamech spricht:
Wir solln ein züchtig leben han
in gedanken, werken und worten 510
im estant und an allen orten.

Der Herr spricht:
Abel, wie heißt das sibent gbot?

Abel spricht:
Du solt nicht stelen, so spricht Got.

Der Herr spricht:
Sag, wie man das vernemen tut?

Abel spricht:
Da soll wir dem nechsten sein gut 515
nicht entfremden oder abliegen
mit wucher, raub oder betriegen.

Der Herr spricht:
Set, wie heißt das acht? sag mir eben.

---

10. vernemen, verstehen. — 516 abliegen, ablügen, durch Lug und
Trug abnehmen.

10. Die ungleichen kinder Eve.

Set spricht:

Du solt kein falsche zeugnus geben
wider den nechstn aus neit und has. 520

Der Herr spricht:

Sag mir, wie versteestu das?

Set spricht:

Mit nachred solt niemant verliegen,
verraten, versagn noch betriegen,
nicht verkleinern an grücht und ern.

Der Herr spricht:

Jared, was tut das neunte lern? 525

Jared spricht:

Solt nicht begern deins nechsten haus.

Der Herr spricht:

Sag mir, was lerest du daraus?

Jared spricht:

Wir sollen nicht begern im lant
des nechsten wirt, er ober stant,
im nicht geferlich darnach stelln. 530

Der Herr spricht:

Enoch, das zehent tu erzeln.

Enoch spricht:

Solt nicht begern, das zehent sagt,
deins nechsten weib, knecht oder magt,
vich ober beines nechsten gut.

Der Herr spricht:

Sag, was dasselb gebieten tut? 535

---

10. 523 versagen, verleumden. — 529 wirt, wirde, Würde.

Enoch spricht:
Das wir weib und gsint nit verfürn
dem nechsten, das nicht tut gebürn,
abspenen und abwendig machen.

Der Herr spricht:
Ir habt ganz recht zu allen sachen
geantwort, lieben kinderlein.   540
sagt ob ir auch könt allgemein
euren gelauben hie bekennen.

Sie sprechen alle ja.

Der Herr spricht:
Tut mir die stück desselben nennen.

Abel spricht:
Ich glaub in Got, den vatter wert,
ein schöpfer himels und der ert.   545

Set spricht:
Ich glaube auch an den heilant,
der von dem himel wirt gesant,
der dem satan den kopf zertrit
und menschlich gschlecht erlöset mit.

Jared spricht:
Ich glaub auch an den heiling geist,   550
der uns auch tröstet allermeist.

Enoch spricht:
Ich glaub auch ein heilige gmein,
die all himlische burger sein.

Matusalach spricht:
Ich glaub auch vergebung der sünt,
die durch den heilant wirt versünt.   555

Lamech spricht:
Ich glaub ein auferstehung eben
des fleisches und ewiges leben.

---

10. 538 abspenen, abspenstig machen.

10. Die ungleichen kinder Eve.

Der Herr spricht:
Abel, was heißt glauben in Got?

Abel spricht:
So wir auf in in aller not
uns verlaßen und auf in schauen, 560
als eim vatter von herzen trauen.

Der Herr spricht:
Was heißt ein schöpfer himl und erden?

Set spricht:
Das all creatur durch in werden,
und die er auch durch sein gewalt
allzeit erneret und erhalt. 565

Der Herr spricht:
Was heißt glauben an heiling geist?

Jared spricht:
Da hoff wir auf in allermeist,
das er uns unser herz erleucht,
mit glaub, hoffnung und lieb durchfeucht.

Der Herr spricht:
Was heißt dann die heilig gemein? 570

Enoch spricht:
Sint alle die, so glaubig sein
an dem Messiam und heilant,
der vom himel wirt hergesant.

Der Herr spricht:
Was ist denn vergebung der sünden?

Matusalach spricht:
Das ist, das uns Got leßt verkünden, 575
das uns durch den künftig heilant
ablaß der sünden wirt bekant.

---

10. 569 durchfeuchten, wie tränken.

Der Herr spricht:
Was ist denn des fleischs urestent?

Lamech spricht:
Das wir werden nach dem ellent
von den toten wider ersten 580
und in das ewig leben gen.

Der Herr spricht:
Ir kintlein, ir könt meine wort.
nun faret darin immer fort;
darzu wil ich geben mein geist,
der euch leret, tröstet und speist, 585
das ir komt zum ewigen leben.
wil auch in diser zeit euch geben
glück unde heil auf diser erden,
das groß leut aus euch sollen werden,
als köng, fürsten und potentaten, 590
gelert, prediger und prelaten,
auf das in eren wert erkant
euer nam rumreich in all lant.
darzu so habt euch meinen segen,
der bleib auf euch iezt und allwegen. 595

Raphael, der engel, spricht:
Zu lob wöllen wir Got hofieren
mit seitenspil, singen, quintieren,
dieweil sein gnad stet ganz aufrecht
zu dem ganzen menschlichen gschlecht,
wie ers zum ewing leben brecht. 600

Sie geen alle ab.

---

10. 578 urstent, Auferstehung. — 596 hofieren, mit Musik und Gesang preisen. — 597 quintieren, die Quinterne, ein der Zither ähnliches Instrument, spielen. — 598 aufrecht, aufrichtig, getreulich.

Actus 4.

Cain
get ein mit seiner bösen rot, samt dem Satan und spricht:

Wie sol wir armen schlucker tan,
wenn uns der Herr auch redet an,
das wir im sollen antwort geben
vom glaubn, gebet, gebot und leben?
ich weiß im zu antworten nicht.   605

Datan, der aufrürisch, spricht:

Solch disputiern mich nicht anficht.
het ich darfür würfel und karten,
der wolt ich fleißiger auswarten,
oder zu spilen in dem bret
wer lieber mir denn das gebet,   610
da mir etwan geriet ein schanz.
mit dem glauben ich gar und ganz
den meinen kopf nicht brechen wil.

Nabal, der vol*, spricht:

O du hast meines kopfs auch vil,
der predig tu ich nicht nachlaufen.   615
het ich zu freßen und zu saufen
die nacht biß an den hellen morgen,
Got ließ ich für sein himel sorgen.

Achan, der dieb, spricht:

Mir ist auch, wie du hast gemelt,
het ich groß reichtum, gut und gelt,   620
wer gleich mit wucher oder btriegen,
mit stelen, rauben oder liegen,
wer mir auch lieber wann die schrift,
dieweil man sich daran vergift
so mit mancherlei ketzerei,   625
aberglauben und schwirmerei,
des wil der schrift ich müßig gen.

---

10. 605 auswarten, c. gen., verstärkt für warten, sich beschäftigen mit.
— * vol, unmäßig. — 623 wann, denn, als.

Esau, der wollüstig, spricht:

Ir brüder, ich tu bei euch sten.
mich erfreut wenig Gottes wort,
bet ich darfür an disem ort 630
auf erden allerlei wollüst,
darmit ich meinen fürwiz büst,
denn wer ich wol content darmit.

Nimrot, der tiran, spricht:

Ir brüder, ich hab auch den sit,
ich wolt vil lieber gwaltig sein, 635
und herschen in der welt gemein
über die reichen und die armen
und krieg füren on als erbarmen;
wann ich kan ringen, kempfn und fechten
vor fürsten, rittern und vor knechten; 640
das kan ich baß denn disputirn,
wil darmit schwechen nicht mein hirn.
geb ich nicht ein guten tiranen?

Satan, der teufel, spricht:

Ir seit all unter meinem fanen;
darumb lert euch nur nit an Got, 645
veracht seine wort und gebot.
ich bin ein fürst der ganzen welt,
kan schaffen euch gwalt, er und gelt;
da mögt ir allm wolluft nachlaufen,
spilen, bulen, freßen und saufen 650
und euch der jungen tag wol nieten.
tut unserm Herrgot den troz bieten,
seid auch unghorsam muttr und vater.
ich wil wol sein euer woltater,
euch genug schaffen hie auf ert 655
als was nur euer herz begert.

Der Herr geet ein mit Adam und Eva, der Satan verbirgt sich.

Der Herr spricht:

Cain, kom her mit deiner rot,
sag mir an, wie bet ir zu Got?

---

10. 634 sit, der, Sitte, Gewohnheit. — 651 sich nieten, c. gen. sich
sättigen an, etwas vollkommen genießen.

10. Die ungleichen kinder Eve.

Cain spricht:
Ach Herr, wir haben sein vergeßen.

Der Herr spricht:
Bei deiner red kan ich ermeßen, 660
das ir sein nicht vil habt gelert,
sonder eur sinn auf schalkheit kert.
nun, was du kanst, das bet mir her?

Cain spricht:
O vatter himel unser,
laß uns allhie dein reich geschehen 665
in himel und in erden sehen,
gib uns schult und teglich vil brot
und alles übel, angst und not. amen.

Der Herr spricht:
Wer lert dich das verkert gebet?

Eva spricht:
Ach lieber Herr, ich lert in stet. 670
es hilft kein straf, was ich tu sagen,
er tut es als in den wint schlagen
samt denen, so hie bei im stan,
namen kein zucht noch straf nie an,
tunt aller hoffnung mich berauben. 675

Der Herr spricht:
Du, Datan, sag mir her den glauben.

Datan spricht:
Ich glaub an Got, himel und erden,
und auch des samens weib muß werden
und des heiligen geistes namen,
die sünde, fleisch und leben. amen. 680

Der Herr spricht:
Ist so kurz deines glaubens grunt?

Datan spricht:
So vil ich kaum behalten kunt.

---
10. 661 sein, davon.

10. Die ungleichen kinder Eve.

Der Herr spricht:

Nabal, sag her die zehn Gebot.

Nabal spricht:

Herr, ich dacht nie, das es tet not,
das ich sie lert, ich kan ir keins.   685

Der Herr spricht:

Achan, du aber sag mir eins,
gedenkst du auch selig zu werden?

Achan spricht:

Ich weiß wol, wie es stet auf erden;
wies dort zuget, das weiß ich nicht;
doch wenn mich Got darzu versicht,   690
das ich auch selig werden söl,
so wirt ich selg, tu was ich wöl.

Der Herr spricht:

Esau, was heltst vom opfer du
in deim herzen? das sag mir zu.

Esau spricht:

Ich halt, Got wert das ewig leben   695
uns von des opfers wegen geben,
darmit wir es Got kaufen ab,
das er uns darnach mit begab,
wo anderst ein ewigs lebn ist?

Der Herr spricht:

Nimrot, sag mir zu diser frist,   700
was heltstu von dem ewing leben?

Nimrot spricht:

Das wil ich dir gleich sagen eben.
was mein augn sehen, glaubt das herz;
nicht höher schwing ich es aufwerz,
ich nem er, gut, reichtum vermaßen   705
und wolt dir deinen himel laßen.

10. Die ungleichen kinder Eve.

Der Herr spricht:

O wie gar ein glaublose rot,
die ganz und gar nichts helt von Got,
weder vom glauben noch gebet,
hengt nur an dem irdischen stet, 710
was wol tut irem fleisch und blut
und der Satan einblasen tut!
derhalben so müßt ir auf erden
hart und armutselig leut werden,
als baurn, köbler, schefer und schinder, 715
badknecht, holzhacker und besenbinder,
taglöner, hirten, büttel und schergen,
kerner, wagenleut unde fergen,
jacobsbrüder, schuster und lantsknecht,
auf ert das hartseligst geschlecht, 720
und bleiben grob und ungeschicket,
her gen zerhadert und geflicket
hin und herwider in dem lant,
vor iederman zu spot und schant.
wo ir euch nicht zu mir tut keren, 725
glauben, gebot und bet tut leren,
wert ir auch entlich gar verdamt.
darumb, Abel, hab dir das amt,
dein bruder baßer underricht.

Abel spricht:

Herr, mein fleiß wil ich sparen nicht, 730
wo sie anderst mir folgen wöllen,
von mir sie all wol leren söllen
dich allein fürchten, liebn und ern.

Gabriel, der engel, spricht:

Auf das die sünder sich bekern,
komt her, ir engelischen trön 735
mit eurem lieblichen getön

---

10. 715 köbler (von Kobel), Häusler, Kotsaße. — 718 ferge, Fährmann. — 719 jacobsbrüder, Vagabunden, die als Wallfahrer auftreten. — 729 baßer, zu baß, besser. — 735 trön, Herrschaften: Ordnungen der Engel.

zu lob göttlicher majestat,
die all ding wol geordnet hat.

Sie geen alle ab.

Actus 5.

Cain
get ein mit dem Satan und spricht:

Mein brudr Abel ist wol zu hof,
er ist worden unser bischof. 740
der Herr treibt mit im großen pracht,
uns sonst all verspot und veracht.
söll wir uns alle vor im bigen
und im unter den füßen ligen,
es wirt uns gar hart kommen an. 745

Der Satan spricht:

Warumb wolt ir dasselbig tan?
ir seit doch gleich so gut als er,
komt ir doch all von Adam her;
darzu bist du der erstgeborn,
dir sol die schmach tun billich zorn. 750

Cain spricht:

Ja, mir ist mein gemüt und herz
mit heßigem, neidigen schmerz
erfüllt, das es gleich überget.

Der Satan spricht:

Wenn er dir denn streflich zuret
und aus dir treibet seinen spot, 755
so schlag du in ein mal zu tot,
als dann komst sein mit eren ab.

Cain spricht:

Langst ich das ausgesunnen hab.
iezt wirts gleich gut, so wir all zwen
aufs felt naus zu dem opfer gen. 760

---

10. 752 heßig, gehässig.

10. Die ungleichen kinder Eve.

wil in erschlagen und eingraben,
das wir darnach ru vor im haben.

Abel komt und spricht:
Bruder, wöll wir ein opfer tan?

Cain, sein bruder, spricht:
Ja wol, fach du am ersten an.
Sie opfern beid.

Der Herr komt und spricht:
Cain, warumb ergrimst auf ert, 765
warumb verstellt sich dein geberd?
ists nicht also? wenn du werst frum,
so werst du angnem, und darum,
bist aber bös, so glaube mir,
die sünt bleibt nicht verborgn in dir. 770
du solt die sünde in dir stillen
und ir nicht laßen iren willen.
Der Herr get ab.

Abel kniet bei seinem opfer, Cain, sein bruder, spricht:
Bruder, mein garb hab ich ausdroschen,
darumb mein opfer ist erloschen;
dein feists vom schaf das flammet for. 775

Abel spricht:
In allen dingen Got die er,
der uns sel, leib, er, gut und leben
umbsonst aus gnaden hat gegeben!

Satan zeigt Abel zu töten; Cain schlegt in nider,
der Satan hilft in zudecken und fleucht.*

Der Herr komt und spricht:
Cain, wo ist Abl, der bruder dein?

Cain spricht:
Sol ich meins bruders hüter sein? 780
was ficht mich wol mein bruder an?

---

10. * zeigen, durch ein Zeichen auffordern.

Der Herr spricht:

O Cain, was haſtu getan!
die ſtim von beines bruders blut
zu mir im himel rufen tut.
die erden die ſei auch verflucht,   785
der munt deins bruders blut verſucht,
das ſie entpfint von deinen henden,
ſol unfruchtbar ſein an den enden
und ir vermögen dir nicht geben.
auch ſo ſoltu durch al dein leben   790
auf ert flüchtig und unſtet ſein.

Der Satan
ret Cain in ein or und ſpricht:

O Cain, iezunt biſtu mein,
gilts, du wirſt iezt von deim gewißen
geengſt, gemartert und gebißen,
das dir die welt zu eng wil werden.   795
du biſt verfluchet ſamt der erden,
Got und menſchen iſt wider dich
und all creatur auf ertrich,
weil du dein bruder haſt erſchlagen;
drumb muſt verzweifeln und verzagen,   800
es wirt kein buß dir hilflich ſein.

Cain ſpricht:

Vil größer iſt die ſünde mein,
denn das ſie mir vergeben wert,
und du treibeſt mich von der ert
und treibſt mich von dem angſicht dein,   805
ich muß flüchtig auf erden ſein.
ſo wirt mirs gen nach diſen tagen;
wer mich fint, der wirt mich erſchlagen.

Der Herr ſpricht:

Nein, Cain, wer dich ſchlegt auf erden,
ſol ſibenfalt gerochen werden;   810
da mach an dich ein zeichen ich,
das niemant ſol erſchlagen dich.

---

10. 786 der, deren. — verſuchen, koſten. — 787 entpfint, empfindet, fühlt.

10. ¦Die ungleichen kinder Eve.

Der Satan fürt Cain ab, spricht:

Cain, tu dich an ein baum henken
oder in eim waßer ertrenken,
auf das du komst der marter ab,   815
und ich an dir ein helbrant hab.

Sie geen beide ab.

Adam
komt weinend mit der Eva und spricht:

Ach Herr und Got, laß dir es klagen,
Cain hat unsern Abl erschlagen,
das fromme gehorsame kint,
des wir leider beraubet sint   820
von Cain, der mit wort und taten
war unghorsam und ungeraten
und uns auch nie kein gut wolt tan,
kein zucht noch straf wolt nemen an.
ach lieber Herr, tröste doch uns   825
ob dem tot unsers frommen juns!
Herr, da ligt das unschuldig blut.

Der Herr spricht:

Ir engel, bald begraben tut
den Abel und bringt her den Set,
auf das er von mir wert bestet   830
für Abel, den sie habn verlorn.
Set sol nun sein der erstgeborn.

Die engel tragen Abel aus.

Eva spricht:

O lieber Herr, wiltu das tun?
Set ist auch ein ghorsamer sun,
von dem ich wert getröst zu letzt   835
und alles herzleits wert ergetzt.

Die engel bringen Set.

Der Herr spricht:

Den Set solt ir annehmen tun
für Abel, euren lieben sun,

---

10. 816 **helbrant**, Höllenbrand, der der Hölle verfallen ist.

von dem ich warhaft kommen laß
des weibes samen fürebaß 840
auf einen nach dem andern her,
biß mit der zeit doch kommet der
verheißen sam und der heilant,
der euch löst aus des fluches bant,
auf das ir kommet all geleich 845
zu mir in das himlische reich
und mit mir lebet ewigleich.

   Sie geen alle ab.

 Der ernholt komt und beschleußt:

So sich die comedi finirt,
aus der vier schöner ler uns wirt:
erstlich bei Adam und Eva 850
wirt uns gestellt für augen da,
wie durch den fal ganz menschlich gschlecht
vor Got verflucht wart und ungrecht,
underworfen vil angst und plag,
wie noch auf den heutigen tag 855
in hartsel stecken wir allsant,
ein kreuz dem andern beut die hant,
und eßen das hartselig brot,
wie solches hat befolhen Got.

 Zum andern, beim frommen Abel 860
da hab wir abgemalet hel
all gotsfürchtige menschen fort,
die gelauben dem Gottes wort
und dem gehorsamlich nachleben
und sich Got genzlich undergeben, 865
auf sein götlichen willen schauen,
in allen nöten im vertrauen
als irem himelischen vater,
dem aller höhesten guttater,
und werden durch den Geist getrieben, 870
iren nechsten herzlich zu lieben
und im zu tun auch alles gut,
geistlich und leiblich, wie in tut

---

10. 849 finiren, endigen. — 856 hartsel, hartsal, wie Mühsal.

ir himelischer vatter mer;
das tun sie Got zu dank und er. 875

 Zum dritten aber bei Cain
all gotlos leut bedeuten sin,
die Got verachten und sein wort,
glaublos leben an allem ort
nach der vernunft, fleisch unde blut 880
und was demselbigen wol tut,
dem kommens nach on alle scham
und stecken in der wollust schlam,
in sünden und lastern verstocket.
wie freuntlich Got sie zu im locket, 885
das ist in alles nur ein spot,
verfolgen, wer sie weist zu Got,
mit mörderei, neit, haß und zorn.
der Satan ligt in in den orn
und blest in alles arges ein, 890
auf das sie ewig bleiben sein.

 Zum vierten, bei Got wirt uns zeigt,
wie Got sei allezeit geneigt,
zu helfen menschlichem geschlecht,
zu bringen sie aus fluch und echt 895
durch den gebenedeiten sam,
darmit er tröst Eva, Adam.
das ist Christus, unser heilant,
welchen der vatter hat gesant,
von Maria leib ist ausgangen; 900
der zertrat das haubet der schlangen
am kreuz durch seinen bittern tot.
darmit hat er versönet Got,
menschlich geschlecht und Adams fal,
das wir nach disem jammertal 905
haben mit im das ewig leben,
das Got tut aus genaden geben,
da ewig freud uns auferwachs
mit allen engeln, wünscht Hans Sachs.

---

10. 677 sin, apokop. sind. — 880 nach der vernunft, d. h. nach ihrem menschlichen Verstande. — 895 echt, Acht.

10. Die ungleichen kinder Eve.

Die personen in die comedi.

Got der Herr.
Gabriel,
Raphael, } zwen engel.
Adam.
Eva.
Abel,
Set,
Jared,
Enoch,
Matusalach,
Lamech, } sechs gehorsam sön Eve.
Cain,
Datan,
Achan,
Nabal,
Esau,
Nimrot, } sechs ungeraten sön Eve.
Satan.
Ernholt.

Anno Salutis M. D. LIII.

11.

Der hörnen Seifrit,
ein son könig Sigmunts im Niderlant.

(1557.)

Tragedi mit siebzehn personen und hat siben actus.

Der ernholt
trit ein, neigt sich und spricht:
Heil und glück sei den erenvesten,
eblen und auserwelten gesten,
den ernbarn herrn und züchting frauen
und all den, so wölln hörn und schauen
ein wunderwirdige histori, 5
wol zu behalten in memori,
von einem kög im Niderlant,
der könig Sigmunt war genant.
der het ein son der hieß Seifrit,
welcher all höflichkeit vermit 10
an sitten, tugent und verstant,
groß, stark und ernstlich mit der hant;
erschlug ein drachen mit der hent
im wilden walt und in verbrent.
des drachen horn zerschmalz darnach, 15
floß aus dem feuer wie ein bach;

---

11. Gedichte, Buch III, Th. 2, Bl. 174; SG 11. — Hans Sachs kannte das Siegfriedlied (Hürnen Seifrit) und den großen Rosengarten des Heldenbuchs. Ueber Abweichungen von den bekannten Fassungen der deutschen Sage vgl. die Einleitung. — 12 ernstlich, tapfer. — 13 hent, hende, dat. zu hant.

darmit schmirt Seifrit seine glider,
und als das horn erkaltet wider,
von dem sein haut gar hörnen wart.
köng Gibich het ein tochter zart 20
zu Wurms am Rein, die hieß Krimhilt,
die füret hin ein drach gar wilt
auf ein gebirg unmenschlich hoch.
der hörnen Seifrit dem nachzoch,
da im ein zwerglein weiset das, 25
wiewol ein ris darwider was,
den er bestrit zum vierten mal,
entlich in rab stürzt in das tal.
nach dem erst mit dem drachen kempfet,
den er mit not fellet und dempfet; 30
die jungfrau er heim füren tet,
mit ir ein königlich hochzeit het.
nach dem wart von Krimhilt, der zarten,
geladen in den rosengarten
gen Wurms an Rein Dietrich von Bern, 35
der kam dahin willig und gern
und kempft mit dem hörnen Seifrit.
erstlich er forcht und schrecken lit,
doch durch list seins meisters Hiltbrant
mit kampf den Seifrit überwant, 40
den doch Krimhilt vom tot erret,
Dietrich von Bern begüting tet;
doch ir brüder aus neit unbsunnen
erstachen schlafent bei dem brunnen
iren schwager Seifrit darnach, 45
den Krimhilt schwur ein schwere rach.
wie diß als gschach mit werk und wort
wert ir orntlich an disem ort
hören und sehen in dem spil;
darumb seit fein züchtig und stil, 50
ist bitlich unser aller will.

   Der ernholt get ab.

  König Sigmunt aus Niderlant
get ein mit zweien reten, setzt sich traurig nider, spricht:

   Ir liebn getreuen, gebet rat,
Got mir ein son bescheret hat,

11. Der hörnen Seifrit.

welcher nach mir regieren sol,
der sich darzu nit schicket wol, 55
ist gar unadelicher art,
helt zucht und tugent widerpart,
ist frech, verwegen und mutwillich,
start, rübisch und handelt unbillich;
gar kein höflichkeit wil er lern; 60
es stet al sein gmüt und begern
allein zu grobn, beurischen dingen,
zu schlagen, laufen und zu ringen
und von eim lande zu dem andern
eben gleich eim lantfarer wandern; 65
auf solch grob sach legt er sein sin.

Dietlieb, der erst rat, spricht:

So laßt ein zeit in ziehen hin,
die lant hin und wider beschauen,
das ellent versuchen und bauen,
dieweil er ist noch jung an jaren, 70
ungenietet und unerfaren.
laßt in in der fremt etwas niten,
die fremt lert gut tugent und siten
und helt die jugent in dem zaum,
leßt in nit al zu weiten raum 75
und tut auch oft die jugent ziehen,
das sie unart und laster fliehen
baß, denn wenn sie daheimen wern.

Hertlieb, der ander rat, spricht:

Ja, weil Seifrit dus tut begern,
euer königlich majestat sun, 80
solt ir in dem im folge tun,
in etwan schicken in Frankreich
oder in Hispania dergleich,
da er auch sicht anders hof halten,
wie man ist der höflichkeit walten 85
mit rennen, stechen und turnieren,
mit jagen, hetzen und hofieren

---

11. 59 rübisch, rauh, roh. — 71 ungenietet (eigentlich unbearbeitet, ungebogen), roh, ungeschliffen.

von den rittern und edlen allen;
das wirt im denn auch wol gefallen.
dardurch von grobheit er erwacht, 9)
wirt denn auch artig und geschlacht,
als denn gebürt eins königs sun.

König Sigmunt spricht:

Nun, eurem rat wil ich folg tun,
wil in nauf schicn gen Wurms an Rein,
an könig Gibichs hof gemein, 95
daselb hab wir in an der hant
bei unserm hof im Niderlant;
da wöllen wir in schicken zu.
ernholt, Seifrit, mein son, bring du.

Der ernholt neigt sich, get ab, bringt Seifrit, des königs son.

Der könig spricht:

Seifrit, mein allerliebster sun, 100
wir wöllen dich iez schicken tun
hinauf gen Wurmes an den Rein
zu köng Gibich, da dich allein
beleiten sol auf hundert man,
alle vom adel wolgetan. 105
darzu gib ich dir kleint und gelt,
das du zu hof dort obgemelt
magst adelich und höflich leben,
andern königsön gleich und eben.
zu der reis schick dich, lieber sun. 110

Seifrit, des köngs son, spricht:

Herr vatter, das wil ich bald tun;
darzu darf ich kein gut noch gelt,
wie du iezunder hast gemelt.
ich bin stark und darzu noch jung,
wil mit der hant mir gwinnen gnung. 115
so darf ich auch nach deim bescheit
kein hofgesint, das mich beleit;
möcht wol sehen drei freidig man,
die mich nur dörften greifen an.

---

11. 96 an der hant, in der Nähe. — 118 freidig, wild, tapfer.

albe, ich zeuch allein dahin, 120
wo mich hin tregt mein tummer sin.

Der könig Sigmunt spricht:

Das gleit wöll wir dir geben naus
für das königliche hofhaus.

Sie geen alle ab.

Der schmit und sein knecht gen ein, der schmit spricht:

Wir sint heut zu spat aufgestanden.
was wöll wir nemen underhanden? 125
wöllen wir heut von erst den wagen
die räder mit schineisen bschlagen,
oder wöll wir hufeisen schmiden
dem mülner für sein esel niden,
oder was wöll wir erstlich machen? 130

Der schmitknecht spricht:

Meister, so rat ich zu den sachen,
wir wöllen erstlich eisen schroten;
unser pfleger hat raus entboten,
wir müßen seine ros beschlagen
auf heut, so balt es nur sei tagen. 135

Der schmit spricht:

Nun so blas auf und halt balt ein.
schau, wer klopft, wil zu uns herein?

Seifrit klopft an.

Der schmitknecht spricht:

Ich wil laufen und im auftan.
meister, es ist ein junger man.

Seifrit get ein und spricht:

Glück zu, meister! verste mich recht, 140
darfst du nit hie noch ein schmitknecht,
sag an, wilt du mir arbeit geben?

---

11. 132 schroten, schneiden, hauen.

Der schmit spricht:

Ja, du komst mir recht unde eben,
wenn du woltst weidlich schlagen drein
und nit fürleßig noch faul sein;   145
ich wil ein tag versuchen dich.

Seifrit spricht:

Gib her ein hamer, versuch mich,
bin ich faul, so tu mich auszjagen.

Der schmit
gibt im ein hamer und spricht:

Nim den hamer, tu mir aufschlagen,
so wöllen wir die eisen zeinen.   150

Seifrit, des königs son, spricht:

Ei warum gibst mir so ein kleinen
hamer? ein größern wil ich füren.

Der schmit gibt im ein größern hammer.

Seifrit spricht:

Ja, der tut meiner sterk gebüren.

Seifrit tut einen grausamen schlag auf den amboß.

Der schmit spricht:

Ei, das aufschlagen taug gar nicht.

Seifrit spricht:

Ei, habt ir mich vor unberricht,   155
sol nit faul sein, weidlich drauf schlagen!
das hab ich tan, was tust denn klagen?

Der knecht spricht:

Mich dünkt, du seist nit wol bei sinnen.

Seifrit spricht:

Halt, halt, das solt du werden innen.

Er schlegt mit dem hamerstil meister und knecht hinaus.

---

11. 145 fürleßig, wie fahrläßig. — 150 zeinen, zu Stangen und
Platten schlagen. — 154 taug, praeteritopraes. von tügen, taugen.

Die zwen kommen wider, der **meister spricht:**
Wie wöll wir difes knechts abkommen?
er hat uns schier das leben gnommen,
er ist warlich des teufels knecht.

    Der schmitknecht spricht:
Meister, ich wil euch raten recht,
schickt den knecht in den walt hinaus,
sprecht, darin halt ein koler haus;
gebt im ein korb und laßt in holn
ein korb vol guter eichen koln.
balt er denn hinein komt in walt,
so wirt in denn erschmecken balt
der drach, der in der hölen leit,
wirt in angreifen zu der zeit
und in mit seinem schwanz verstricken,
würgen und in sein rachen schlicken;
so kem wir sein mit eren ab.

    Der schmit spricht:
Gleich das ich auch besunnen hab.

    Der schmit schreit:
Seifrit, kom rein, mein lieber knecht.

    Seifrit trit ein und spricht:
Was wilt du mein? das sag mir schlecht.

    Der schmit
  gibt im den korb und spricht:
Nim disen korb und tu uns holen
dort im walt bei dem koler kolen,
der wonet dort in dem gestraus,
unter dem birg in seim gehaus.
kom auf das baldest wider schir,
auf das denn suppen eßen wir.

160

165

170

175

180

---

11. 169 erschmecken, riechen, wittern. — 170 leit, liegt. — 173 schlicken, schlingen. — 177 mein, von mir. — schlecht, geradezu, ohne weiteres. — 180 gestraus, gestreuß, Gesträuch. — 181 birg, Gebirge.

11. Der hörnen Seifrit.

Der Seifrit spricht:

Ja, wenn ich het adlers gefider,
so wolt ich gar schnell kommen wider.   185

Seifrit nimt den korb, get ab.

Der schmitknecht spricht:

Ob Got wil, wirst nicht wider kommen!
es wirt dein leben dir genommen
in dem walt von dem gifting drachen.

Der schmitknecht spricht:

Meister, wir wölln uns aushin machen
und gar von ferren sehen zu,   190
wie in der drach verschlicken tu,
das wir denn vor im haben ru.

Sie geen beide ab.

Actus 2.

Seifrit
komt mit dem korb, get hin und wider und spricht:

Ich sih im walt hin unde her,
doch sih und fint ich kein koler;
ich sih in dem gestreuß dort wol   195
ein finster, tief steinernes hol,
villeicht der koler wont darin,
zu dem ich hergeschicket bin.

Seifrit
*get zu dem hol, schaut hinein, der drach scheußt heraus auf in,
er schützt sich mit dem korb, darnach mit dem schwert, schlagen
einander, der drach gibt die flucht, laufen beid ab, Seifrit
macht baußen ein rauch, sam verbrenn er den drachen,
get darnach wider ein, spricht:*

Sol ich nit von großem glück sagen?
ich hab den großen wurm erschlagen,   200

---

11. 189 **aushin**, hinaus. — 196 **hol**, das die Höhle.

nach dem mit esten in verbrent;
da ist zerschmolzen an dem ent
sein horen und zusam gerunnen
gleich wie ein bechlein aus eim brunnen.
das wundert mich im herzen mein, 205
und tunket einen finger drein,!
und als der ist erkaltet worn,
da wart mein finger lauter horn,
des freut ich mich und zog zuhant
von meinem leib al mein gewant 210
und also mutternacket mich
mit disem warmen horn bestrich.
des bin ich gleich hinden und vorn
an meiner haut ganz hörnen worn,
darauf kein schwert nit haften kan, 215
des gleicht mir iezt auf ert kein man,
des mag ich fürbaß weiter nit
mein leben füren bei dem schmit;
wil mich abtan meiner grobn weis,
hofzucht leren mit allem fleis. 220
ich wil den nechsten auf Wurms fragen
ans königs hof, wann ich hör sagen,
er hab ein tochter schön und zart,
Krimhilt, ganz holtseliger art;
ob ich dieselb erwerben kunt, 225
das erfreut mir meins herzen grunt.

    Seifrit, des königs son, get ab.

König Gibich
get ein mit seinem ernholt, setzt sich nider und spricht:

    Ernholt, ge ins fraunzimmer nein
und sag der liebsten tochter mein,
Krimhilden, das sie kom hieher,
zu sehen iezt ich sie beger. 230

    Der ernholt get ab.

Seifrit komt, neigt sich und spricht:

    Großmechtger köng, eurn königlich hof
hört preisen ich, so weit ich lof,

in den landen weit hin und her;
derhalb von herzen ich beger
bei eur könglich maistat hofdinst. 235

König Gibich spricht:

Denselbigen du bei mir finst.
was hofweis bist du underricht?

Der hörnen Seifrit spricht:

Herr könig, ich kan anderst nicht
denn in dem krieg reisen und reiten,
mit würmen und mit leuten streiten; 240
da muß alle gfar sein gewagt,
kün, verwegen und unverzagt.

König Gibich spricht:

Sag, bist du auch von edlem stam?

Der hörnen Seifrit spricht:

Der hörnen Seifrit ist mein nam,
wiewol ich auch am stam und adel 245
hab weder mangel oder zadel,
allhie aber noch unbekant.

König Gibich spricht:

Nun so gib mir darauf dein hant,
das du mir dienen wilt mit treuen.
dein dienst sollen dich nit gereuen. 250

Der hörnen Seifrit beut im sein hant und spricht:

Mein dienst, so vil ich kan und mag,
in höchster treu ich euch zusag.

Der ernholt bringt Krimhilt, des königs tochter, die spricht:

Herzliebster herr und vatter mein,
warumb beruffstu mich herein,
was ist dein will und dein beger? 255

---

11. 238 nicht, niht, nichts.

11. Der hörnen Seifrit.

König Gibich, ir vatter, spricht:

Mein tochter, setz dich zu mir her,
ich hab zu freud und wolluſt dir
angeſchlagen einen turnir
mit allem adel an dem Rein,
da wolt ich ſelbert auch bei ſein,   260
unden auf unſer grün hofwieſen,
daran der Rein hart tut hin flieſen.
du aber bleib in dem ſchloß hinnen
und ſchau zu oberſt an der zinnen,
wie der adel turnieren tu,   265
und du, Seifrit, rüſt dich auch zu,
tu mit anderm adel turnieren
in allen ritterlichen zieren
meiner lieben tochter zu ern,
ir freud und frölichkeit zu mern.   270

Der hörnen Seifrit ſpricht:

Herr köng, das wil ich willig tan,
doch ich keinen turnierzeug han.
ſchafft mir ros, harniſch, ſchilt und glennen
zum turnieren, ſtechen und rennen.

König Gibich ſpricht:

Kom, mein Seifrit, auf dein beger   275
ſchaff ich dir ros, harniſch und ſper.

Der könig get mit Seifriden ab.

Krimhilt, des köngs tochter ſpricht:

Das iſt ein junger, küner helt,
der meinen augen wol gefelt.
Got geb im glück in den turnier,
das er in ſeiner ritter zier   280
tu er einlegn für ander all,
das im der höchſt dank heim gefall.

---

11. 258 anſchlagen, anſtellen. — 273 glenne, glene, Rennſpeer. —
279 in den, zu dem. — 282 heim gefallen, zufallen, zutheil werden.

11. Der hörnen Seifrit.

da wil ich sten in stiller ru,
dem turnier allein schauen zu.

In dem fleugt der drach daher, Krimhilt sicht in und spricht:

Herr Got, wie ein grausamer wurm 285
fleucht daher mit erschreckling furm,
so groß, schrecklich und ungeheuer!
aus seinem rachen speit er feuer,
er lezt sich herab aus dem luft
und schwingt sich zu der erden kluft, 290
zu des schloß zinnen eilt auf mich.
hilf mir, herr Got, das bit ich dich!

Der drach komt, nimt sie bei der hent, lauft eilent mit ir ab.

Krimhilt schreit:

Vatter und mutter, gsegn euch Got!
ich far hin zu dem bittern tot,
lebent secht ir mich nimmermer. 295
Got gsegn dich, freud, reichtum und er,
eur aller ich beraubet bin,
ich far und weiß doch nit, wohin.

Der drach fürt die jungfrau ab.

Der könig Gibich

komt mit dem hörnen Seifrit und ernholt geloffen, schlegt
sein hent ob dem kopf zusam und spricht:

Ach we mir, immer ach und we!
nun wirt ich frölich nimmerme, 300
weil ich mein tochter hab verlorn.
auf ert ist mir nichts liebers worn,
iezt ists mir hingfürt durch den brachen,
der wirt sie schlinden in sein rachen.
als ichs im luft hinfüren sach, 305
ir kleglich stim mein herz durchbrach,
iedoch ich ir nit helfen kunt,
biß der brach gar mit ir verschwunt.
nun sih ichs lebent nimmermer.

---

11. 286 furm, der, die Form, Gestalt. — 304 schlinden, schlingen.

11. Der hörnen Seifrit.

Der ernholt spricht:

Durchleuchtiger köng, bei meinr er, 310
ich glaub, ir geschech nichts am leben;
der drach der fürt sie wol und eben,
sitlich, ganz höflich und gemach
flog durch den luft der grausam drach,
hinaufwerts gegen orient, 315
einr großen wüsten er zu lent.
so glaub ich warhaft wol, darinnen
wert man sie frisch und gesund finnen
samt dem drachen, wir das dörft wagen.

Der köng, ir vatter, spricht:

Mein ernholt, tu balt ansagen 320
zu hof, welcher sich unterwint,
zu suchen das königlich kint,
unde wer sie von disem drachen
lebent und gsunt kan ledig machen,
des sol die liebste tochter mein 325
darnach elicher gmahel sein.

Der hörnen Seifrit spricht:

Herr könig, laßt nit weiter fragen,
mein leib und leben wil ich wagen
und selb gegen orient reiten
in die wüstenei und da streiten 330
mit dem drachen, dem gifting, bösen,
und die jungfrau von im erlösen,
erretten sie von dem verderben,
oder selb willig darob sterben.
ich weiß die gelegenheit wol, 335
da ich den drachen suchen sol,
wann er in seinem flug zu zoch
in der wüst eim gebirge hoch;
demselben wil ich eilen zu
on alle rast, frid oder ru. 340
ich hoff, Got wert mir halten rück.

---

11. 313 sitlich, langsam, sacht. — 316 lenden, sich wenden. — 341 rück halten, den Rücken decken, beschützen.

König Gibich spricht:

Got geb dir darzu heil und glück,
das du den drachen legest nider,
und du mit freuden kommest wider
mit meiner tochter from und bider.   345
     Sie geen alle ab.

Actus 3.

*Der drach fürt die jungfrau auf, sie sitzt, weint,
wint ir hent und spricht:*

Got, dir sei es im himel klagt,
das ich, ein königliche magt,
sol nun all meine junge tagen,
mein junges lebn mit wein und klagen
albie auf dem gebirg verzern,   350
on alle wollust, freud und ern
mit dem vergiften drachen schnöd
in diser traurigen einöd,
da ich sih weder vich noch leut!
ach we mir immer und auch heut!   355
westen mich denn die brüder mein,
ein ieder wagt das leben sein
und macht mich ledig von dem drachen;
ich red von königlichen sachen.
das ich nit bin mit tot verschiden!   360
so leg ich in meim grab mit friden.
muß so in forcht und sorgen sein
all augenblick des lebens mein.

Der drach spricht:

Eble jungfrau, gehabt euch wol,
kein leit euch widerfaren sol,   365
denn das ir müst gefangen sein
ein kurze zeit auf disem stein;
doch wil ich euch vor allen dingen
gnug zu eßen und trinken bringen,

---

11. 349 wein, Weinen. — 356 westen u. s. w., wüßten die Brüder von mir.

11. Der hörnen Seifrit.

biß das verloffen sint fünf jar 370
und ein tag, als denn ich, fürwar,
wert wider zu eim jüngeling
verwandelt werden gar jehling,
wie ich auch vorhin war mit nam
geborn von königlichem stam 375
in Kriechenland, und bin durch zorn
von einr bulschaft verzaubert worn,
verflucht mit teufelischen gspenst
zum drachen, wie du mich iezt kenst.
drumb, mein Krimhilt, laß dein unmut, 380
biß dise zeit verlaufen tut.
als denn wil ich dich als ergezen,
in gwalt und königlich herschaft sezen.

Krimhilt, des köngs tochter, spricht:

Ach, so bitt ich durch Got allein,
für mich heim zu dem vatter mein, 385
biß dein bestimte zeit verlauf,
als denn wil ich wider herauf
zu dir, das schwer ich dir ein eit.

Der drach antwort:

Nein, nein, von dir ich mich nit scheit,
du solt kein mensch auf erden sehen, 390
biß daß sich die fünf jar her nehen;
so wert ich sein der erste man,
den du auf ert wirst schauen an.
darumb schleuf in die höl hinein,
wann du must mein gefangner sein. 395

Der drach fürt sie ab.

Der hörnen Seifrit
komt gewapnet, ret mit im selb und spricht:

Nun bin ich ie vier nacht und tag
gangen, das ich nie ruens pflag,
hab auch nit geßen noch getrunken;
in meinem sin laß ich mich dunken,

---

11. 382 als ergezen, für alles entschädigen. — 394 schliefen, riechen.

wie sich der drach darein war schwingen 400
auf das gebirg durch dise klingen
mit des königes tochter zart.
Got wöll mir beistan auf der fart!
das birg ist gar unmenschlich hoch,
und sih hinauf kein wege doch. 405
dort kommet her ein kleiner zwerg,
der muß mich weisen auf den berg,
er treget auf ein reiche kron
und hat köstliche kleidung on,
mit golt tut vil der kleinot tragen. 410
ich wil zu im, den weg in fragen.

  Eugelein, der zwerg, komt und spricht:

Sei Got willkum, hörner Seifrit,
der all sein tag vil unrats lit.

  Der hörnen Seifrit spricht:
Sag, weil du mich bei namen nennst,
von wannen her du mich erkennst? 415

  Eugelein, der zwerg, spricht:
Seifrit, du bist mir wol bekant,
eins königs son aus Niderlant;
dein vatter heißt könig Sigmunt,
deinr mutter nam ist mir auch kunt,
Siglinga heißt dein mutter schon. 420
du, mein Seifrit, sag mir doch on,
was suchst du hie in diser wilt,
darin ich vor nie menschenbilt
in dreißig jaren hab gesehen?
ich rat, tu dem gebirg nit nehen, 425
wilt du nit leiden ungemach,
wann darauf wont ein großer drach;
du bist des tots, bald er dich spürt.
er hat ein jungfrau hingefürt,
eins königs tochter an dem Rein, 430
die wont hoch oben auf dem stein,

---

11. 401 klinge, Schlucht. — 413 unrat, Ungemach.

der hüt er tag und nacht so ser,
die wirt erlöset nimmermer;
von herzen so erbarmt mich die.

Der hörnen Seifrit spricht:

Von irent wegen bin ich hie; 435
die jungfrau ich erlösen wil.

Der zwerg spricht:

Du werter helt, der wort schweig stil;
fleuch, du bist sonst des todes eigen.

Der hörnen Seifrit spricht:

Ich bitt, tu mir den weg anzeigen,
der auf den drachenstein tut gon, 440
ob ich der jungfrau hülf darvon.

Der zwerg spricht:

O küner helt, da ist umbsunst
dein tummer mut und fechtens kunst;
der jungfrau auf dem drachenstein
kan niemant helfn denn Got allein. 445
darumb weich bald, rat ich in treuen,
es müst dein junger leib mich reuen,
dein kempfen wer ein kinderspil.

Seifrit
ergreift den zwerg beim bart, greift ins schwert, spricht:

Zeig mir den weg, oder ich wil
dir abhauen das haubet dein, 450
das sol dir zugesaget sein.

Der zwerg spricht:

Mein herr Seifrit, still deinen zorn,
du küner helde auserkorn,
ich wil dich weisen auf das sper,
doch must den schlüßel holen fer 455
bei eim risen, heißt Kuperan,
ein großer ungefüger man;

---

11. 454 sper, spor, Spur (im „Hürnen Seifrit" steht an dieser Stelle
gspor, 58, 3).*

mit dem aber must du auch kempfen,
sein kraft und macht im vorhin dempfen,
e er den schlüßel gibet dir. 460
in treuen rat ich, folg du mir,
ter umb und rett dein junges leben.

Der hörnen Seifrit spricht:

Den schlüßel muß er mir wol geben,
er sei so unfüg, als er wöl,
mit streichen ich in nöten söl, 465
das er sich mir auf gnad muß geben.

Der zwerg spricht:

Ob du gesigst am risen eben,
must du erst kempfen mit dem drachen;
der verschlint dich in seinen rachen.
ich sah nie kein erschrecklichrn wurm, 470
geflügelt mit grausamen furm;
sein zene die sint eisern ganz,
mit einem giftig langen schwanz;
auch tut er hellisch feuer speien,
vor im so magst du dich nit freien, 475
du müßest vor im ligen tot.

Der hörnen Seifrit spricht:

Zu hülf so wil ich nemen Got,
zu überwinden disen drachen,
die schön jungfrau ledig zu machen,
wann ich hab vor bei jungen tagen 480
auch einen drachen tot geschlagen,
hab auch zwen lebendig gefangen,
bein schwenzen übert maur ghangen.
derhalb weis mich nur zu dem risen,
da wil mein leben ich verlisen 485
oder erlangen sig und heil.
wirt die zart jungfrau mir zu teil,
so sol sie mein gemahel sein,
dieweil ich hab das leben mein.

---

11. 475 sich freien, sich schützen, erwehren.

11. Der hörnen Seifrit.

Der zwerg spricht:

Seifrit, du helt und junger man, 490
dasselbig wil ich geren tan,
doch wöllest mir verargen nit,
daß ich dir's solichs widerrit,
wann ich tet es in ganzen treuen.

Der hörnen Seifrit spricht:

Ich hoff, es sol mich nicht gereuen. 495
für mich nur zu des risen hol,
ich wil in darzu bringen wol,
das er mir tür aufschließen sol.

Sie geen alle beide ab.

Actus 4.

*Der ris Kuperan
tregt ein großen schlüßel, sicht über sich gen himel und
spricht:*

Es ist ein großer nebel heut,
was er halt wunderlichs bedeut? 500
der drach ist gewest ungestüm,
er scheußt umb das gebirg herüm
und tut alle winkel beschauen
zu hut und wach seiner jungfrauen,
darzu ich doch den schlüßel hab, 505
den mir sol niemant nöten ab.
der drach der hat mich dise nacht
unruig und munter gemacht;
wil gen mich wider legen schlafen,
dieweil ich sonst nichts hab zu schafen. 510

Der ris get ab.

*Der zwerg und Seifrit kommen, Seifrit klopft mit seiner
streitart an, der zwerg weicht, der ris spricht:*

Wer klopft an meiner hölen an?
harr, harr, ich wil bald zu dir gan.

---

11. 508 munter, wach.

11. Der hörnen Seifrit.

Der ris
springt heraus mit seiner stehlen* stangen und spricht:

Hör zu, du junger, tu mir sagen,
wer hat dich in die wildnus tragen,
warumb klopfst an meinem gemach? 515
ich mein, du geest streichen nach,
die solln dir werden bald von mir.

Der hörnen Seifrit spricht:

Schlagens beger ich nit von dir,
sonder wolst mir den schlüßel geben,
das ich von dem hartseling leben 520
die zarte jungfrau mag erlösen,
von dem drachen, dem überbösen,
der sie wider recht helt gefangen
nun etwas bei vier jarn vergangen,
da ers köng Gibich hat genommen. 525
schau, ris, darumb bin ich herkommen,
die jungfrau wider heim zu bringen.

Kuperan, der ris, spricht:

Du junger hach, schweig von den dingen.
wilst du dich solichs underften,
deinr hundert müßn zu boden gen, 530
e du komst auf den drachenstein.
zeuch ab, mit treuen ich dich mein,
mich erbarmet dein junges blut,
das seim unglück nachsuchen tut.
fleuch, oder ich weis dir die straß. 535

Der hörnen Seifrit spricht:

Hör, ris, von dir ich nicht ablaß,
biß du her gibst den schlüßel mir.

Der ris Kuperan spricht:

Beit, beit, ich wil in geben dir,

---

11. * stehlen, stählern. — 528 hach, frecher Gesell. Schmeller d[...]
Wörterbuch, II, 143. — 532 meinen, trans., gern haben, es gut mit je[...]
meinen. — 538 beiten, warten.

11. Der hörnen Seifrit.

den schlüßel, das das rote blut
dir über dein haupt laufen tut. 540

Der ris
schlegt mit der stangen nach im, Seifrit springt im aus dem
streich, zeucht sein schwert, kempfen miteinander, dem risen ent=
fellt die stangen, er bückt sich, im wirt ein streich, der ris lauft
Seifrit wider an und spricht:

Du junger helde, du must sterben,
von meiner hant ellent verderben.

Der hörnen Seifrit spricht:

Ich hoff, Got wert mir beigesten,
das du selb must zu trümmern gen.

Seifrit trifft den risen wider, der leßt die stangen fallen,
lauft darvon.

Der hörnen Seifrit spricht:

Nun kom heraus und wer dich mein, 545
oder bring mir den schlüßel dein,
das ich kom zu der jungfrau schon,
so wil ich dir kein leit mer ton.

Der ris
komt wider mit eim schwert, helmlein und schilt, spricht:

Harr, ich wil dir den schlüßel geben!
du must enden dein junges leben, 550
ich wil dich selb lebendig fangen
und dich an einen baumen hangen
dir zu ewigem hon und spot.

Der hörnen Seifrit spricht:

Vor dir wöll mich behüten Got!
mit des hülf hoff ich noch mit ern 555
mich dein, des teufels knecht, zu wern,
der du beschloßen hast die magt.
derhalb so sei dir widersagt.

---

11. 557 beschließen, einschließen.

Sie schlagen einander, biß der ris nider fellt und schreit:

O helt, verschon dem leben mein,
so wil ich dein gefangner sein, 560
wil geben dir mein schilt und schwert,
die sint wol eines landes wert,
ich wil sein dein leibeigner man.

Er reckt beide hent auf.

Der hörnen Seifrit spricht:

Ja, ris, das wil ich geren tan,
doch schleuß mir auf die pfort am stein, 565
das ich die jungfrau zart und rein
dem gifting drachen ungefüg
mit dem kampf abgewinnen müg.

Der ris Kuperan spricht:

Das wil ich tun, verbint mich e,
dein wunden tun mir also we; 570
darnach so wil ich mit dir gan,
und was einr dem andern hat tan,
das sol nun als verzihen sein.

Der hörnen Seifrit
verbint im die wunden mit eim fazilet* und spricht darnach:

Ja, das ist auch der wille mein.

Sie bieten die hent einander, der ris zeigt im ein ort
und spricht:

Schau, sichst du dise stauden dorten? 575
daselb ist des gebirges pforten,
darein get ein stiegen warlich,
wol acht klafter tief under sich.
erst kom wir zu der pforten groß,
darvor ein stark eiseren schloß, 580
das wil ich denn auffsperren dir.
ich folg dir, ge du hin vor mir.

Der hörnen Seifrit spricht:

Erst tu ich mich von herzen freuen,
mich sol kein mü noch arbeit reuen,

---

11. * fazilet, Schnupftuch. — 578 under sich, hinab.

das ich nur die zarte jungfrauen 585
mit meinen augen sol anschauen.

Seifrit get voran, der ris nach, zuckt sein schwert, schlegt den
hörnen Seifrit niber, das zwerglein wirft sein nebelkappen auf
in, der ris wil in erstechen, kan in aber nit sehen, sticht umb,
spricht:

Wie ist mir diser helt verschwunden?
ich tet in über hart verwunden,
das er mir für die füß tet fallen.
das ist mir ein wunder ob allen, 590
das ich in nirgent sehen kan,
ich wolt in geren gar abtan.

Der ris sucht hin und wider, der zwerg richt Seifriden auf, der
wirft die nebelkappen von im, lauft den risen an, kempfen biß
der ris nibergeschlagen wirt.

Seifrit spricht:

Du treuloser man, nun must sterben,
kein mensch sol dir genad erwerben.

Kuperan, der ris,
reckt beid hent auf, bitt und spricht:

Schon meins lebens, du küner degen, 595
würgst mich, so must du dich verwegen
der schönen jungfrauen, glaub mir,
on mich so kan kein mensch zu ir.

Seifrit spricht:

Der jungfrau lieb die zwinget mich,
das ich muß laßen leben dich. 600
balt ge voran und sperr uns auf
den drachenstein, das wir hinauf
kommen zu der jungfrauen zart,
so darauf ligt gefangen hart.

Der ris Kuperan
stet auf, nimt die schlüßel und spricht:

Du tugenthafter junger man, 605
das wil ich willig geren tan,

---

11. 596 sich verwegen, c. gen., verzichten auf.

ich merk, du bist von edlem stamen.
nun wöllen wir gen beidesamen
und aufschließen den drachenstein,
das du, ich und das zwerglein klein 610
zu der jungfrauen geen doch
etwas auf tausent staffel hoch
in dem holen fels hin und wider,
biß wir die erentreichen biber
erreichen auf des berges spitz, 615
da sie in großem unmut sitz
und wartet des grausamen drachen,
der sich bald zum gebirg wirt machen,
der jungfrauen zufürt mit fleis
in seinen kloppern trank und speis. 620

   Der hörnen Seifrit spricht:

Nun ge voran mit wenig worten
und entschleuß uns des birges pforten,
das wir bald kommen zu der zarten,
die ist auf ir erlösung warten,
das sie kom zu irn eltern schir, 625
des wil ich sein behülflich ir,
darzu wöl Got auch helfen mir.

   Sie geen alle drei ab.

Actus 5.

  Die jungfrau Krimhilt
get ein, setzt sich traurig und spricht:

Ei, wil sich Got denn nit erbarmen
über mich gar ellenden armen?
muß hie in diser wildnus bleiben, 630
mein junge tag in leit vertreiben
bei dem greulich grausamen drachen,
der mein hüt tag und nacht mit wachen,
vor dem ich abent und den morgen
auch meines lebens muß besorgen. 635

---

11. 620 klopper, kluppe, klaue.

11. Der hörnen Seifrit.

wen hör ich herauf gen allein
in des gebirges wendelstein,
daran doch kam kein mensch fürwar
von iezt an biß ins vierte jar?

*Der ris Kuperan get ein mit dem hörnen Seifrit und dem zwerg,
die jungfrau gesegnet sich und spricht:*

Ach, Seifrit, wer bringt euch hieher? 640
euer leben stet in geser
vor dem greulichen großen drachen.
der wirt sich gar balt zuher machen,
die sonn stet auf dem mittag grat;
darumb fliecht balt, das ist mein rat. 645
solt euch widerfaren ein leit,
das reuet mich meins lebens zeit;
drumb fliecht, sagt vattr und mutter mein,
ich müß ewig gefangen sein,
das man sich mein verwegen sol. 650

Der hörnen Seifrit spricht:

Köngliche magt, gehabt euch wol,
ich wil euch von dem großen drachen
mit Gottes hülf frei ledig machen,
oder wil darob willig sterben.

*Kuperan, der ris,
zeigt im ein schwert an der erden und spricht:*

Wenn du hie wilt den preis erwerben, 655
so muß du nemen jenes schwert,
wann kein waffen auf ganzer ert
mag disen drachen machen wunt
denn jenes schwert, tu ich dir kunt.

*Der hörnen Seifrit bückt sich, das schwert aufzuheben,
Kuperan, der ris, schlegt wider auf in, Seifrit
ergreift das schwert, spricht:*

Ach du meineidig treulos man! 660
kanst du deiner untreu nit lan?

nun must du sterben, es ist zeit,
dreimal hast du brochen dein eit.

**Die jungfrau weint, wint ir hent, sie schlagen einander,
biß der ris feilt.**

Seifrit
wirft in über ab bei einem bein und spricht:

Nun fall über des birges joch
auf etlich hundert klafter hoch   665
und zerfall dich in tausent stück
und hab dir alles ungelück!

Er kert sich zu der jungfrauen und spricht:

Ach jungfrau, nun seit wolgemut,
ich hoff, es wert nun alles gut,
von wegen meiner lieb ich wag   670
ungeßen biß an vierten tag.

Der zwerg get ab.

Die jungfrau spricht:

Ach, euer zukunft ich mich freu;
ich dank euch aller lieb und treu,
das ir umb meint willen komt her
und gebt euch in todes gefer.   675
nun, hilft mir Got durch euch darvon
heim zu lant, so wil ich euch hon
für meinen elichen gemahel,
mein treu euch halten fest wie stahel.

Der zwerg
komt, bringt ein güldene schalen vol confect, spricht:

O strenger helt, ich kan ermeßen,   680
weil ir so lang nichts habet geßen,
wirt euch nun gen an kreften ab;
derhalb ich euch hieher bracht hab
kreftig confect, tut euch mit laben.
ir wert nit lang zu ruen haben,   685

---

11. 70 wagen, sich bewegen, nicht ruhen („Hürnen Seifrit": keiner ru nie pflag, 117, 4). — 672 zukunft, Ankunft.

wert kempfen müßen mit dem drachen,
der sich bald wirt dem birg zu machen.

  Der hörnen Seifrit ißet ein wenig.

  Die jungfrau fecht an und schreit:

O, ich hör den drachen weit draußen
hoch in den lüften einher saußen
ser ungestüm und ungeheuer,   690
und speit aus seinem rachen feuer.
darumb fliecht, werter helde, fer,
oder stellet euch zu der wer.

  Der zwerg nimt die schalen und spricht:

O, komt der drach, so bleib ich nicht!
der angstschweiß mir ob im ausbricht,   695
ich bin im vil zu schwach und klein,
wil bhalten mich in holen stein.

  Die jungfrau spricht:

Mein helt Seifrit, nun fliehet auch
vor des drachen feuer und rauch
und verstecket euch auch mit mir,   700
biß sich der giftig rauch verlir.

  Da fliehens alle drei.

Der drach komt, speit feuer, lauft hin und her, wenn er ver=
scheußt*, lauft in Seifrit an, der drach reißt im den schilt vom
hals, stößt in umb, lauft über hin, Seifrit fert wider auf, schlegt
auf den drachen biß der fellt, den wirft er auch hinab, Seifrit
fellt vor onmacht umb, die jungfrau komt, legt im sein kopf
auf ir schoß, spricht kleglich:

Nun muß es Got geklaget sein,
ist abgschieden die sele dein
vor müde und großer onmacht?
mein lieb dich in den unfal bracht.   705

---

11. 697 sich behalten, sich in Sicherheit bringen, sich verstecken. —
* verschließen, aufhören zu schießen, zu speien. — 704 mübe, die Müdigkeit.

Das zwerglein
komt und schauet zu Seifriden und spricht:
Ach jungfrau, der helt ist nit tot,
er ligt in onmacht großer not.
gebt im nur diser wurzel ein,
so komt er zu im selber fein.

Die jungfrau gibt im die wurzel ein.

Der hörnen Seifrit sicht auf und spricht:
Wo bin ich, und wie ist mir gschehen? 710
ich kan schier weder hörn noch sehen.

Die jungfrau
halst und küsset in und spricht:
Mein Seifrit, seit keck und getröst,
ich bin durch euer hant erlöst,
des habet ewig dank und preis.

Der zwerg spricht:
Auch habt ir erlöst gleicher weis 715
mich und mein hofgsint in dem berg.
ich bin ein köng übr tausent zwerg;
uns bezwang der ris Kuperan,
das wir im mustn sein undertan,
nun sint wir auch ledig und frei. 720
Got und euch preis und ere sei.

Der hörnen Seifrit stet auf und spricht:
Wolauf, so wöllen wir auf sein,
eilen gen Wurmes an den Rein,
zu eurem herr vatter Gibich,
der wirt sich freuen herziglich. 725

Der zwerg Eugelein spricht:
Seifrit, ich wil das gleit euch geben
und euch die straßen weisen eben
aus diser großen wüstenei,
dieweil sie gar unwegsam sei,

---

11. 708 diser wurzel, gen. partit., von diser Wurzel.

wil darnach fürfarn in weng tagen, 730
köng Gibich euer zukunft sagen.

Der hörnen Seifrit spricht:

Nun walt sein Got, so wöll wir frei
mit freudn heimreiten alle drei.
dieweil du hast des gestirn kunst,
so sag du mir aus treu und gunst, 735
wie es mir gen sol, übl odr wol,
und wie lang ich auch leben sol,
und wie ich nemen wert ein ent.

Der zwerg
schauet auf das gestirn und spricht:

Das firmament nichts guts erkent.
o küner helt, du reuest mich, 740
das gestirn das zeiget auf dich,
dir wirt die jungfrau zum weib geben,
bei der wirst du nur acht jar leben,
nach dem wirst du im schlaf erstochen,
das doch auch entlich wirt gerochen 745
an den untreuen mördern dein.

Der hörnen Seifrit spricht:

Nun, was Got wil, dasselb muß sein.
wolauf, nit lenger wöll wir boiten,
gen Wurmes an den Rein zu reiten.

Sie geen alle drei ab.

König Gibich
geet ein mit seinem herolt, setzt sich traurig und spricht:

Ach Got, erst bin ich ellent gar, 750
weil ich biß in das vierte jar
mein tochter Krimhilt hab verlorn,
die von eim wurm hingfürt ist worn,
die ich villeicht sich nimmermer.
das kümmert mein gmahel so ser, 755
das sie auch starb vor herzenleid.
also hab ichs verloren beid.

---

11. 730 fürfarn, vorausreisen. — 740 reuen, dauern.

11. Der hörnen Seifrit.

Der zwerg Eugelein komt, spricht:

Herr könig, nun seiet getröst,
eur tochter ist vom drachn erlöst
durch Seifriden vor kurzer stunt, 760
die kommet iezt frisch und gesunt.

König Gibich spricht:

Diß sint die allerliebsten mer,
der ich nie hab gehört, seither
mein liebe tochter war geborn.
lang mir her stifel und die sporn, 765
das ich meinr tochter entgegn reit.

Der zwerg spricht:

Herr könig, ungemüet seit,
sie sint schon zunechst vor dem schlos
beide abgestanden von ros.
sie kommen gleich beide zumal 770
herauf in den könglichen sal.

Seifrit füret Krimhilden ein.

Der könig
get ein, umbfecht sein tochter und spricht:

Bis mir willkom, o tochter mein,
wie unaussprechlich große pein
hat seither mein herz umb dich erliden,
das auch dein mutter ist verschiden! 775

Der könig
beut Seifriden die hant und spricht:

Seifrit, du treuer helde mein,
fürbaß solt du mein eiden sein,
wie ich dir denn verheißen hab,
als du zu Wurmes schiedest ab.
sag, wie und wo du habst gefunden 780
mein tochter und auch überwunden
den drachen, du mein lieber eiden.

---

11. 762 mer, mär, Nachricht. — 767 ungemüet seit, bemühet euch nicht.

Der hörnen Seifrit spricht:

Des wil ich euch orntlich bescheiden,
das ir solt hören große wunder;
iezt aber sint wir müd besunder,   785
müßn ausruen, nach wenig tagen
wil ich von stück zu stück euch sagen,
mit was geser ich hab gestritten;
auch was eur tochter hab erlitten
in den vier jaren bei dem drachen,   790
wirt sie euch alles kundbar machen.

König Gibich spricht:

Nun, es ist gut, heint habet ru,
morgen wöll wir ratschlagen, wu
und wenn wir hochzeit wöllen halten
und wunniglicher freuden walten   795
mit allem adel an dem Rein,
mit frauen und jungfreuelein.
nun kommet zum nachtmal herein.

Sie geen alle ab.

Actus 6.

*Der hörnen Seifrit geet ein mit Krimhilden, seinem gemahel,
sitzen zusamen, sie spricht:*

Seifrit, herzlieber gmahel mein,
nun bist du mein, so bin ich dein,   800
nun scheit uns niemant denn der tot.
lob sei dem allmechtigen Got,
der dir gab solche macht und kraft
und das du wurdest sigenthaft
am großen risen Kuperan,   805
den must zum vierten mal bestan,
auch das du überwuntst den drachen,
dardurch du mich tetst ledig machen

---

11. 793 wu, wo. — 801 scheit, scheidet.

von meiner ellenden gefenknuß,
greulichen, hartfeligen zwentnuß. 810
fag, von wann dir kam fterk und kůnheit.

Der hörnen Seifrit fpricht:

Mein Krimhilt, wiß mein heimlichkeit,
das ich hab wol zwölf mannes fterk
angeborner art, darnach merk:
in meiner jugent fich zutrug, 815
das ich auch ein drachen erfchlug,
den ich hernach verbrennt mit feur.
von difem drachen ungeheur
zerfchmalz das horn, floß wie ein bach,
mit dem fchmirt ich mein leib hernach, 820
darvon mein haut ift hart wie horn;
derhalb ich alfo kůn bin worn
gegen rifen, helden und würmen,
mit kriegen, kempfen und mit ftürmen,
das meins gleichen nit lebt auf ert. 825

Krimhilt, die königin, fpricht:

Sagt man doch von eim helden wert,
der von zu Beren in Welfchlant,
derfelb herr Dietrich fei genant,
hab auch erfchlagen vil der ke...
den könig Fafolt und den E... 830
die Růtz und auch ris Sigenot.

Der hörnen Seifrit fpricht:

Ja, das ift war, doch wolt ich Got,
das herkem Dieterich von Bern;
an dem wolt ich mein kraft bewern,
hoff, er wer mein eren on fchaden. 835

Krimhilt, die königin, fpricht:

Wilt du, fo wil ich laßen laden
hieher gen Wurmes an den Rein
den Berner und den meifter fein,

---

11. 881 **Růtz**, Fafolt's Bafe, eine Riefin, wurde fammt ihren beiden Söhnen,
welche Dietrich überfielen, von ihm erfchlagen ("Ecken Ausfahrt"). — 832 **doch
wolt ich Got**, Gott gebe.

nemlich den alten Hildebrant,
der listig ist mit munt und hant; 810
der gibt dem Berner weiz und ler,
das er mit kampf einleget er.

Der hörnen Seifrit spricht:

Ja, lad in her in rosengarten,
da wil ich sein mit kampf erwarten.
schreib im, so wirt er nit ausbleiben; 845
künheit und hochmut tut in treiben,
das er sich oft in seinem leben
in groß gferlichkeit hat ergeben.

Krimhilt, die königin, spricht:

Nun so wil ich schicken zuhant
zu im den herzog aus Brabant, 850
der wirt den handl ausrichten wol.

Der hörnen Seifrit spricht:

Mitler zeit man zurüsten sol
den obernanten rosengarten;
mit höflichkeit nach allen arten
sol man kleiden das hofgesint, 855
das der Berner geschmücket sint
all ding nach königlicher art.

Krimhilt, die königin, spricht:

Nun kom, so schick wir auf der fart
mein vettern, herzog aus Brabant
hin gen Beren in welsche lant, 860
zu bringen disen künen helt,
den du zu kampf hast auserwelt.

Sie geen beide ab.

*König Gibich
get ein, setzt sich nider und spricht:*

Die tochter und der eiden mein
haben geschriben an dem Rein
herr Dietrich von Beren zu kommen. 865
weiß nit, ob es im reich zu frommen;

---

11. 866 reichen, gereichen.

nun ich muß es laßen geschehen
und darzu durch die finger sehen;
die sach sicht mich nit an für gut,
weil nichts guts komt aus übermut. 870

Der könig get ab.

Herr Dietrich von Bern
geet ein mit seinem wappenmeister, dem alten Hildebrant,
und spricht:

Hör zu, mein wappenmeistr Hiltbrant,
Krimhilt, die köngin, hat gesant
von Brabant den herzogen her
in botschaft, und ist ir beger,
das ich gen Wurmes kom an Rein 875
und sol alda kempfen allein
mit Seifriden, der wöll mein warten,
irm gmahel, in dem rosengarten.
wie retstu, sol ich dahin reiten?

Der alte Hildebrant spricht:

Ei, habt ir doch zu allen zeiten 880
gefochten nur nach preis und eren,
euren rum unde preis zu meren!
warumb wolt irs iezt underlaßen?
macht euch fürderlich auf die straßen,
ich wil selber auch reiten mit. 885

Der Berner spricht:

Retst dus, so wil ichs laßen nit.
so laß uns bald satlen zwei pfert,
nim schilt, helm, harnisch und das schwert,
so wöllen wir noch heut auf sein,
reiten gen Wurmes an den Rein. 890

Sie geen alle beid ab.

Krimhilt
geet ein mit dem hörnen Seifrit, irem herren, und spricht:

Al ding verordnet ist aufs best.
kemen nur bald die werten gest,

---

11. 869 ansehen, trans., einem scheinen (das Ansehen haben).

wann ich der zeit kaum kan erwarten,
wie ir beid in dem rosengarten
so ritterlichen werdet kempfen!
tust du mit kampf den Berner dempfen, 895
so wirt dein lob erhöhet werden
über all helt auf ganzer erden.

Der hörnen Seifrit spricht:

Ja, ich hoff solichs auch zu enden,
doch stet es als in Gottes henden; 900
derhalb der sig stet auf der wal.
ich wil gen in den innern sal.

Der hörnen Seifrit get ab.

*Der Berner
komt, sicht im nach, kert sich zu Krimhilden und spricht:*

Frau köngin, ir habt mir geschriben,
von Bern mich her gen Wurmes triben
und mir ein kampf geboten an 905
mit köng Seifriden, eurem man,
den ich iezunt kom zu vollenden
mit heldenreichen, künen henden.

Krimhilt beut im die hant, spricht:

Ja, mein edler Dietrich von Bern,
durch disen kampf wil ich gewern, 910
ob ir oder mein gmahel wert
der künest helt sein auf der ert;
dem selben von mir werden muß
ein umbefang und süßer kus
und auch ein rosenkrenzelein. 915

Dietrich von Bern spricht:

Der kampf sol zugesaget sein;
sagt in nur eurem herren an.

Krimhilt spricht:

Ja, küner helt, das wil ich tan.

Die königin get ab.

---

11. 910 geweren, bewähren, erproben.

Der Berner spricht zum Hildebrant.

Jezunt tut mich bei meinen treuen
des kampfs zusagen heimlich reuen, 920
dieweil Seifrit ganz hörnen ist,
das ich vorhin nit hab gewist;
darumb wolt ich von herzen gern,
ich wer wider daheim zu Bern.

Der alte Hildebrant spricht:

Ei wie ein schentlich verzagt man, 925
der Seifriden nit wolt bestan!
wo man das saget in dem lant,
das hett ir groß laster und schant.
wolt Got, ich het euch nie gesehen!

Dietrich von Bern spricht:

Wie darfstu mich so schentlich schmehen? 930
weil du mir sprichst solch spot und hon,
so gib ich dir auch deinen lon.

Der Berner zeucht von leder, schlegt Hildebrant niber und get zornig ab.

Der Hildebrant steet auf, spricht:

Mein herren ich erzürnet hab,
der ein so herten streich mir gab;
ich habs nit on ursach getan, 935
den kampf er darburch gwinnen kan.

Hildebrant geet ab.

Krimhilt,
die königin, komt, setzt sich niber und spricht:

Ich wil mich setzen in die rosen,
dem kampf da zusehen und losen.

König Seifrit
komt gewapnet, geet auf und niber und spricht:

Wie lang muß ich im rosengarten
auf den Dietrich von Beren warten? 940

---

11. 928 laster, Schmach. — 938 losen, zuhören.

11. Der hörnen Seifrit.

ich mein, er sei worden verzagt,
der vor manchen kampf hat gewagt.

Herr Dietrich von Bern komt gewapnet und spricht:

Ich wil dir kommen noch zu fru;
darumb, Seifrit, rüst dich darzu.
mich hat veracht auch Hildebrant, 945
hat wol entpfunden meiner hant,
das er vor mir gestrecket lag,
das dir auch wol begegnen mag.

      Der hörnen Seifrit spricht:

Bist du so kün, trit zu mir her,
laß schauen, wer dem andern scher. 950

Da kempfens mit einander, Seifrit treibt den Berner umb,
  Hildebrant sicht heimlich zu, spricht gemach:

Ernholt, ge, bring das botenbrot,
Berner hab mich geschlagen tot.

      Der ernholt
  trit auf den plan und schreit:

Ir herren, laßt den kampf mit ru,
biß ich ein wort verkünden tu:
Hiltbrant der alte der ist tot, 955
seiner sel wöll genaden Got,
den sein eigner herr hat erschlagen,
den wöl man iezt zu grabe tragen.

      Dietrich von Bern spricht:

Ist tot der wappenmeister mein,
den ich erschlug von wegen dein, 960
sol es dir auch nicht baß ergan.
wer dich mein, erst bin ich ein man
und ergrimmet in meinem zorn,
du must sterben, werst lauter horn.

---

11. 951 botenbrot, Lohn für das Ueberbringen einer Nachricht, dann die Nachricht selbst.

Sie schlagen wider einander, Seifrit weicht hinder sich, der
königin in ir schoß, die wirft ein tüchlein über in,
spricht:

    Dietrich, bist ein tugnthafter man,   965
so wirst du heut genießen lan
meinen herren der freiheit groß,
weil er mir ligt in meiner schoß.
verschon seins lebens im allein,
er sol nun dein gefangner sein.   970

    Dietrich von Bern spricht zornig:

O nein, das tu ich nicht, bei Got,
weil mein meister Hiltbrant ist tot,
so laß ich in auch leben nit,
dafür hilft weder fleh noch bit.

    Er zucket das schwert, in zu erstechen.

    Der alte Hildebrant
komt, fert under das schwert und spricht:

Mein herr Dietrich, laßt euren zorn,   975
ich bin wider lebendig worn,
hab mein tot dir kunt laßen tan,
darmit dein zoren zündet an,
das von dir gieng feuer und dampf,
dardurch du oblegst in dem kampf.   980

    Der Berner went sich und spricht:

Nun sei Got lob zu diser stunt,
das du noch lebst frisch und gesunt!
frid sei und iederman verzigen,
weil ich tet ritterlich gesigen
und den preis hie erfochten han.   985

    Er beut Seifriden die hant, richt in auf und
        Seifrit spricht:

Dietrich, du tugenthafter man,
hab dank das du mir schenkst mein leben.
dein kraft hab ich erfaren eben,

---

11. 974 fleh, die (vlêhe), das Flehen. — 983 verzigen, verziehen.

11. Der hörnen Seifrit.

hab nun erkennet auch dein treu,
deinr freuntschaft ich mich hoch erfreu. 990

Die königin
beut dem Berner die hant und spricht:

Herr Dietrich, lieber herre mein,
nemt hin das rosenkrenzelein,
darzu mein umbefang und kus.

Sie setzt im den kranz auf, umbfecht in, gibt im ein kus,
herr Dietrich von Bern spricht:

Erst mich mein kampf nit reuen mus;
in frauen dienst so bin ich gern. 995
nun wöll wir widerumb gen Bern
reiten, Got geb euch seinen segen
iezunt, forthin und alle wegen
und laß euch Got mit freuden leben.

Der hörnen Seifrit spricht:

Wir wöllen euch das gleit naus geben 1000
und uns weiter zwischen uns beden
mit einander freuntlich bereden,
was wir mit kampf unsr tag erleben.

Sie geen alle ab.

Actus 7.

Günter, Gernet und Hagen*, drei brüder Krimhilden, geen ein,
und Günter spricht:

Hört zu, ir lieben brüder mein,
wir sint verachtet gar allein 1005
von unserm schwager, dem Seifrit,
er achtet unser aller nit.
unser schwester hat in erwelt,
mit schmeichlerei er sich aufhelt

---

11. 1003 erleben, erlitten. — * In den Ueberschriften steht Gerner und
Hagon. Auf diese Abweichung hat man Gewicht gelegt. Aber im Text steht
Gernet und Hagen; Gernet auch im Personenverzeichniß; es handelt sich also
hier nur um Druckfehler. — 1009 aufhalten, erhalten, behaupten.

zu Gibich, unserm vatter alt, 1010
uns sön verdringet mit gewalt.
als was er tut ist wol getan,
uns leßt man wie die narren gan,
als ob wir wern nit königssün.

Gernet, der ander bruder, spricht:

Ir brüder, sein wir nit so kün, 1015
das wir disen Seifrit austreiben,
laßen also zu hof in bleiben
mit solchem gwaltigen anhang?
es sei geleich kurz oder lang,
stirbt unser herr vattr in den mern, 1020
so wirt er gewiß könig wern,
wann er hat schon in seiner hent
wol halb das königlich regiment.
rat, wie man dem fürkommen sol.

Hagen, der drit bruder, spricht:

Er ist nit auszutreiben wol, 1025
dieweil er unser schwester hat,
ob im helt königlich majestat.
wie wenn unsr einer an der stet,
in eim kampf in auffordern tet,
und das sich denn das glück zutrüg, 1030
das einer in mit kampf erschlüg?
so kem wir sein mit eren ab.

Günter, der eltest bruder, spricht:

Darauf ich wol gesunnen hab.
welcher wil aber mit im kempfen,
der in wiß in dem kampf zu dempfen, 1035
dieweil sein haut ist lauter horn
unden und oben, hindn und vorn?
allein zwischen dem schulterblat
zweier spann breit bloß fleisch er hat;
daselb ist er allein zu gwinnen. 1040

---

11. 1020 in den meren (maeren), in den Geschichten, inzwischen.

11. Der hörnen Seifrit.

Gernet, der ander bruder, spricht:

Lang hab ich dem auch nach tun sinnen.
ir brüder, es ist gwis die sag,
das Seifrit allmal umb mittag
hinaus spazieret in den walt,
legt sich zu einem brunnen kalt　　　　　　1045
ins gras und wolschmeckenden blumen,
tut darin ein weng schlafn und schlumen.
da möcht man in heimlich erstechen
und denn zu hof mit eren sprechen,
es hettens die mörder getan.　　　　　　　　1050

Hagen, der drit bruder, spricht:

Bruder, dein fürschlag nem wir an.
wir wöllen fleißig auf in sehen
und bei dem brunnen in ausspehen;
darbei wil ich in selb erstechen
und uns drei brüder an im rechen.　　　　　1055

Günter, der eltest bruder, spricht:

Da wöllen wir zsam schweren ein eit,
ich und darzu ir alle beit,
Gernet unde du, bruder Hagen.

**Sie legen die finger auf ein bloß schwert,
Hagen spricht:**

Nun, dise tat die wil ich wagen,
doch schweiget darzu alle stil,　　　　　　　1060
heut ich die sach noch enden wil.

Sie geen alle drei ab.

**Der hörnen Seifrit
komt in königlichem gewant, legt sich und spricht:**

Ich wil mich legen zu dem brunnen
hie an den schatten vor der sunnen
under die linden, an den rangen,
den schmack der guten würz empfangen　　1065

---

11. 1047 schlumen, wie schlummern. — 1064 rang, Bergabhang. —
1065 schmack, Geruch.

und ligen da in stiller ru.
wie sanft gen mir mein augen zu!

Die drei brüder kommen, die zwen deuten auf Seifriden, Hagen
schleicht hinzu, sticht im den dolchen zwischen sein schultern,
wirft den dolch hin, Seifrit zabelt ein wenig, ligt darnach still.
Hagen spricht:

Nun hat auch ein ent dein hochmut,
der uns fort nit mer irren tut.
nun wöllen wir zu hof ansagen, 1070
wie Seifrit mörtlich sei erschlagen
von den mörderen bei dem brunnen;
da hab in ein jeger gefunnen.

Sie decken in mit reisig zu, geen ab.

Krimhilt,
die königin get ein mit dem ernholt und eim jeger und spricht:

Man hat zu hof gesaget an,
wie das mein lieber herr und man 1075
tot lig bei disem brunnen kalt.
ich hoff, es hab nicht die gestalt.

Sie decket die reis von im ab, schlegt ir hent ob dem haupt
zusam und spricht:

Da ligt mein lieber herr, ist tot,
das sei dir klagt, o treuer Got!

Sie sinket auf in nider, halset und küsset in und spricht:

Ach du herzlieber gmahel mein, 1080
der du aus treu das leben dein
für mich gewagt hast in den tot,
das du mich lösest aus der not,
verfluchet sei der mörder heut,
die dich ermörten an dem ent, 1085
die dich im schlaf haben erstochen!
wil Got, es bleibt nit ungerochen.

Sie ersicht den dolch, hebt den auf, besicht in und spricht:

Der dolchen noch da ligen tut,
der ist gerött mit seinem blut;
er ist Hagen, des bruders mein, 1090
der wirt meins gmahels mörder sein

samt sein brüdern, die im on maß
haben tragen groß neit und baß
von wegen tugnt und redlichkeit,
der er sich fliß zu aller zeit; 1095
hielt auch die straß sauber und rein,
strafet das unrecht groß und klein.
diß mort wil ich vor meinem ent
rechen mit meiner eigen hent
an mein brüdern; solt ich drumb sterben, 1100
so müßens auch am schwert verderben.
nun tragt den toten leib hinab,
das man in königlich begrab.
nun wil ich fort einig allein
leit tragen und ein witfrau sein, 1105
dieweil ich hab das leben mein.

Sie tragen den toten ab, die köngin get traurig nach.

Der ernholt komt und beschleußt:

So habt ir gsehen und gehört
die histori mit tot und mort.
zum bschluß so wil ich euch vermonen
die art in gemelten personen: 1110
Erstlich zeigt könig Sigmunt nun:
eltern so ein ungraten sun
haben, den ist gar we und bang,
fürchten mit im bösen ausgang.
Zum andern deut Seifrit die jugent 1115
on zucht, gute sitten und tugent,
verwegen, frech und unverzagt,
die sich in all gferlichkeit wagt.
Zum dritten zeigt das zwerglein an
einen dienstbaft getreuen man. 1120
Zum viertn der riß bedeuten ist
ein man wankel untreuer list.
Zum fünften so zeigt an der drach:
ein herschaft, die zu aller sach
nur fert mit frevel und gewalt, 1125
die wirt mit gleichem wert bezalt.

---

11. 1109 vermonen, vermanen, erklären.

11. Der hörnen Seifrit.

Zum sechsten dient Dietrich von Bern
eim fürsten, der strebet nach ern,
treibt kein schinderei umb reichtum,
helt sich gerecht, aufricht und frum. 1130
  Zum sibenten der alt Hiltbrant
uns eins treuen hofmans ermant,
der eim fürsten beiwonet stet
durch treue tat und weise ret.
  Zum achten Krimhilt, das schön weib, 1135
deut ein weib, das der fürwitz treib
zu manchem hochmütigen stück.
der komt vil unrats auf den rück.
☞ Zum neunten deutn ir brüder: das
ein neidisch gschlecht vol neit und has, 1140
das anrichtet vil ungemachs.
vor dem bhüt uns Got, wünscht Hans Sachs.

Die person in die tragedi.

Der ernholt.
König Sigmunt in Niderlant.
Der hörnen Seifrit, sein son.
Dietlieb,
Hertlieb, } zwen fürsten, seine ret.
König Gibich zu Wurms am Rein.
Krimhilt, des königs tochter.
Herr Dietrich von Bern.
Hilbebrant, sein wappenmeister.
König Euglein, der zwerg.
Kuperan, der gros ris.
Der feuerspeient verkert* drach.
Günter,
Gernet, } drei brüder.
Hagen,
Der schmit.
Der schmitknecht.

Anno Salutis, M. D. LVII. am 14. tag Septembris.

---

11. 1127 dient, als Beispiel eines Fürsten. — * verkert, verwandelt, verwünscht.

12.
Die jung witfrau Francisca.
(1560.)

Ein comedi mit siben personen, und hat drei actus.

Der ernholt trit ein und spricht:
Nun seit gegrüßet all gemein,
so iezt hierin versamlet sein,
zu hörn ein kurzweilig gedicht,
von Bocatio zugericht
in seim buch Cento novella;   5
da zeigt er an nach lenge da,
wie in einr stat in welschem lant,
welche Pistoja ist genant,
ein junge witfrau an dem ent
wont, die Francisca war genent,   10
schön, doch erbar und erenfrum,
da zwen jüngling buleten um,
beid Florentiner; Alexander
hieß der ein, Rinuzo der ander,
doch wests keiner vom andern nit,   15
lagen ir an mit schenk und bit,
ir vil freuntlicher brief zuschrieben,
doch tet die frau ir keinen lieben

---

12. Gedichte, Buch V, Th. 2, Bl. 225; 8G 14. — Steinhöwel's „Cento novelle", Bl. 315ᵇ (Keller, S. 545; Boccaccio, IX, 1).

und het doch vor in gar kein ru,
sucht mit fleiß ursach immerzu,
mit fug ir beidr zu kommen ab;
wie sich entlich durch list begab,
das sies beide zu toren macht,
nun hört und secht, habt fleißig acht,
wie das die frau zu wegen bracht.

Der ernholt get ab.

Francisca,
die witfrau, get ein in einem schwarzen klagkleit
und spricht:

Mein lieber gmahel, den ich het,
der mich auch herzlich lieben tet,
ist leider mir kürzlich gestorben.
nun haben zwen jüngling geworben
umb mich, nemlichen Alexander
und Rinutzo, so ist der ander,
der ieder mir mit fleiß nachstellt,
iedoch mir ir keiner gefellt,
drumb in beiden oft urlaub gab.
noch kan ich ir nit kommen ab,
schicken mir nach spat und auch fru,
das ich vor in hab gar kein ru.
derhalb hab ich dem nachgetracht
die nacht und hab ein list erdacht,
dardurch ich beider in der stil
mit gutem fug abkommen wil,
dieweil es wirt ir keiner tan;
als dann ein gwonnen spil ich han.

Hulda, die meit, komt und spricht:

Frau, heut frü mir am markt bekam
Alexander vor dem würzkram;
ein seligen tag entbeut euch der,
sagt, es wer seins herzens beger,

---

12. 34 urlaub geben, verabschieden, ablaufen lassen. — 35 noch, noch. — 44 bekommen, begegnen.

12. Die jung witfrau Francisca.

das er im nur zwischen euch beden
ein stunt heimlich genug möcht reden,
doch das allein in zucht und eren. 50

Francisca, die frau, spricht:

Hulda, mein meit, tu bald umbkeren
und lauf hin eilents in den tum,
da fintst den jüngling widerum;
dem sag, weil er meinr huld beger,
das er mich einer bitt gewer; 55
darduch er denn kom in mein haus,
wo nit, sei all sein hoffnung aus.

Hulda, die meit, spricht:

Was sol denn der schön jüngling tan?
dasselbig zeigt mir deutlich an.

Die frau spricht:

Das er vor mitternacht auffte 60
und auf der barfußr kirchhof ge
und steig in das hol totengrab,
darein man heut geleget hab
Stanabium, den toten man,
und leg sein totenkleidung an 65
und leg sich nebn den toten schlecht.
denn wil ich schicken meinen knecht
umb mitternacht zu im hinaus,
das er in hertrag in mein haus,
da wir heimlich zwischen uns beden 70
da mögen mit einander reden.
schlegt er abr mein begeren ab,
so sag im, das er urlaub hab,
forthin mein soll gar müßig gen.

Die meit spricht:

Ich kan den handel wol versten, 75
ich wil die sach ortnlich ausrichten,
derhalb, mein frau, sorgt nur mit nichten.

Sie gen beide ab.

---

12. 52 tum, Dom.

12. Die jung witfrau Francisca.

Alexander,
der jüngling, get ein, ret mit im selb und spricht:

Ich hab in lieb mir auserwelt
Franciscam, die meim herzen gfelt,
die nicht allein ist schöner jugent, 80
sonder guter sitten und tugent.
könt ich erwerbn ir lieb und gunst,
so würt gelescht die flamment brunst
der lieb, darin ich iezunt schweb;
allein ich guter hoffnung leb, 85
spar frü noch spat kein mü noch fleis
mit bit und schenken mancher weis,
das ich mit ir lieb würt erfreit.
dort komt Hulda, ir alte meit,
ich hoff, sie bring fröliche mer. 90

Hulda, die meit, komt und spricht:

O junkherr, euch entbeut hieher
mein frau; dieweil ir selb wol wist,
wie heut begraben worden ist
Stanabius, der wucherer,
so ist meiner frauen beger, 95
das ir vor mitternacht hinab
get, tut den deckel von dem grab
und steigt zu dem toten hinein
und legt an das totenkleit sein
und legt euch nebn den toten schlecht; 100
denn wil mein frau schicken den knecht
umb mitternacht zu euch heraus,
das er euch heim trag in ir haus,
da mögt ir halten in der nech
mit ir ein heimliches gespräch, 105
was ir meinr frauen habt zu sagen;
wo ir aber biß ab tut schlagen,
so kan sie merken wol darbei,
das eur lieb nit von herzen sei;
denn solt ir ir fort müßig gan. 110

---

12. 88 erfreit, erfreut. — 101 in der nech, in der Nähe, vertraulich
— 110 müßig gan, c. gen., entbehren.

12. Die jung witfrau Francisca.

Alexander spricht:

Get, sagt eilent der frauen an,
ir zu dien freu sich leib und sel;
het sie mich geschafft in die hel
zu gen, so wolt ichs willig tan
samt allem was ich mag und kan. 115
die fart freut mich in aller weis,
als soll ich in das paradeis,
und mich auch ewig freuen muß.
get, sagt ir mein freuntlichen gruß.
euch abr schenk ich zu botenbrot 120
zum neuen jar die kronen rot.

Er gibt der meit die kronen. Die meit get ab von im.

Alexander spricht:

Ach, wie hat mich das frölich glück
so hoch erhaben in dem stück!
o das balt kem die finster nacht,
das ich würt zu der liebsten bracht, 125
welches mein herz langst hat begert!
kein größer freud hab ich auf ert,
so ich ir liebe würt gewert.

Alexander get frölich ab.

Actus 2.

Francisca,
die witfrau, get ein und spricht:

Ich wart alhie an disem ort,
was mir für ein seltzam antwort 130
mein meit wirt von dem jüngling bringen;
sie komt, hoff ie, mir sol gelingen.

Hulda, die meit, komt und spricht:

O frau, von ganzem herzen gern
wil Alexander euch gewern

---

12. 113 schaffen, beauftragen.

12. Die jung witfrau Francisca.

und freut sich des von ganzem herzen, 135
die fart reicht im zu keinem schmerzen,
sonder zu freud in überfluß,
entbeut euch ein freundlichen gruß.

Francisca, die frau, spricht:

Nun ich hoff, seiner freuden schallen
wert im plötzlich in brunnen fallen, 140
wann es wirt im die nacht noch heint
vil anderst gen, denn er vermeint.
nun ge auch hin zu Rinutzo,
dem andern jüngling, sag also:
hab er mich lieb, wie er fürgeit, 145
das er heint zu der mettenzeit
ge auf der barfotn kirchhof nab,
und ziehe aus dem totengrab
Stanadio, den toten man,
und schwing in auf sein achsel schon 150
und trage in her in mein haus.
tu ers, so merk ich wol daraus,
das er mich lieb von herzen hab,
schlag er abr mein begeren ab,
das er seins buln fort müßig ge. 155

Die meit spricht:

Ja, frau, die sachn ich erst verste;
ich merk, ir wolt den zweien lappen,
durch list anstreifn die narrenkappen,
ir dardurch abkommen mit ern,
auf das sie nit herwider kern. 160
ich wil die botschaft richten aus.

Die meit get ab.

Die frau schreit nach:

Ein weil wil ich in garten naus,
in hof, kom herwider bei zeit,
merk, was er dir für antwort geit.

Sie get auch ab.

---

12. 147 barfoten, Barfüßer.

12. Die jung witfrau Francisca.

Rinuzo,
der ander jüngling, geet ein und spricht:

Ich hab gedient ein lange zeit
Francisca mit vil dienſtbarkeit,
mit hofieren, ſchreiben und ſchenken;
nun kan ich aber nit gedenken,
ob ir mein lieb ſei angenem,
wann ich weiß nichts gewiß von dem,
wiewol ir meit und kuplerin
tragen vil merlein dar und hin,
ſam ſte mein lieb aufs beſt und wol;
weiß doch nit, ob ichs glauben ſol,
weil mich das weib freuntlich anſicht,
iedoch kein wörtlein zu mir ſpricht,
des ſteckt mein herz des zweifels vol;
drumb iſt meim herzen nicht gar wol,
mein lieb bringt weder freud noch ſcherzen,
macht mir nur ſeufzen in dem herzen,
wie man denn ſagt: ſenen und meiden,
das bringet nichts denn bitter leiden.
dort komt die meit der liebſten mein,
ich wil ſie anreden allein.

Hulda, die meit, get ein.

Rinuzo ſpricht zu ir:

Mein Hulda, ſag mir an allein,
wie gets der liebſten frauen mein?
ich hab ir geſtert nit geſehen,
mir iſt vor ſenen we geſchehen,
das mir die ſonn nit hat geſchinen.

Die meit ſpricht:

Junkherr, ich hoff, ir wert gnad finen.
mein frau die hat ein bitt an euch,
das ir heint zu nitnacht on ſcheuch
wolt auf den barfußr kirchhof gan
zum ſteinen grab, da der tot man
Stanabius heut wart begraben.
wolt daran kein entſetzung haben,

---
12. 190 finen, finden.

12. Die jung witfrau Francisca.

und aus dem grab in ziehen raus
und in denn tragen in ir haus;
wo ir ir das zu dienst wert tan,
sie gwißlich darbei merken kan, 200
das ir sie liebt aus herzen grunt.
derhalb wirt sie euch zu der stunt
auch euer liebe tun gewern,
was ir in eren tut begern,
umb dise vorgehabte prob. 205

Rinutzo spricht:

Ich sag eur fraun preis, er und lob,
der iren ganz miltreichen güt.
von ganzem herzen und gemüt
sol sie sich guts zu mir versehen,
al ir begeren sol geschehen; 210
und hieß sie mich den toten tragen
an galgn, ich künt irs nit versagen,
ich wil geschweigen in ir haus;
das freut erst mein herz überaus,
wo ich ir das zu dienst mag ton. 215
habt disen taler euch zu lon
und sagt der fraun ein guten tag.

*Die meit
beut im die hant und spricht:*

Junkherr, der schenk ich euch dank sag.
komt dem nach, tut den toten bringen,
ich hoff, euch sol dardurch gelingen. 220

Die meit get ab.

Rinutzo spricht:

Nun, iezunder stet mein sach wol,
mein herz ist aller freuden vol,
als unmuts ich beraubet bin.
o wer die nacht nur halbe hin,
das wer meinr freud ein anefang! 225
ach Got, wie ist die nacht so lang!

Rinutzo get ab.

12. Die jung witfrau Francisca.

Francisca,
die witfrau, get ein mit irer meit und spricht:

Was sagt Rinuzo, sag mir her,
auf das mein wunderlich beger?
wil er solichs tun oder nicht?

Hulda, die meit, spricht:

Er erbeut sich vil mer und spricht, 230
er wöll erfüllen eur beger,
und im auch unbeschwerlich wer,
den toten in die hel zu tragen;
leßt euch ein guten tag ansagen.
mein frau, sagt, wie wolt ir im tan, 235
wenn er heint brecht den toten man,
solt ichs rein laßen in das haus?

Ir frau spricht:

Mit nichten, sonder laß sie daus.
doch hoff ich, es wert in genommen
ir freidigkeit, das sie nit kommen 240
vor forchten ob dem totengrab;
tragens aber einander rab,
so laß sie vor dem haus nur sten,
sie werden selb wol dannen gen,
so in versperret bleibt das haus, 245
merken, das all freuntschaft sei aus.
morgen must zu in beiden jehen,
mein begeren sei nit geschehen,
und must in beiden urlaub geben,
das sie forthin durch all ir leben 250
mein sollen beide müßig gan;
so muß man affen schuchen tan.
nun schau zum eßen, es ist spat;
denn wöll wir zusehen der tat
durchs fenster bei des mones schein, 255
wie in der gaßen ziehen rein
dise zwen aller größten narren,

---

12. 240 freidigkeit, Verwegenheit. — 252 affen schuchen, scheuchen, zen (Sprichwort).

gespannet an dem bötschenkarren,
ich kan der kirchweih kaum erharren.

    Sie gent beide ab.

Actus 3.

Alexander,
der jüngling, get ein und spricht:

Ich großer narr, wo ge ich hin! 260
ein narr ob allen narrn ich bin,
das ich wil gen und mich hinab
legen in dises totengrab,
darinnen doch begraben leit
der greulichst man zu diser zeit, 265
so war in Pistoja der stat,
ob dem iederman grauen hat
gehabt, ein loser man, verwegen,
untreu, verlogen in vil wegen,
ungstalt beide an leib und sel. 270
sein geist ist gwißlich in der hel.
ich sol mich zu im legen nab;
wenn mich der teufel bschiß im grab
und heint hinein gerauschet kem
und mich hin für den toten nem 275
und mir darnach den hals umbrib,
ich mein, es würt mir glont der lib.
ich wil umkern widr heim zu haus.

    Er kert sich wider umb und spricht:

Ei, es taug gar nit überaus.
was würt die liebest darzu sagen? 280
ich würt zu spot, ich wil es wagen,
es ge mir im grab wie es wöl,
die lieb mirs als ring machen söl.
ich wil nein steigen nach dem bscheid,
dem totn abziehn sein totenkleit, 285

---

12. 258 bötschenkarren (bötsch, fetter und dummer Mensch), Karren,
an dem die plumpen Narren ziehen. — 276 umbreiben, umdrehen. — 283
ring, leicht.

12. Die jung witfrau Francisca.

den toten ruden in ein eden
und mich heimlich neben in streden,
biß man mich zu der liebsten hol;
bei der wirt mir denn werden wol.

Alexander get ab.

Rinuzo,
der ander jüngling, kommet auch verzagt und spricht:

Ich bin aufm weg und sol hinab, 290
den toten holen aus dem grab,
der doch der aller böst man war,
zenkisch und hebrisch immerdar.
niemant het gern mit im zu schaffen,
in flohen leien und die pfaffen, 295
dieweil er noch war lebendig.
ich großer narr, was zeih ich mich,
das ich wil zu im steigen nab,
in ziehen aus dem totengrab?
es ist warlich ein große gfar, 300
mir stent gen berg all meine har,
vor forchten zittert al mein leib.
sol ich das wagen durch ein weib?
der tot sol mir woln hals abbrechen.
alsdenn so würt iederman sprechen: 305
dem narren ist nicht unrecht gschehen.
was würt Stanadii freuntschaft jehen,
so ich in aus dem grab het gstoln,
dieweil int leng nichts bleibt verholn?
sie würdn mich in als unglück bringen, 310
ich weiß nit, wie ich tet den dingen;
tu ichs, so stet darauf groß gfar,
tu ichs nit, hab ich urlaub gar
meinr lieb und dienst, die ich ir trug.
weil ich iezt hab zu kommen fug 315
zu der, der mein herz hat begert,
wil ich gleich wagen die gefert,
weil doch ein sprichwort tut bekant,
ein toter man der beiß niemant.

---

12. 293 hebrisch, von Hader, unverträglich. — 297 sich zeihen, hier
in der Bedeutung: sich vermessen, unternehmen. — 303 durch, wegen.

gerets, so schwer ich bei mein treuen, 320
sol mich die reis mein lebtag freuen.
Rinutzo get ab.

Die zwen wechter kommen mit schweinspießen und faustbemern,
und **Hirnschrot**, der wechter, spricht:

Kratzhans, hie laß uns beid verstecken
in diser wüsten, finstern ecken.
ich hab kuntschaft, das in jem haus
heimlich verborgn lig in der laus 325
der kaufman, der vor zweien tagen
den reichen juden hat erschlagen
und im all sein barschaft genommen.

Kratzhans, der ander wechter, spricht:

Hirnschrot, sage mir, wie ist kommen
der kaufman in das judenhaus? 330

Hirnschrot, der wechter, spricht:

Ei, heimlich, tückisch überaus,
hat dem juden anboten spat,
etlich edelgstein und kleinat
wöl er dem judn versetzen wol,
der im tausent güldn leihen sol, 335
dem wöl er zwölf vom hundert geben.
das ist gewest dem juden eben,
und war zum leihen unverdroßen,
hat ein geltkasten aufgeschloßen,
ein sack mit gülden heraus tragen, 340
da hat der kaufman in erschlagen,
hat gülden und kleinot genommen
und ist darmit in jens haus kommen.
darin er sich heut hat verhalten.

Kratzhans spricht:

Ei lieber, hat erschlagn den alten 345
jüden, der so vil geldes het,
und wenn er einem leihen tet,

---

12. 321 reis, Wagniß, Unternehmen. — 324 jem, jenem. — 325 laus =
Versteck; vgl. löschen, lüschen, verborgen wohnen, lauern. — 337 eben, recht,
genehm.

12. Die jung witfrau Francisca.

er kaum den halbteil gelt im bracht?
nun müß wir hie hüten die nacht
auf den obgenanten kaufman, 350
der den jüden hat abgetan.
schau, schau, ich sih dort in der finster
ein man, der scheucht des mondes glinster,
der auf sein schultern was tut tragen!
ist der kaufman, von dem tust sagen, 355
der tregt die kleinot und das gelt,
von dem du mir iezt hast gemelt,
das er dem jüden hat genommen.

Hirnschrot spricht:

Still, still, und laß in neher kommen,
das er uns zweien nit entlauf, 360
es stünt uns große gfar darauf.

Rinuzo
tregt den toten daher und spricht:

Wie ist der tot so marter schwer,
als ob er halber bleien wer,
hab doch nun nit mer weit zum haus,
darin ich wol wil ruhen aus. 365

Die zwen wechter laufen herfür, und Hirnschrot schreit:

Wer bist? was tregst du, du böswicht?
gib gfangen dich, und anderst nicht!

*Rinuzo wirft den toten von im und fleucht, die wechter
laufen im nach.*

Kratzhans schreit:

Du bleibst, du bleibest, allers buben,
du must mit uns int schergenstuben.

Sie werfen mit faustkemern nach im, laufen im nach hinaus.

Alexander, der tot, stet auf und spricht:

Boz leichnam angst, bei meiner sel, 370
ich dacht, ich für dahin gen hel,
da sich erhub der groß rumor.
o wie bin ich der größte tor,

---

12. 352 finster, die, Finsterniß. — 368 allers, vgl. Nr. 9, V. 137.

12. Die jung witfrau Francisca.

    das ich ſte! warumb fleuch ich nicht,
e mich ergreift das ſtatgericht   375
und mich werf in die gfenknus art,
jag mich morgn übern beſenmark.
    Er lauft im totenkleit ab.

Rinutzo
komt wider und ſuchet den toten und ſpricht:

Die wechter die ſint all darvon,
die mich albie verjaget bon
und mich hart gworfen in mein lent,   380
mit irn hemern, das ſie boch ſchent!
iedoch der alten wechter haufen
kunten mich jungen nit erlaufen.
nun wil ich ſuchn und wider finden,
mein toten in jem winkel binden,   385
da ich in warf von meinem nack
auf das pflaſter wie ein müſſack,
den wil ich vollent tragen nein
zur allerliebſten frauen mein;
die wirt mich freuntlich empfahn mit.   390

    Er ſucht hin und her und ſpricht:

Botz angſt, ich fint in aber nit!
es haben in die wechter hin,
erſt ich in neuen ſorgen bin;
wo mich ir einer kennet hat,
mancherlei gfar mir darauf ſtat.   395
ich wil mich trollen in mein haus,
und wenig teiding machen draus.
hab ich verſcherzt die bulſchaft mein,
des ſol Got unerzürnet ſein.
    Rinutzo get ab.

Francisca,
die witfrau, get ein mit irer meit und ſpricht:

Hulda, wie gfellt dir die faſnacht?   400
hab ich nit beide buler bracht

---

12. 377 Sprichwörtliche Redensart: mich ausſtäupen laſſe. — 397 teiding (tagedinc), Verhandlung, Gerede.

12. Die jung witfrau Francisca.

in ein visirlichs narrenjeit,
das gelt mir wol bei meinem eit,
in abenteurisch affenspil?
ich glaub, sie werden schweigen stil   405
und von dem toten niemant sagen,
mich nit mer mit ir bulschaft plagen.
du merk, wo einer zu dir kem,
dich bet, das du mir solst von dem
ein gruß oder ein botschaft sagen,   410
so tu ims alles stumpf abschlagen;
sprich, mein frau euer nit mer gert,
weil sie ist bliben ungewert.
wirf im den strosack grob für tür,
auf das er darbei prüf und spür,   415
das er kein stern mer bei mir hab,
gib ims valete nur kurz ab,
auf das ich vor im habe ru.

Hulda spricht:

Frau, ich sag euch auf glauben zu,
das ich wil tun, wie ir begert,   420
nicht anders, bin ich eren wert.

Ir frau spricht:

Nun kom, so wöll wir schlafen gen,
morgen zu der frümeß aufsten
und hören, was man sag von den.

Sie gent beide ab.

Der ernholt komt und beschleußt:

Aus der comedi nemt zwo ler: 425
erstlich, ein biderweib ir er
bewar als iren höchsten schatz
und geb weder stat, raum noch platz
dem buler, noch der kuplerei,
schenk, gab, noch seiner schmeichlerei,   430
all seinem dienen und hofiern,
sonder laß sich die zucht regiern

---

12. 402 visirlich, spaßhaft. — jeit, Jagd.

und tu sich einmütig einziehen
und mit worten und werken fliehen
den buler und sein falsche lieb, 435
dieweil die stat oft macht den dieb;
werf im das kalbsmaul bald für tür,
das er darbei merk, prüf und spür,
das er kein epplein an ir hab,
sonder austan und gar schabab. 440
zum andern lernt ein jung gesell
das er sich fleißig hüten sell
vor bulerei und frember lieb,
wann sie hat so ein starken trieb,
bald sie in fecht und überwint, 445
so macht sie in tol und starnblint,
das er nit wol weiß, was er tut,
sich oft aus einem tollen mut
gibt in groß unglück und gefar,
wann die frauen sind wunderbar; 450
dann sie können in gutem schein
wol falsch und darzu freuntlich sein,
füren oft ein am narrenseil,
der oft hofft auf sein glück und heil,
setzen im auf die eselorn, 455
machen in zu eim lappn und torn,
nemen an, was er in tut schenken,
darfür sie ims kümaul anhenken.
wenn er vermeinet überaus,
er sei der allerliebst im haus, 460
so schlegt man im tür für den ars;
wers nit wil glauben, der erfars.
drum, gsell, spar dein lieb biß int e,
denn hab ein lieb und keine me,
daraus dir gegenlieb erwachs 465
von deim gemahl, wünscht dir Hans Sachs.

---

12. 433 einmütig, einfach, bescheiden. — sich einziehen, sich zurückziehen, eingezogen leben. — 436 stat, Stätte, Gelegenheit. — 437 werf im das kalbsmaul bald für tür, sprichwörtliche Redensart: abweisen, abfertigen. — 439 epplein, Appel, liederliche Person. Schmeller, I, 88. — 440 schabab, aus, vorbei. — 458 das kümaul anhenken, vgl. Nr. 3, Anmerkung 50.

12. Die jung witfrau Francisca.

Die personen diser comedi.

Der herolt.
Francisca, die witfrau.
Hulda, ir meit.
Alexander,) zwen jung gesellen.
Rinutzo,   )
Hirnschrot,) die zwen wechter.
Kratzhans,)

Anno Salutis, M. D. LX. am 31. tag Octobris.

Druck von F. A. Brockhaus in Leipzig.

www.ingramcontent.com/pod-product-compliance
Lightning Source LLC
Chambersburg PA
CBHW022052230426
43672CB00008B/1145